Mulheres no Jornalismo®

EDIÇÃO PODER DE UMA HISTÓRIA

VOLUME I

EDITORA LEADER®

Copyright© 2024 by Editora Leader
Todos os direitos da primeira edição são reservados à Editora Leader.

CEO e Editora-chefe:	Andréia Roma
Revisão:	Editora Leader
Capa:	Editora Leader
Projeto gráfico e editoração:	Editora Leader
Suporte editorial:	Lais Assis
Livrarias e distribuidores:	Liliana Araújo
Artes e mídias:	Equipe Leader
Diretor financeiro:	Alessandro Roma

Dados Internacionais de Catalogação na Publicação (CIP)

M922   Mulheres no jornalismo: edição poder de uma história, volume 1/coordenadora
1. ed.   Kelly Beltrão. – 1.ed. – São Paulo: Editora Leader, 2024.
320 p.; 16 x 23 cm. – (Série mulheres/coordenadora Andréia Roma)

Várias autoras
ISBN: 978-85-5474-230-0

1. Carreira profissional – Desenvolvimento. 2. Comunicação. 3. Mulheres no jornalismo. 4. Mulheres – Biografia. 5. Mulheres – Histórias de vidas. 6. Sucesso profissional. I. Beltrão, Kelly. II. Roma, Andréia. III. Série.

08-2024/53   CDD 070.092

Índices para catálogo sistemático:
1. Carreira profissional: Mulheres: Jornalismo   070.092

Bibliotecária responsável: Aline Graziele Benitez CRB-1/3129

2024
Editora Leader Ltda.
Rua João Aires, 149
Jardim Bandeirantes – São Paulo – SP
Contatos:
Tel.: (11) 95967-9456
contato@editoraleader.com.br | www.editoraleader.com.br

5 IGUALDADE DE GÊNERO

A Editora Leader, pioneira na busca pela igualdade de gênero, vem traçando suas diretrizes em atendimento à Agenda 2030 – plano de Ação Global proposto pela ONU (Organização das Nações Unidas) –, que é composta por 17 Objetivos de Desenvolvimento Sustentável (ODS) e 169 metas que incentivam a adoção de ações para erradicação da pobreza, proteção ambiental e promoção da vida digna no planeta, garantindo que as pessoas, em todos os lugares, possam desfrutar de paz e prosperidade.

A Série Mulheres, dirigida pela CEO da Editora Leader, Andréia Roma, tem como objetivo transformar histórias reais – de mulheres reais – em autobiografias inspiracionais, cases e aulas práticas. Os relatos das autoras, além de inspiradores, demonstram a possibilidade da participação plena e efetiva das mulheres no mercado. A ação está alinhada com o ODS 5, que trata da igualdade de gênero e empoderamento de todas as mulheres e meninas e sua comunicação fortalece a abertura de oportunidades para a liderança em todos os níveis de tomada de decisão na vida política, econômica e pública.

OBJETIVOS DE DESENVOLVIMENTO SUSTENTÁVEL

1. ERRADICAÇÃO DA POBREZA
2. FOME ZERO E AGRICULTURA SUSTENTÁVEL
3. SAÚDE E BEM-ESTAR
4. EDUCAÇÃO DE QUALIDADE
5. IGUALDADE DE GÊNERO
6. ÁGUA POTÁVEL E SANEAMENTO
7. ENERGIA LIMPA E ACESSÍVEL
8. TRABALHO DECENTE E CRESCIMENTO ECONÔMICO
9. INDÚSTRIA, INOVAÇÃO E INFRAESTRUTURA
10. REDUÇÃO DAS DESIGUALDADES
11. CIDADES E COMUNIDADES SUSTENTÁVEIS
12. CONSUMO E PRODUÇÃO RESPONSÁVEIS
13. AÇÃO CONTRA A MUDANÇA GLOBAL DO CLIMA
14. VIDA NA ÁGUA
15. VIDA TERRESTRE
16. PAZ, JUSTIÇA E INSTITUIÇÕES EFICAZES
17. PARCERIAS E MEIOS DE IMPLEMENTAÇÃO

CONHEÇA O SELO EDITORIAL SÉRIE MULHERES

Somos referência no Brasil em iniciativas Femininas no Mundo Editorial

A Série Mulheres é um projeto registrado em mais de 170 países!
A Série Mulheres apresenta mulheres inspiradoras, que assumiram seu protagonismo para o mundo e reconheceram o poder das suas histórias, cases e metodologias criados ao longo de suas trajetórias. Toda mulher tem uma história!
Toda mulher um dia já foi uma menina. Toda menina já se inspirou em uma mulher. Mãe, professora, babá, dançarina, médica, jornalista, cantora, astronauta, aeromoça, atleta, engenheira. E de sonho em sonho sua trajetória foi sendo construída. Acertos e erros, desafios, dilemas, receios, estratégias, conquistas e celebrações.

O que é o Selo Editorial Série Mulheres?
A Série Mulheres é um Selo criado pela Editora Leader e está registrada em mais de 170 países, com a missão de destacar publicações de mulheres de várias áreas, tanto em livros autorais como coletivos. O projeto nasceu dez anos atrás, no coração da editora Andréia Roma, e já se destaca com vários lançamentos. Em 2015 lançamos o livro "Mulheres Inspiradoras", e a seguir vieram outros, por exemplo: "Mulheres do Marketing", "Mulheres Antes e Depois dos 50",

seguidos por "Mulheres do RH", "Mulheres no Seguro", "Mulheres no Varejo", "Mulheres no Direito", "Mulheres nas Finanças", obras que têm como foco transformar histórias reais em autobiografias inspiracionais, cases e metodologias de mulheres que se diferenciam em sua área de atuação. Além de ter abrangência nacional e internacional, trata-se de um trabalho pioneiro e exclusivo no Brasil e no mundo. Todos os títulos lançados através desta Série são de propriedade intelectual da Editora Leader, ou seja, não há no Brasil nenhum livro com título igual aos que lançamos nesta coleção. Além dos títulos, registramos todo conceito do projeto, protegendo a ideia criada e apresentada no mercado.

A Série tem como idealizadora Andréia Roma, CEO da Editora Leader, que vem criando iniciativas importantes como esta ao longo dos anos, e como coordenadora Tania Moura. No ano de 2020 Tania aceitou o convite não só para coordenar o livro "Mulheres do RH", mas também a Série Mulheres, trazendo com ela sua expertise no mundo corporativo e seu olhar humano para as relações. Tania é especialista em Gente & Gestão, palestrante e conselheira em várias empresas. A Série Mulheres também conta com a especialista em Direito dra. Adriana Nascimento, coordenadora jurídica dos direitos autorais da Série Mulheres, além de apoiadores como Sandra Martinelli – presidente executiva da ABA e embaixadora da Série Mulheres, e também Renato Fiocchi – CEO do Grupo Gestão RH. Contamos ainda com o apoio de Claudia Cohn, Geovana Donella, Dani Verdugo, Cristina Reis, Isabel Azevedo, Elaine Póvoas, Jandaraci Araujo, Louise Freire, Vânia Íris, Milena Danielski, Susana Jabra.

Série Mulheres, um Selo que representará a marca mais importante, que é você, Mulher!

Você, mulher, agora tem um espaço só seu para registrar sua voz e levar isso ao mundo, inspirando e encorajando mais e mais mulheres.

Acesse o QRCode e preencha a Ficha da Editora Leader.
Este é o momento para você nos contar um pouco de sua história e área em que gostaria de publicar.

Qual o propósito do Selo Editorial Série Mulheres?
É apresentar autobiografias, metodologias, *cases* e outros temas, de mulheres do mundo corporativo e outros segmentos, com o objetivo de inspirar outras mulheres e homens a buscarem a buscarem o sucesso em suas carreiras ou em suas áreas de atuação, além de mostrar como é possível atingir o equilíbrio entre a vida pessoal e profissional, registrando e marcando sua geração através do seu conhecimento em forma de livro.

A ideia geral é convidar mulheres de diversas áreas a assumirem o protagonismo de suas próprias histórias e levar isso ao mundo, inspirando e encorajando cada vez mais e mais mulheres a irem em busca de seus sonhos, porque todas são capazes de alcançá-los.

Programa Série Mulheres na tv
Um programa de mulher para mulher idealizado pela CEO da Editora Leader, Andréia Roma, que aborda diversos temas com inovação e qualidade, sendo estas as palavras-chave que norteiam os projetos da Editora Leader. Seguindo esse conceito, Andréia, apresentadora do Programa Série Mulheres, entrevista mulheres de várias áreas com foco na transformação e empreendedorismo feminino em diversos segmentos.

A TV Corporativa Gestão RH abraçou a ideia de ter em seus diversos quadros o Programa Série Mulheres. O CEO da Gestão RH, Renato Fiochi, acolheu o projeto com muito carinho.

A TV, que conta atualmente com 153 mil assinantes, é um canal de *streaming* com conteúdos diversos voltados à Gestão de Pessoas, Diversidade, Inclusão, Transformação Digital, Soluções, Universo RH, entre outros temas relacionados às organizações e a todo o mercado.

Além do programa gravado Série Mulheres na TV Corporativa Gestão RH, você ainda pode contar com um programa de *lives* com transmissão ao vivo da Série Mulheres, um espaço reservado todas as quintas-feiras a partir das 17 horas no canal do YouTube da Editora Leader, no qual você pode ver entrevistas ao vivo, com executivas de diversas áreas que participam dos livros da Série Mulheres.

Somos o único Selo Editorial registrado no Brasil e em mais de 170 países que premia mulheres por suas histórias e metodologias com certificado internacional e o troféu Série Mulheres® – Por mais Mulheres na Literatura.

Assista a Entrega do Troféu Série Mulheres do livro
Mulheres nas Finanças® – volume I
Edição poder de uma mentoria.

Marque as pessoas ao seu redor com amor, seja exemplo de compaixão.

Da vida nada se leva, mas deixamos uma marca.

Que marca você quer deixar? Pense nisso!

Série Mulheres – Toda mulher tem uma história!

Assista a Entrega do Troféu Série Mulheres do livro **Mulheres no Conselho®** – volume I – Edição poder de uma história.

Próximos Títulos da Série Mulheres®

Conheça alguns dos livros que estamos preparando para lançar: • Mulheres no Previdenciário® • Mulheres no Direito de Família® • Mulheres no Transporte® • Mulheres na Indústria® • Mulheres na Aviação® • Mulheres na Política® • Mulheres na Comunicação® e muito mais.

Se você tem um projeto com mulheres, apresente para nós.

Qualquer obra com verossimilhança, reproduzida como no Selo Editorial Série Mulheres, pode ser considerada plágio e sua retirada do mercado. Escolha para sua ideia uma Editora séria. Evite manchar sua reputação com projetos não registrados semelhantes ao que fazemos. A seriedade e ética nos elevam ao sucesso.

**Alguns dos Títulos do Selo Editorial
Série Mulheres® já publicados pela Editora Leader:**

Lembramos que todas as capas são criadas por artistas e designers.

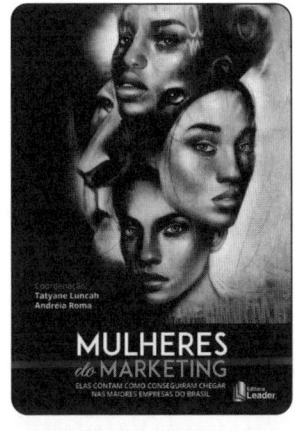

Mulheres na Tecnologia
Volume 1

Prefácio:
Mara Maehara

Coordenação:
Andréia Roma e Tania Moura

Sou empreendedora, e agora?
PLANNER DO EMPREENDEDORISMO

Andréia Roma

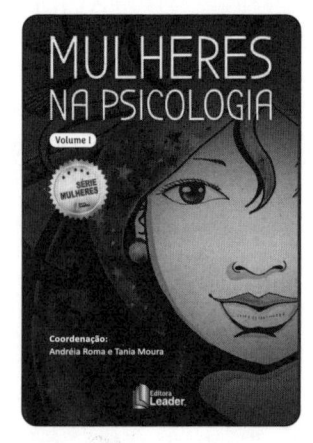

MULHERES NA PSICOLOGIA
Volume I

Coordenação:
Andréia Roma e Tania Moura

Mulheres na Energia
VOLUME I

COORDENAÇÃO
Gabriella Botelho
Andréia Roma
Tania Moura

Mulheres que Transformam
A humanização como propósito na liderança transformacional

Coordenação:
Marisa Salgado,
Andréia Roma
e Tania Moura

Prefaciadora:
Alexandra Loras

MULHERES no Imobiliário
volume 1 — Poder de uma História

liderança, propósito, conquistas, união, sororidade

Prefácio:
Eliza Tawil

Coordenação:
Stephany Matsuda
Andréia Roma
Tania Moura

MULHERES COMPLIANCE NA PRÁTICA
Volume 1
Edição Poder de uma História

Prefaciadoras:
Juliana Nascimento
Sonia Consiglio

Coordenadoras da Série Mulheres:
Andréia Roma
Tania Moura

Coordenadora convidada:
Adriana Nascimento

MULHERES NO CONSELHO
Volume 1

Coordenação do Livro:
Giovana Donella
Henrique Luz

Coordenação da Série Mulheres:
Andréia Roma
Tania Moura

MULHERES NO DIREITO
COORDENAÇÃO: ANDRÉIA ROMA, ADRIANA NASCIMENTO E TANIA MOURA
Edição Poder de uma Mentoria — Volume I
Uma aula prática de renomadas profissionais do Direito

MULHERES DO MARKETING
Uma aula prática de renomadas líderes do marketing

EDIÇÃO PODER DE UMA MENTORIA

Coordenadora convidada:
Tatyane Lunckh

Coordenadoras da Série Mulheres:
Andréia Roma
Tania Moura

Editora Leader

COORDENAÇÃO:
DANI VERDUGO, ANDRÉIA ROMA E TANIA MOURA

MULHERES ESG
MEDIR PARA MUDAR

VOLUME I   EDIÇÃO PODER DE UMA HISTÓRIA

Editora Leader

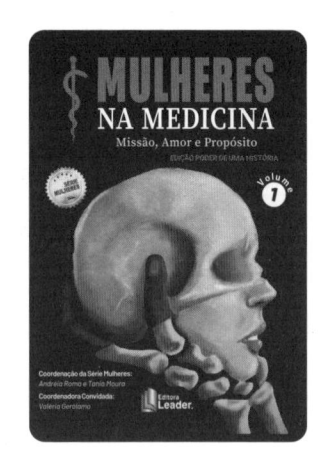

MULHERES NA MEDICINA
Missão, Amor e Propósito

EDIÇÃO PODER DE UMA HISTÓRIA

Volume 1

Coordenação da Série Mulheres:
Andréia Roma e Tania Moura

Coordenadora Convidada:
Valéria Gerótamo

Editora Leader

AUTORA
VANESSA GOULARTT

FRASES CURTAS PARA DIAS LONGOS

ESCREVER SUAS

Editora Leader

Mulheres, um grito de socorro

Volume 1

Prefaciadoras
Lozara Carvalho
Rosemary Corrêa

Coordenadoras convidadas
Adriana Nascimento
Fabiana Alves

Coordenadoras da Série Mulheres
Andréia Roma
Tania Moura

Editora Leader

MULHERES na PSICOLOGIA
Uma aula baseada na experiência de quem faz psicologia na prática.

Poder de uma Mentoria

Volume 1

Coordenadora
Andréia Roma

Editora Leader

Mulheres NO AGRONEGÓCIO
O sucesso feminino no campo

EDIÇÃO PODER DE UMA HISTÓRIA

Prefaciadora
Teresa Vendramini

Coordenadoras convidadas
Sibiana Carneiro
Simone Cagliano

Coordenadoras da Série Mulheres
Andréia Roma
Tania Moura

Editora Leader

Coordenadoras convidadas
Cláudia Cohn
Cristina Rela

Prólogo:
Ana Maria Malik

Prefácio
Dolce Pagliuca

Coordenadoras da Série Mulheres
Andréia Roma
Tania Moura

EDIÇÃO PODER DE UMA HISTÓRIA

MULHERES NA SAÚDE
HISTÓRIAS INSPIRADORAS

Volume 1

Editora Leader

Coordenação:
Lilian Vieira, Andréia Roma e Tania Moura

MULHERES no RH
VOLUME III

EDIÇÃO PODER DE UMA MENTORIA

UMA AULA PRÁTICA DA ALTA PERFORMANCE DO RH NA VISÃO DE RENOMADAS LÍDERES

Editora Leader

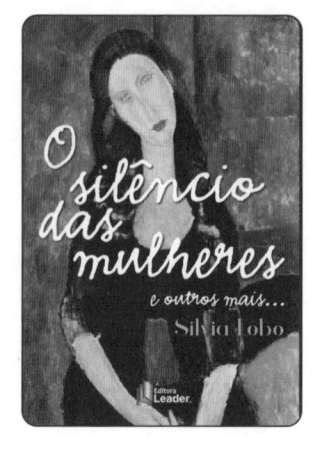

- MULHERES NA MEDIAÇÃO
- MULHERES NA CONSULTORIA
- Mulheres que Transformam
- Mulheres: o que você deveria saber aos 25 anos
- MULHERES NA TECNOLOGIA (Volume II)
- MULHERES NO CONSELHO
- MULHERES COMPLIANCE NA PRÁTICA
- O silêncio das mulheres e outros mais... — Silvia Lobo
- mulheres nas finanças — cases na prática

MODA
ALEGRE
HISTÓRIAS DE EMPREENDEDORISMO DE
20 MULHERES QUE COMEÇARAM DO ZERO
Coordenação:
Tainá Vidal, Sirley Carvalho e
Andréia Roma
Editora Leader

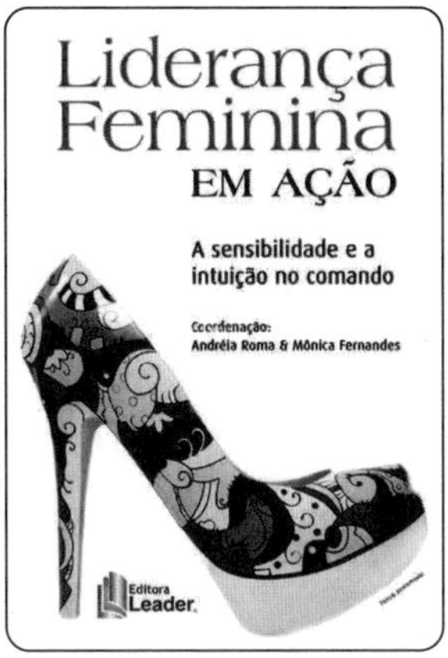
Liderança
Feminina
EM AÇÃO
A sensibilidade e a
intuição no comando
Coordenação:
Andréia Roma & Mônica Fernandes
Editora Leader

A CHAVE
MESTRA
Dos Relacionamentos Saudáveis
GREICE POTRICK

MULHERES
NUCLEARES
Volume I
EDIÇÃO PODER DE UMA HISTÓRIA
Coordenadoras convidadas:
Alice Cunha da Silva
Daniele de Azevedo Baêta
Idealizadora e coordenadora editorial:
Andréia Roma
EDITORA LEADER

Coordenadora convidada:
Sibeli Borba
Coordenadora da Série Mulheres
Andréia Roma
MULHERES NA
DOCÊNCIA®
EDIÇÃO PODER DE UMA HISTÓRIA
VOLUME I
EDITORA LEADER

MULHERES
na Educação®
EDIÇÃO PODER DE UMA HISTÓRIA
VOLUME I
Coordenadora convidada:
Andréa Aydar
Prefácio:
Margarida Prado Genofre
Coordenadora da Série Mulheres:
Andréia Roma
EDITORA LEADER

MULHERES
NA DEFESA®
EDIÇÃO PODER DE UMA HISTÓRIA
VOLUME I
Coordenadora convidada:
Jocirene Nascimento das Chagas
Coordenadora da Série Mulheres
Andréia Roma
EDITORA LEADER

MULHERES NO
TERCEIRO
SETOR®
EDIÇÃO PODER DE UMA HISTÓRIA
VOLUME I
EDITORA LEADER

Mulheres na
Indústria®
Edição Poder de uma História
Volume I
EDITORA LEADER

ANDRÉIA ROMA
ANA PAULA FRANÇA PEREIRA VESPERMANN
MULHERES
NO ESPÍRITO SANTO
ACELERANDO E INSPIRANDO CARREIRAS
LEADER

MULHERES NO DIREITO
PREVIDENCIÁRIO®
Cases na Prática
Volume 1
Edição Poder de uma Mentoria
EDITORA LEADER

MULHERES NO DIREITO
EMPRESARIAL®
UMA AULA PRÁTICA DE RENOMADAS LÍDERES
Volume 1
Edição Poder de uma Mentoria
EDITORA LEADER

MULHERES NO DIREITO
TRIBUTÁRIO®
CASES NA PRÁTICA
Volume 1
Edição Poder de uma Mentoria
EDITORA LEADER

MULHERES NA
TECNOLOGIA
Volume III
Edição poder de uma história
EDITORA LEADER

ANDRÉIA ROMA
3
MULHERES
COMPLIANCE
NA PRÁTICA®
EDIÇÃO PODER DE UMA HISTÓRIA
EDITORA LEADER

EDIÇÃO PODER DE UMA MENTORIA
MULHERES
ESG®
Cases na Prática
EDITORA LEADER

Mulheres na
LIDERANÇA
em Ação®
A sensibilidade e a intuição no comando
Coordenadoras convidadas:
Jandaraci Araujo
Isabel Alves Azevedo
Idealizadora e Coordenadora
do Selo Editorial Série Mulheres:
Andréia Roma
EDITORA LEADER

Mulheres
em compras®
EDIÇÃO PODER DE UMA HISTÓRIA
1
EDITORA LEADER

Mulheres na Atuária
EDIÇÃO PODER DE UMA HISTÓRIA
VOLUME I
EDITORA LEADER

EMPRE ENDE DORAS DE ALTA PERFOR MANCE
Mulheres como você contando suas estratégias
Coordenação editorial:
Tatyane Luncah
Andréia Roma
Vanessa Cotosck
Editora Leader

EMPREENDEDORAS
DE ALTA PERFORMANCE
DO PIAUÍ
Coordenação:
Andréia Roma
e Cacilda Silva
Prefácio: Margarete de Castro Coelho
(Vice-Governadora do Estado do Piauí)
Editora Leader

Coordenação
Andréia Roma
Selma Fernandes
Soraya Farias
EMPREENDEDORAS
DE ALTA PERFORMANCE
RIO DE JANEIRO
Editora Leader

Coordenação:
Andréia Roma e Mônica Fernandes
EMPREENDEDORAS
DE ALTA PERFORMANCE
MATO GROSSO DO SUL
Editora Leader

Empreendedoras de Alta Performance de
GOIÁS
Coordenação: Andréia Roma,
Gerdane Brito, Glaucia Yoshida
e Ludimila Estulano
Editora Leader

Prefácio:
EMPREENDEDORAS
DE ALTA PERFORMANCE
MINAS GERAIS
Editora Leader

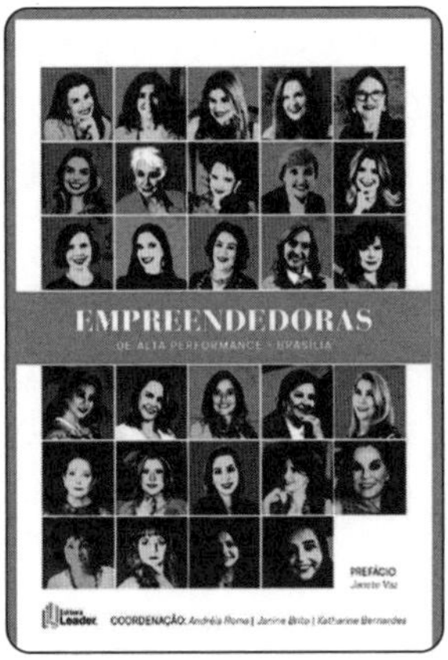
EMPREENDEDORAS
PREFÁCIO
Editora Leader

SOBRE A METODOLOGIA DA SÉRIE MULHERES®

A Série Mulheres trabalha com duas metodologias

"A primeira é a Série Mulheres – Poder de uma História: nesta metodologia orientamos mulheres a escreverem uma autobiografia inspiracional, valorizando suas histórias.

A segunda é a Série Mulheres Poder de uma Mentoria: com esta metodologia orientamos mulheres a produzirem uma aula prática sobre sua área e setor, destacando seu nicho e aprendizado.

Imagine se aos 20 anos de idade tivéssemos a oportunidade de ler livros como estes!

Como editora, meu propósito com a Série é apresentar autobiografias, metodologias, cases e outros temas, de mulheres do mundo corporativo e outros segmentos, com o objetivo de inspirar outras mulheres a buscarem ser suas melhores versões e realizarem seus sonhos, em suas áreas de atuação, além de mostrar como é possível atingir o equilíbrio entre a vida pessoal e profissional, registrando e marcando sua geração através do seu conhecimento em forma de livro. Serão imperdíveis os títulos publicados pela Série Mulheres!

Um Selo que representará a marca mais importante que é você, Mulher!"

Andréia Roma – CEO da Editora Leader

CÓDIGO DE ÉTICA
DO SELO EDITORIAL
SÉRIE MULHERES®

Acesse o QRCode e confira

Nota da Editora

Em um campo dominado por vozes poderosas, as mulheres jornalistas têm forjado caminhos únicos, enfrentando desafios e superando barreiras com determinação e coragem. **Mulheres no Jornalismo®** é uma celebração vibrante dessas profissionais extraordinárias, cujas histórias não apenas moldam a mídia, mas também inspiram gerações futuras a se aventurarem na jornada jornalística.

Este livro é uma coletânea de relatos pessoais e profissionais de diversas jornalistas, cada uma compartilhando suas experiências, lutas e sucessos. Através de suas palavras, você descobrirá o impacto significativo que elas têm na mídia e na sociedade. As histórias são complementadas por fotografias inspiradoras, capturando a essência de cada jornalista.

Destinado a aspirantes a jornalistas e profissionais da área, "Mulheres no Jornalismo" serve como um farol de motivação e um lembrete do papel crucial que as mulheres desempenham. Este livro, além de homenagear suas conquistas, também se propõe a ser uma fonte de inspiração para todos que sonham em fazer a diferença através do jornalismo.

Andréia Roma
Idealizadora do livro e
Coordenadora do Selo Editorial Série Mulheres®

Prefácio

por Analice Nicolau

Vozes Resilientes – A Ascensão da Mulher no Jornalismo

O Jornalismo, por décadas um bastião de vozes masculinas, ecoava narrativas unilaterais, moldadas por uma ótica singular. As mulheres, relegadas a papéis secundários, enfrentavam uma batalha diária por reconhecimento, suas vozes sendo abafadas pelo coro dominante. No entanto, nos últimos vinte anos, uma revolução silenciosa, mas inegavelmente poderosa, começou a ressoar. Mulheres destemidas, armadas com talento e resiliência, emergiram das sombras, prontas para reescrever a narrativa do Jornalismo.

Tive a honra de testemunhar essa metamorfose em primeira mão, não como mera espectadora, mas como participante ativa dessa história em constante transformação. Vi mulheres enfrentarem desafios com coragem inabalável, transcendendo expectativas e redefinindo o significado de ser jornalista. Cada obstáculo superado se transformava em um degrau, pavimentando o caminho para as futuras gerações.

Ter a oportunidade de ler cada capítulo deste livro me faz acreditar que, sim, precisamos estar mais unidos do que nunca. As histórias contadas aqui fazem parte não só de um livro, mas de uma importante mudança de mentalidade. Nesse espaço de tempo de quase duas décadas, ao estar à frente de grandes telejornais do SBT, puder assistir a grandes mudanças comportamentais e que hoje influenciam muito nossa maneira de fazer Jornalismo.

Aprendi com cada uma delas que passou por mim. A força de suas convicções, a paixão inabalável pelo ofício e a capacidade de se reinventar diante das adversidades me inspiraram profundamente. Hoje, carrego comigo essas lições, transmitindo-as às novas gerações de jornalistas, encorajando-os a abraçar a diversidade e a desafiar o *status quo*.

Este prefácio é uma poderosa ferramenta àquelas que ousaram sonhar, que transformaram desafios em oportunidades e que, com sua voz única, enriqueceram o Jornalismo e a sociedade como um todo. Que suas histórias de resiliência e determinação continuem a ecoar, inspirando todos nós a construirmos um futuro em que cada voz seja ouvida e valorizada.

Analice Nicolau
É jornalista e colunista do *Jornal de Brasília*, com 18 anos de experiência como âncora de telejornais no SBT.

Prefácio

por Mariana Ferreira

O Jornalismo brasileiro, ao longo de sua trajetória, sempre foi marcado por grandes desafios e vitórias. Nesse cenário, as mulheres desempenharam um papel fundamental, quebrando barreiras, desafiando estereótipos e conquistando espaços de destaque em uma profissão historicamente dominada por homens. Este livro, **Mulheres no Jornalismo®**, é uma celebração dessas mulheres que, com coragem e determinação, fizeram e continuam fazendo história.

Desde as jornalistas pioneiras, que abriram caminhos e enfrentaram preconceitos, até as contemporâneas, que brilham nas redações, nas ruas e nas telas, todas têm algo em comum: a busca incessante pela verdade, pela justiça e pelo impacto social. O Jornalismo praticado por essas mulheres não apenas informa, mas também transforma. Elas são vozes poderosas que ecoam nas esferas pública e privada, moldando opiniões, denunciando injustiças e construindo um Brasil mais justo e transparente.

Cada capítulo deste livro não é apenas um relato de experiências, mas um testemunho vivo do poder do Jornalismo. As histórias aqui contadas fazem parte da grande narrativa do

Jornalismo no Brasil, inserindo-se como capítulos fundamentais em nossa história.

Ao ler estas páginas, você será transportado para dentro das redações, das reportagens de campo e das coberturas marcantes, onde cada mulher contribuiu para o fortalecimento da democracia e para a ampliação do debate público.

Este livro não é apenas sobre as mulheres no Jornalismo, mas sobre o impacto que as mulheres têm no Brasil e no mundo. É uma homenagem a todas aquelas que, com sua voz, lapidaram o Jornalismo como uma ferramenta de poder e transformação social. Este é um pedaço vivo da história do Jornalismo, e, ao mesmo tempo, um farol para futuras gerações de jornalistas que continuarão a trilhar esse caminho de vitórias.

Que cada leitora e leitor encontre aqui não apenas inspiração, mas também um profundo reconhecimento da importância do Jornalismo feito por mulheres. Que este livro sirva como um marco, uma lembrança constante de que a história do Jornalismo no Brasil é, em grande parte, escrita por mãos femininas.

Viva as mulheres que dão voz e fazem acontecer todos os dias!

Mariana Ferreira
Produtora executiva do Grupo Jovem Pan

Introdução
por Kelly Beltrão

Mulheres no Jornalismo é uma obra que traz à tona as histórias de mulheres batalhadoras, que lutaram arduamente para alcançar seus sonhos. São profissionais que realizaram reportagens impactantes, contribuindo significativamente para seu crescimento pessoal e profissional. Nesta área, é fundamental estar sempre atualizado com os acontecimentos globais e comprometido com a entrega de informação de qualidade à população.

Nas próximas páginas, você descobrirá como é importante e gratificante amar o que se faz. São incontáveis plantões e noites sem dormir para levar aquele "furo de reportagem" ao público. Para as mães, isso significa muitos momentos longe da família e dos filhos, dedicando-se a apurações rigorosas, entrevistas com diversas fontes e coberturas exclusivas.

Mulheres no Jornalismo® chega para enriquecer ainda mais a literatura brasileira, destacando o cotidiano das mulheres que atuam em TVs, rádios, jornais, revistas, *sites*, assessorias de imprensa e também nos *podcasts*, que se tornaram essenciais com as novas tecnologias.

Cada coautora foi escolhida cuidadosamente por sua história de sucesso, superação, profissionalismo e transformações marcantes. Esperamos que esta obra, que revela os bastidores do Jornalismo, proporcione uma leitura envolvente. Para quem sonha em trabalhar na área, este livro oferece uma visão realista e inspiradora da profissão. E para os jornalistas experientes, é uma oportunidade de reviver cada emoção e desafio enfrentado.

A Série Mulheres®, da Editora Leader, tem como missão homenagear e dar destaque a histórias excepcionais em diversos segmentos, como o do Jornalismo. O Selo Editorial Série Mulheres® realizou um trabalho excepcional ao trazer este título à luz, elevando o Jornalismo ao palco com a representação de mulheres incríveis. Que esta leitura seja uma fonte de inspiração e reconhecimento para todos.

Como coordenadora convidada pela CEO Andréia Roma para apoiar a curadoria deste livro, foi uma experiência linda pela qual sou profundamente grata. Participar deste projeto, que celebra a força e a dedicação de mulheres incríveis no Jornalismo, foi não apenas uma honra, mas também uma oportunidade de aprendizado e crescimento pessoal e profissional. Agradeço imensamente por esta oportunidade de contribuir para uma obra tão significativa.

Kelly Beltrão
Coordenadora convidada

Sumário

Quem acredita sempre alcança: conheçam a história da brasiliense Kelly Beltrão, que largou tudo para desbravar a cidade maravilhosa! 31
    Kelly Beltrão

Além das manchetes: uma jornada de transformação 43
    Ana Carolina Cury

Conexões 55
    Carla Neves

A autenticidade é o segredo do sucesso 67
    Evelyn Moraes

Com emoção, sempre 77
    Fabiana Cimieri

As coisas boas às vezes levam tempo 87
    Francielli Barbosa Tiem

Movida a desafios, Gardênia Cavalcanti é uma locomotiva rumo ao sucesso 99
    Gardênia Cavalcanti

É preciso coragem para plantar sonhos 111
    Geovana Pagel

Do sonho à realidade 123
    Graça Paes

Desistir não é uma opção 133
    Helena Vieira

Além das Lentes: a Jornada Autêntica de Isabele Benito no Mundo do Jornalismo 143
    Isabele Benito

A jornada para a liderança 153
    Juliana Klein

Quem disse que seria fácil? Trilhando caminhos: do Complexo da Maré às Câmeras Nacionais 165
    Julie Alves

A coragem para viver um sonho 173
    Letycia Cardoso

Sobre encarar a própria história 183
    Lívia Bonard

Árvore de sonhos 193
    Louise Freire

Escrevendo a própria história 205
    Maria Clara Dias

Para além de um (Belo) Horizonte: desafiando limites em uma jornada de determinação e fé no Jornalismo 215
    Michelle Maia

Testemunha da História 227
    Mônica Sanches

A montanha-russa da vida e da informação 237
    Rafaela Cascardo

Jornalismo na redação 247
    Raphaela Ribas

Uso a comunicação para ajudar pessoas: esse é meu propósito 259
    Renata Rode

Caminhos Escritos: Uma Jornada de Autodescoberta e Paixão pelo Jornalismo 269
    Vera Ondei

Seja forte e corajosa 279
    Yasmin Bachour

História da CEO da Editora Leader e idealizadora da Série Mulheres® 291
    Andréia Roma

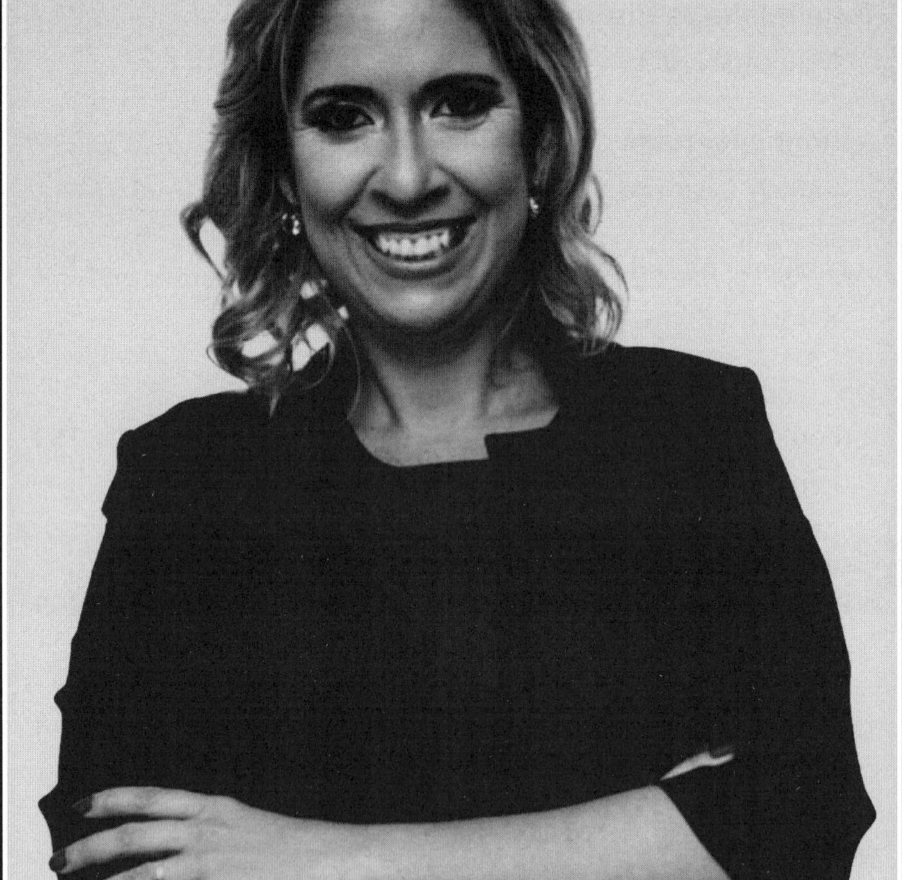

Quem acredita sempre alcança: conheçam a história da brasiliense Kelly Beltrão, que largou tudo para desbravar a cidade maravilhosa!

INSTAGRAM

Kelly Beltrão

Jornalista com 23 anos de experiência no mercado. Formada pelo Centro Universitário de Brasília (UniCeub), pós-graduada em Gestão da Comunicação nas Organizações pela Pontifícia Universidade Católica de Brasília (PUC-Brasília). Já trabalhou na TV Educativa, TV Brasília, Agência do Rádio Brasileiro, Ministério da Agricultura e agências de comunicação. É *master coach* pelo Instituto Tânia Zambon e CEO da KB Comunicação Assessoria de Imprensa. É, ainda, coordenadora do livro *Mulheres no Jornalismo*, publicado pela Editora Leader, e coautora dos livros *Empreendedoras de Alta Performance do Rio de Janeiro* e *Segredos do Sucesso: volume 2*.

Desde os oito anos, sempre quis ser jornalista. Assistia à televisão e amava ver a Fátima Bernardes e o William Bonner apresentando o *Jornal Nacional*. Com isso, ganhei um Gradiente da minha mãe, Isabel, e adorava entrevistar os amigos e familiares, ouvir histórias e, além disso, escrever poemas. Meu pai, Kleiber Beltrão, também era jornalista e narrador esportivo e adorava ouvi-lo nos jogos. Que dicção, que voz! Isso, com certeza, me influenciou a fazer vestibular para Jornalismo.

Aos 14 anos, fiz minha primeira entrevista com os amigos da adolescência que estudavam no Marista e tinham um grupo de pagode. Eles têm esse vídeo gravado até hoje. Amo assistir. Foi aí que vi que o meu sonho seria começar em televisão, mas, para alcançar meus objetivos, precisava conhecer gente, fazer *networking*. Com 17 anos, consegui o primeiro emprego como recepcionista da academia Tribus, em Brasília. Apresentava o espaço, os planos, os valores, atendia ao telefone e era uma das que mais conseguia fechar contratos.

Amava conversar e atender bem cada um dos alunos que passavam por ali. Sempre acreditei que, para ter clientes fidelizados, tudo começava em prestar um bom atendimento e fornecer uma experiência única. Mais do que clientes da academia, muitos se tornaram amigos.

Foi aí que, conhecendo um pouco mais a aluna Patrícia Paiva, que trabalhava na TV Educativa (hoje TV Brasil), ela me perguntou se eu fazia Jornalismo e se não tinha interesse em estagiar em TV. O brilho no olhar veio na hora. Meu sonho estava prestes a se tornar realidade!

Comecei bem: cobrindo a Câmara dos Deputados e o Senado Federal. Entrevistava deputados e senadores e depois chegava na redação, decupava as fitas para dizer ao repórter qual era o tempo da melhor fala de cada entrevistado.

Depois de seis meses na TV Educativa, surgiu a oportunidade de estagiar também na TV Brasília. Era de manhã em uma TV, à tarde em outra e à noite na faculdade de Jornalismo do UniCeub. Para dar conta dessa rotina, minha mãe levava o meu almoço, eu comia no carro e ela me deixava no outro estágio e, à noite, na faculdade. Trabalhava de domingo a domingo. Dia de semana cobrindo política e, nos fins de semana, trabalhava com esporte, assistindo aos jogos infantis, gravando na TV Brasília os gols e narrando os jogos das categorias fraldinha, pré-mirim e mirim (crianças de 6 a 12 anos). Amava esse corre-corre. Essa foi a etapa mais difícil da minha carreira: entrevistar crianças que tinham perdido o campeonato, o goleiro que "frangou" e estava chorando. Já os pais adoravam comprar os DVDs que fazíamos com os melhores momentos dos jogos e os gols dos filhos para terem de recordação.

Nas duas TVs, cobria o Congresso Nacional, mas na TV Brasília, Alexandre Marcus e Estelito me deram a oportunidade de estrear no programa *Público & Notório, em* que, além de repórter, também era apresentadora dos principais fatos da Semana do Congresso Nacional.

Tive minha primeira experiência em estúdio, com maquiadora e TP para ler as notícias. Aprendi muito. Naquela época, era muito séria apresentando. Hoje, faria diferente, seria mais descontraída. Depois desse período em TVs, chegou o momento de ir para a Agência do Rádio Brasileiro, em que o Leonardo Echeverria me deu a oportunidade de gravar diversas matérias para o Ministério da Saúde e entrevistar artistas renomados como Eliana, Kelly Key, KLB, Reginaldo Rossi e Jô Soares sobre as Campanhas de Vacinação Infantil e do Idoso. Para me aprimorar, fiz curso de locução para saber o tempo certo de respiração e melhorar a dicção.

Depois de um ano e meio em rádio, fui para o Ministério da Agricultura e permaneci por quatro anos. Lá, comecei como coordenadora da Comunicação Interna, depois fui para a Rádio do Ministério e, nos últimos três anos, atuei na Assessoria de Imprensa. Cobri todas as áreas: cooperativismo, defesa agropecuária, agroenergia, relações internacionais e, por último, as mais de 30 câmaras setoriais do agronegócio. Lá foi onde mais aprendi.

Agradeço as minhas queridas chefes Adélia, Laila, Edit e Wilma por todo aprendizado. Viajei para vários lugares para fazer matérias para a *Revista do Ministério da Agricultura*: fui para o Vale dos Vinhedos fazer matéria de vinho, Paraty para falar sobre Cachaça, Pantanal para contar a história do Cavalo Pantaneiro e no Rio Grande do Sul para falar sobre agrotóxico. Para esta última aventura, entrei em avião de quatro lugares que não fechava a porta para o fotógrafo tirar foto de como era jogar agrotóxico do aviãozinho. Enquanto ele fotografava, eu ficava segurando a porta, que abria o tempo todo. Tudo isso porque achava importante vivenciar cada pauta para poder escrever um texto com o coração, com a experiência daquilo. Quem me conhece sabe que não tomo bebida alcoólica, mas, para a matéria, quis experimentar cada um dos vinhos do Vale dos Vinhedos e as Cachaças de Paraty para relatar melhor a diferença e sensações de cada bebida.

No Ministério da Agricultura foi onde também aprendi sobre gerenciamento de crise. Na época da crise do leite, quando adicionaram água oxigenada ao leite da Parmalat, chegamos a receber cerca de 60 demandas por dia de jornalistas querendo saber a posição do ministro. Tivemos que gerenciar bem essa crise, escrever nota, marcar coletiva de imprensa.

Estava tudo lindo, amava trabalhar no Ministério, namorava há seis anos, já tinha comprado apartamento e descubro que meu namorado estava me traindo com a nossa professora de forró. Meu mundo desabou e terminei, claro, o relacionamento. Pouco tempo depois, trocaram de chefes no Ministério da Agricultura e me chamaram na sala e disseram o seguinte: "Como o seu cargo é comissionado, vamos precisar dele por ter um salário elevado. Então, a partir de amanhã, você não precisa vir mais. Quando sair da sala, não se despede de ninguém e finge que você volta amanhã". Que sensação horrível. Tantas amizades fiz lá, mais de 400 técnicos entrevistados e queria me despedir de cada um. Fui direto para o banheiro, chorei horrores e liguei para a minha mãe. Lembro como se fosse hoje: fui demitida numa quarta-feira. Falei assim: "Mãe, acabei de ser demitida. Daqui a uma semana vou morar no Rio de Janeiro. Você vem comigo? Nada mais me prende aqui". Minha mãe: "O que é isso, Kelly? Não tem emprego, nada lá garantido". E eu: "Vou batalhar, mandar diversos currículos e vou conseguir, mãe".

Foram 1,2 mil km que eu e minha mãe percorremos no meu Fox vermelho, sem ar-condicionado, com tudo o que precisava: roupas, impressora e um *laptop*. Cheguei ao Rio em março de 2011. Mandei mais de 100 currículos, fui chamada para três entrevistas e comecei a trabalhar em abril de 2011 na Cercon Cereja & Conteúdo. Lá, aprendi tudo com Angie e Letícia – como pensar em pautas estratégicas, fazer relatórios para os clientes, *clipping*, reuniões. Há quatro meses na empresa, recebi uma proposta para ganhar mais em outra agência grande do Rio de Janeiro. Pedi para sair e, quando cheguei lá, não era nada do que tinham me prometido. Pedi demissão no primeiro dia e pensei: "É, agora não vai ter jeito. Vou ter que voltar para Brasília".

Nada disso! Nessas horas, não podemos ter orgulho. Liguei para uma das minhas ex-chefes e pedi para voltar. Sabia que gostavam do meu trabalho e que não custava nada arriscar, pois o não eu já tinha. Ela me pediu três dias para conversar com a sócia e, para mim, o tempo não passava. Estava a ansiedade em pessoa. Sempre amei o clima do Rio de Janeiro, as pessoas; todos os anos passava férias lá e queria continuar nessa *vibe*. Para a minha surpresa e alegria, me aceitaram de volta e o melhor: ganhei aumento – o mesmo salário que iria ganhar na outra agência. Sou muito grata a elas duas até hoje. Aprendi muito, coordenei equipe, mas teve um momento que estava cuidando de 13 clientes sozinha. Foi quando decidi abrir o meu próprio negócio.

No dia 20 de março de 2013 abri a KB Comunicação. Fiquei dois anos e meio trabalhando *home office* e, quando alcancei dez clientes, decidi abrir o escritório, em 8 de setembro de 2015. Quem foi o grande incentivador dessa ação de abrir a empresa física foi o meu namorado na época e hoje marido e sócio, Raphael Castro. Quando a gente acha que está no fundo do poço e que não tem como sair daquela situação, a mágica vai lá e acontece! Foram Deus e o destino: já tinha tido alguns relacionamentos no Rio de Janeiro que não foram adiante, tinha sido traída em todos eles e, de repente, no bloquinho de Carnaval, no Turbilhão Carioca, o Rapha aparece. Falo para ele: "Não adianta que não fico com desconhecidos, só com amigos" e ele: "Relaxa, não tenho pressa". Aquela frase me desmontou.

Dançou duas horas seguidas comigo todos os ritmos, era animado, sorridente, divertido, lindo e com um abraço que fazia me sentir protegida de tudo. Foi um encontro de almas. Antes de conhecê-lo, sempre que eu ia aos churrascos, ficava sozinha dançando, animada, sem beber e fazendo diversas coreografias e, então, surge alguém como eu, animado, topando as minhas danças sem se preocupar com o que os outros estavam pensando! É, não teve jeito. Ficamos naquele dia, em cinco dias me pediu em namoro, com cinco anos juntos nos casamos e agora já estamos há dez anos juntos, com um filho lindo de três anos, o Leonardo Raphael, e a nossa expectativa é aumentarmos a família em 2024. Vamos ver o que Deus nos reserva. Onde a gente menos espera podem acontecer coisas e encontros maravilhosos. Não podemos desistir e desanimar nunca!

Agora vou contar um pouco desta trajetória de 11 anos de KB Comunicação. Muitas pessoas largam o emprego e decidem empreender achando que vão trabalhar menos, mas nada disso! Principalmente no começo, trabalhava cerca de 16/17 horas por dia. Além disso, investi muito em cursos de inteligência emocional, *coaching* com Tânia Zambon, *master coach* na Disney, liderança, motivação, produtividade e o último curso on-line que comprei foi o Conselhos do Aprendiz, com Roberto Justus, que fala das 10 habilidades importantes do profissional do futuro. Maravilhoso e, no mês de julho de 2023, recebo uma notícia excelente: das milhares de pessoas que compraram o curso, 20 foram sorteadas para almoçarem duas horas e meia com o Roberto Justus, sendo dois grupos de 10 empresários e que eu fui uma das agraciadas. Olhem que maravilha! Estou na expectativa da marcação desse almoço, que está dependendo da agenda do Justus e que será em São Paulo. Imaginem a minha euforia! Já sei tudo o que quero perguntar para ele. Não posso perder essa grande oportunidade.

Para começar o meu próprio negócio, defini primeiro as áreas que gostaria de abordar: saúde, estética e carreira, que eram os temas com os quais eu tinha mais afinidade e que saberia explicar melhor na hora de vender uma pauta. Fora isso, decidi escolher empresas/clientes que fossem da Barra da Tijuca e Recreio dos Bandeirantes, pois queria prestar um atendimento personalizado a eles, acompanhando cada uma das entrevistas que fossem presenciais, então, se as organizações fossem mais perto de onde eu morava (Recreio), melhor.

No começo, os clientes queriam esperar os 30 dias de serviço para poder pagar, mas a partir do momento que vi que dava retorno para eles todas as semanas, com pelo menos um pedido de entrevista por semana na mídia, comecei a cobrar antecipado.

Para fechar o primeiro cliente demorei um mês. Tive que percorrer todos os *shoppings* e galerias da Barra e do Recreio, bater de porta em porta para saber se tinham interesse em aparecer na mídia por meio de entrevistas, até que no dia 15 de abril de 2013 fechei o primeiro cliente: Mercadata Selling Institute, no Shopping Marapendi, na Barra da Tijuca. O empresário Jorge Duro, coordenador do curso de Gestão Comercial e de Vendas da PUC-Rio foi o primeiro a acreditar no meu potencial e disse que sentiu firmeza na forma como falava e por ter vindo de Brasília desbravar o Rio de Janeiro. Depois vieram salões de beleza, clínicas de estética, advogados, médicos, especialistas em saneamento, lixo, cursos de inglês, RHs, entre outros.

O que posso afirmar é que quando o cliente não quer, ele vai lhe dizer não. Quando pede para retornar em determinada data daqui a um mês, por exemplo, anote na sua agenda, pois pode ser que no momento ele esteja com outros investimentos, esperando terminar algo, para poder apostar em assessoria de imprensa. Digo isso pois, no começo da minha carreira empreendedora, tinha um cliente que me pedia para ligar sempre no mês seguinte e, depois de nove meses, quando eu não acreditava mais, decidiu fechar.

Vale ressaltar que mais de 90% das pessoas não sabem o que é Assessoria de Imprensa. Meu marido mesmo achava que era atender telefonema de celebridade e quando me conheceu viu que era bem mais complexo. Leio 28 jornais todo fim de semana, além de revistas, *sites*, vejo o que está saindo nas TVs, novidades de *podcasts*, atualizo o *mailing* dos jornalistas ao verificar cada jornal e os novos jornalistas que estão nas redações, pois sem contato e um bom relacionamento com a imprensa você não consegue emplacar o cliente. Além disso, é importante que a fonte seja boa e fale bem. Para tanto, para cada cliente que fecho contrato, forneço o meu curso de *media training* com 28 dicas de como dar entrevistas para rádios e TVs. Para que o jornalista volte a lhe procurar, é importante também sempre entregar a demanda no prazo. Não adianta contratar assessoria e não ter tempo para responder às demandas. Ter uma equipe unida, que sabe trabalhar em conjunto, também é primordial. Quando está difícil colocar determinado cliente na mídia, todos se ajudam até conseguir. Hoje, temos uma equipe sensacional com oito pessoas, em que os jornalistas da KB elaboram mais de 100 pautas por semana e que trabalham unidos. Felicidade no trabalho é importante.

Agora vou contar um pouco de como começou o meu curso de Assessoria de Imprensa. Fiz dez turmas até agora e são mais de 200 jornalistas capacitados. Em 2014, as jornalistas Flávia Domingues e Gabriela Anastácio me pediram para passar alguns conhecimentos para elas sobre assessoria de imprensa e o que tinha aprendido em Brasília e com a abertura da KB. Foi aí que decidi compartilhar todos os perrengues e acertos dessa minha vinda de Brasília para o Rio de Janeiro. Percebi o quão importante é fazer um pé de meia nessa área de assessoria, pois você tem meses muito bons, como no período de março a junho e de agosto a novembro, mas no fim de ano muitos empresários querem viajar, tirar férias e não desejam dar entrevistas. E essa é a época de 13º e você tem que estar ali com o dinheiro guardado.

Dei aulas presenciais até ficar grávida, depois gravei durante a gestação um curso on-line sobre como abrir o próprio negócio, pensar em pautas estratégicas e colocar os clientes toda semana na mídia para poder ter tempo para me dedicar mais à família. Com a pandemia do coronavírus, fiquei desesperada acreditando que os clientes iriam cancelar, mas foi o momento que mais cresci como empresa, pois os empresários viram que quem não é visto não é lembrado. Era o período em que todos estavam enclausurados em casa e teriam mais tempo para produzir conteúdo, deixar a timidez de lado e aparecer. As entrevistas que antes eram todas presenciais passaram a ser remotas e, hoje em dia, digo que 90% continuam on-line e a tendência é que permaneça assim. Com isso, conseguimos ampliar o nosso leque de atuação com clientes no Brasil e no exterior.

Em relação à equipe, não vejo necessidade de todos os dias serem presenciais. Aderimos ao modelo híbrido pós-pandemia, com três dias no escritório e dois dias no esquema *home office*. A pandemia permitiu que eu pudesse acompanhar de perto o crescimento do meu filho até 2 anos e 8 meses e só depois o coloquei na creche. Hoje, fico pensando: será que vou dar conta de mais um filho? Este é o meu sonho e tenho que agradecer a Deus, por meu marido, que sempre esteve ao meu lado, e por minha mãe, Isabel, que me ajudou em todos os momentos me apoiando para vir para o Rio, sendo meu ombro amigo quando perdi o emprego, o namorado, fui traída, mas que agora quero que esteja sempre ao meu lado para curtir todos os momentos dos frutos que começaram a surgir. São 11 anos de empresa, mais de 500 clientes atendidos, diversas noites sem dormir, diversos cursos para estar sempre aprendendo e uma certeza: quem acredita, sempre alcança! Que venham muitos e muitos anos de KB. Nós, empreendedores, não tivemos curso de como empreender, aprendemos na prática, mas quando se AMA o que se faz, tudo fica mais fácil. Nunca desista dos seus sonhos. Arregace as mangas e faça! Boa sorte e sucesso. Quem acredita, sempre alcança!

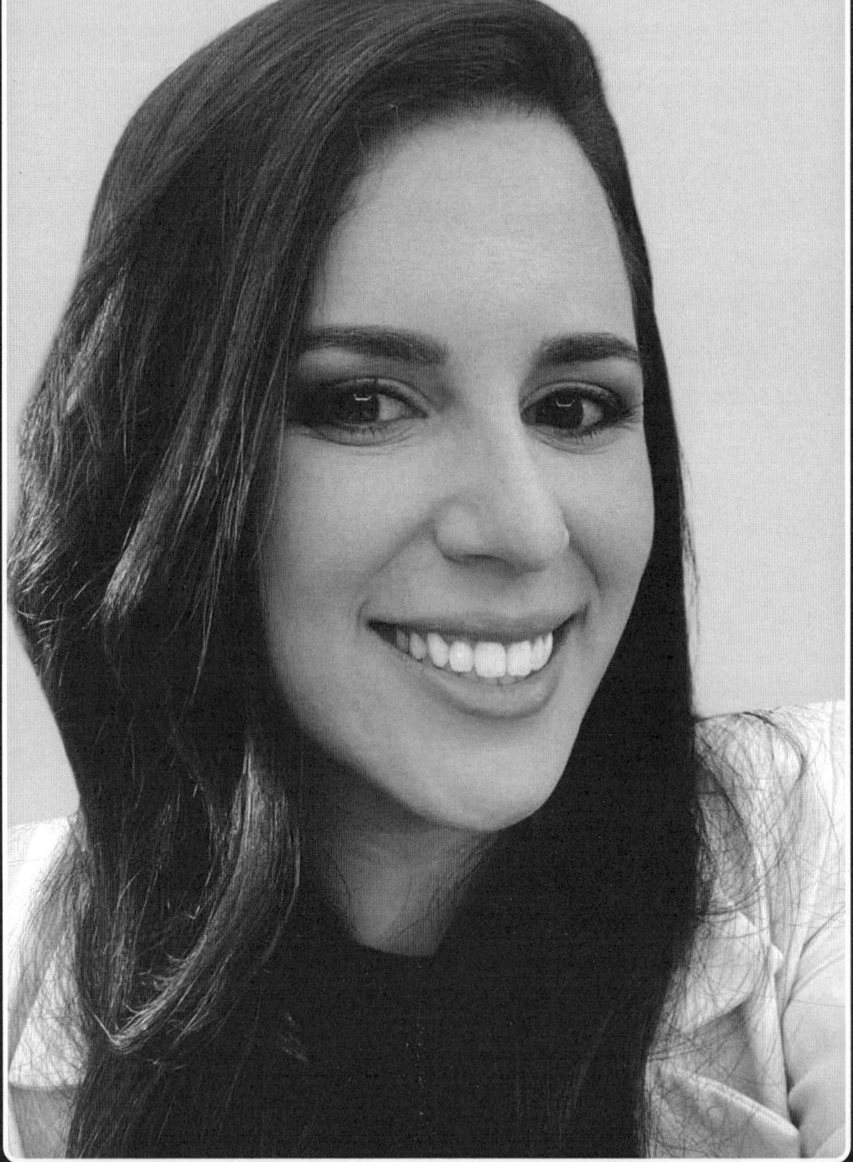

Além das manchetes: uma jornada de transformação

INSTAGRAM

Ana Carolina Cury

Jornalista formada pela Universidade Metodista de São Paulo e pós-graduada em Ciências Sociais pela Fundação Escola de Sociologia e Política de São Paulo (FESPSP). Apaixonada por TV, cinema, documentários, rádio, mídias digitais e impressas, possui experiência em direção, edição, produção e locução/apresentação de programas, documentários e reportagens. Gosta de abraçar novos desafios e contar histórias. Atuando no mercado desde 2007, acumulou experiência em emissoras, produtoras, editoras e jornais. Na Record, desempenha o papel de editora-executiva de Jornalismo. Além de informar, tem interesse especial em provocar reflexões. A oportunidade de conhecer outras realidades e, quem sabe, tocar a vida de alguém, a encanta. Acredita que toda informação pode trazer um ensinamento importante e transformador. Ana Carolina também mantém o perfil @ana_carolina_cury no Instagram, no qual compartilha reflexões,

"**Q**uero ajudar o próximo." Esse era o meu pensamento na infância quando me faziam aquela pergunta clássica: "O que você vai querer ser quando crescer?". Recordo que me diziam, na época, que a Medicina era a profissão perfeita para quem gostaria de fazer o bem às pessoas.

Quando ouvi isso, ser médica tornou-se meu desejo pessoal, pois me encantava a ideia de poder trabalhar e auxiliar quem estava sofrendo.

Os anos passaram e, aos 13 anos, todos os meus sonhos foram por água abaixo quando desenvolvi anorexia. Em busca de ter o corpo da moda e ser aceita, abusei de laxantes e parei de comer, desenvolvendo a doença. Presenciei meus pais passarem muitas noites em claro por conta dela.

Esse período foi o grande Golias da minha adolescência, porque o que muitos não sabem é que os transtornos alimentares surgem sorrateiramente na forma de dietas. Os objetivos iniciais normalmente são os mesmos: perder medidas, transformar o corpo e conquistar uma alimentação saudável. Só que o perigo surge quando os dias passam, o peso na balança diminui e a necessidade de ter a aparência magra só aumenta. Comer passa a trazer uma sensação de culpa e o espelho acusa qualquer gordurinha. Nesse momento, as opções começam a vir à mente:

induzir o vômito após as refeições, fazer uso de medicamentos como laxantes ou diuréticos e até parar de comer.

O gigante que se levantou

O ano era 2001. A escola faria uma viagem com os alunos e eu queria estar magra para entrar no maiô e não me sentir excluída por conta do excesso de peso que eu achava que tinha. Como não conseguia emagrecer facilmente, decidi abusar de laxantes porque tinha visto um familiar fazer o mesmo. A obsessão por querer emagrecer foi tão grande que, posteriormente, parei de comer. Para conquistar o corpo que (na minha mente) achava que deveria ter, cheguei ao ponto de tomar 31 laxantes em um único dia. Fingia para os meus pais que almoçava ou jantava quando, na verdade, escondia a comida. Os meses passaram, fui ao passeio escolar, estava magra, sim, mas fraca, indisposta e não saí do banheiro grande parte do tempo. Foi a pior viagem da minha vida.

Naquela altura, as pessoas ao meu redor sabiam que algo não estava indo bem, mas eu não conseguia entender, afinal, o espelho me mostrava uma jovem obesa. Uma cena que marcou minha lembrança se deu quando meus pais me forçaram a passar em uma consulta médica. Lá fui orientada a ir para uma sala com a enfermeira para me pesar e checar minha pressão. O médico havia deixado claro: se estivesse com menos de 39 quilos, eu seria internada. A balança apontou 38 quilos. Recordo que a profissional anotou os dados na ficha a lápis e me entregou para que eu retornasse à sala do profissional.

Desesperada com o resultado, mudei a rota e fui em busca de uma borracha. Quando pedi uma borracha e um lápis na recepção, negaram e me reencaminharam à sala. Chorando, disse que aceitaria o tratamento. Foi-me dito naquele dia que meu rim poderia parar de funcionar a qualquer momento. Mas, ainda assim, eu não acreditava que estava doente. Todos os planos de futuro haviam se apagado dentro de mim e meu sonho era único: ser magra.

Acordando do pesadelo

Naquele mês, comecei a ir a uma nutricionista, porém estava apenas fingindo que faria algo para mudar aquela realidade. Seguia com a mesma mentalidade. A ficha realmente caiu quando uma tia me convidou para passar uns dias na casa dela em Vinhedo, interior de São Paulo, e ela decidiu me fotografar. Há mais de 20 anos, não era como hoje; não tínhamos acesso fácil às fotos. Eu só tinha me visto no espelho até então e ele apontava uma mulher gorda, não anoréxica.

Quando essa tia me mostrou as fotos, fui às lágrimas. Naquele mesmo instante, aconteceu uma "virada de chave" na minha mente e finalmente entendi a gravidade do problema. Incrivelmente, acordei do pesadelo e, em poucos meses, estava curada – sem sequelas. Fiz acompanhamento médico para a recuperação e hoje, 22 anos depois, posso afirmar que estou curada. Estou com 35 anos e nunca pensei em chegar àquele ponto novamente. A Organização Mundial da Saúde (OMS) estima que pelo menos 1% da população mundial possui anorexia nervosa ou bulimia nervosa. Há quem diga que é futilidade, mas não é. Esses estão entre os transtornos alimentares que atingem cerca de 4,7% da população brasileira (durante a adolescência, esse índice pode chegar a 10%), podendo levar à morte.

Com tudo que vivenciei, aprendi que o melhor caminho para alcançar um corpo saudável é, primeiramente, cuidar do interior. Quem se ama tem equilíbrio. E a aparência e alimentação diária devem refletir essa valorização.

Então, quando li mais sobre a existência dessas doenças e quantas pessoas morrem por conta dela, voltei a pensar no meu futuro. E me encantou entender o quanto a informação é preciosa para educar e alertar a população.

Da Medicina para o Jornalismo

Anos depois, comer voltou a ser um prazer na minha vida. Ter corpo, alma e espírito vivendo em harmonia era um novo objetivo diário. Na escola, já aos 16 anos, lembro que meus amigos não gostavam muito da aula de redação; já eu, amava. Tanto que, por vezes, escrevia o meu texto e os deles! Também sempre amei poesia. Todos os dias eu compunha sobre a vida, a rotina e o futuro.

Entrar em uma faculdade de Medicina voltou a ser uma meta. Sabendo o quão difícil seria isso, comecei a fazer um cursinho em paralelo ao Ensino Médio. Saía da aula do terceiro ano, almoçava e pegava o metrô rumo à Avenida Paulista para estudar as matérias do vestibular. Mas, faltando poucos meses para a prova, um pensamento mudou radicalmente minha escolha. A paixão pela escrita, a criatividade em usar palavras e a fascinação de ver o quanto a informação pode trazer conhecimento foram pontos que me fizeram escolher o Jornalismo em vez da Medicina.

"Você ficou doida?", diziam alguns. "Você vai viver desempregada nessa profissão", afirmavam outros. Mas eu estava tão convicta dessa escolha, que decidi seguir em frente.

Afinal, não apenas informar, mas, por meio de uma matéria, revelar a veracidade dos fatos me atraiu muito. Conhecer histórias, outras realidades e poder, quem sabe, transformar a vida de alguém se tornaram grandes sonhos. Naquele ano, prestei Jornalismo na Universidade Metodista de São Paulo. Em 2007, iniciei o curso. Ao mesmo tempo, trabalhava como vendedora em uma loja esportiva de um shopping de São Paulo.

Mas precisava dar um passo para iniciar na área. Então, decidi buscar uma oportunidade no mercado de trabalho.

A reação que importa

Foram muitos currículos enviados. Porém um processo seletivo do estado me chamou atenção. Me inscrevi e passei em todas as etapas da entrevista. Pedi demissão do meu trabalho no shopping e, no meu primeiro dia de estágio, veio a decepção: um menino, que sequer havia participado do processo, filho de alguém "importante", havia sido colocado no meu lugar.

Sugeriram que eu esperasse por uma nova vaga. Saí chorando, decepcionada. Minha mãe me aguardava na torcida e, ao saber, disse uma frase que foi suficiente para que eu não desistisse: 'Não desista no primeiro obstáculo'. À noite, meu pai fez questão de contar sua experiência profissional, que sempre foi um grande exemplo para mim. A força dos meus pais foi essencial para que eu seguisse em frente. E foi o que fiz. No mês seguinte, lá estava eu em outro processo, desta vez em uma editora, para escrever artigos e trabalhar com Assessoria de Imprensa.

Quando passei naquela vaga, foi só alegria! Foram dois anos muito felizes. Trabalhava e depois ia para a universidade. Nas aulas, passei a aprender mais sobre televisão e aquilo despertou ainda mais a vontade de atuar como repórter. E, assim, um novo sonho nascia em meu coração.

O sacrifício necessário

No início de 2009, tive a oportunidade de passar alguns meses na Austrália para aprimorar o inglês e, no retorno dessa viagem, comecei a buscar oportunidades em que pudesse praticar o ofício de repórter.

Naquele ano, conheci uma *web* TV que ficava na zona norte de São Paulo. Também recebi uma proposta para continuar na editora com um salário excelente para a época. Porém, entendi que, se quisesse ir para a área de televisão, precisaria sacrificar essa opção. Então, ingressei na emissora, com um salário equivalente a 500 reais.

Foi uma decisão difícil para quem via aquilo de fora, afinal, a editora me oferecia um valor mais alto. Mas estava convicta de que, para ser repórter, precisaria começar de alguma forma e aquela seria uma excelente oportunidade para eu aprender. E realmente foi. Pouco tempo depois, fui promovida, trabalhei anos como repórter, roteirista e apresentadora. Dirigi documentários, fiz coberturas locais e apresentei o telejornal da emissora.

Uma gestora muito querida me orientou a fazer aulas para aprimorar a locução. Busquei aulas de fonoaudiologia e de interpretação. Também fiz um curso de rádio e me tornei radialista. Uma experiência e tanto que me encaminhou para um novo desafio em outra emissora.

O poder da notícia

Em 2012, ingressei na TV Universal como repórter. Lá, tive grandes oportunidades para fazer reportagens sociais, outras ligadas à economia e comportamento. Naquele mesmo ano, surgiu uma vaga em uma rádio do grupo, também para ser repórter.

'É mais uma oportunidade para melhorar a locução', pensei. Participei das entrevistas e atuei nos dois locais. Uma experiência que me ensinou muito sobre disciplina, fé e provocou uma mudança enorme em meu interior. Tirei minha "máscara de repórter" e "me vesti de mim mesma". Afinal, além de transmitir as notícias seculares, reportava trabalhos voluntários maravilhosos que mudavam a vida dos sofridos.

Nunca havia estado tão próxima de tantos problemas pessoais enfrentados pelos mais diversos tipos de pessoas. Sabemos que há uma grande quantidade de sofridos no Brasil e no mundo, só que, quando nos deparamos com tantas dificuldades vividas e nos aproximamos de alguma forma, é como se estivéssemos entrando em um mundo novo, onde vemos de perto os dramas de traição, vícios, solidão, depressão, miséria, crime, desigualdade etc.

E, trabalhando ali, estava vivendo algo muito diferente. Presenciava essa assistência acontecer, na prática, por meio da minha profissão, então não teve como não me envolver. Nesses anos de profissão, aprendi que um dos passos essenciais para escrever uma notícia é ouvir todos os lados envolvidos.

Mudança dentro do Jornalismo

Pouco tempo depois dessa experiência, quase no fim de 2013, tomei conhecimento de que havia uma vaga para trabalhar em outro veículo do grupo, o jornal *Folha Universal*, distribuído semanalmente.

Inicialmente, fiquei em dúvida sobre aceitar aquele novo desafio porque, para estar ali, precisaria sair da TV, o que era meu sonho profissional. 'Se eu aceitar, abandonarei tudo o que tracei para a minha profissão e seguirei numa área que não me cativa tanto, que é o jornal impresso', pensei comigo mesma na ocasião.

Foi quando recebi a mensagem do gestor dizendo que a experiência no impresso me traria ainda mais bagagem para ser uma melhor profissional da área de televisão.

Pedi conselho aos meus pais, ao meu namorado, até que decidi orar. Não sabia muito bem como fazer, mas como estava em contato nos últimos tempos com tantas histórias de fé, entendi que aquilo talvez me ajudaria. O que custaria tentar perguntar a Deus o que Ele achava daquela proposta?

Depois daquela oração que fiz no meu quarto, decidi aceitar mudar de segmento. Algo maior do que eu me impulsionava para viver aquele novo desafio. No jornal impresso, iniciei um período de adaptação, pois estava acostumada com outros tipos de textos, que eram os televisivos e os radiofônicos, mais objetivos. Então, trabalhar com o jornal impresso me fez aprender e crescer, não apenas no campo da escrita.

Cada matéria trazia uma história de transformação. Uma que nunca me esquecerei foi sobre a vida de um homem que havia deixado a condição de morador de rua apenas 15 dias antes da nossa entrevista. Conhecer aquela história me fez querer gritar para o mundo inteiro ouvir que era possível que uma pessoa em situação de rua vivesse uma nova vida.

Aquele depoimento mexeu comigo. Fiquei tão impactada que, quando aquela edição ficou pronta, carreguei meu carro com diversos jornais e, a cada farol que parava, entregava um impresso para quem via que estava naquela mesma condição. Se apenas uma pessoa conseguisse mudar de vida, assim como aquele rapaz que me deu a entrevista conseguiu, meu trabalho estaria cumprido.

Finalmente, estava vivendo o sonho de poder ajudar as pessoas por meio do meu trabalho, porque aquelas histórias de transformação de vida poderiam ser fontes de inspiração e esperança para quem lesse. Cada nova experiência que tinha com as entrevistas me transformava de alguma forma, me fazia avaliar meu interior, meus defeitos e meus comportamentos.

Os anos passaram e, em 2018, ingressei na rádio Record. Também cursei uma pós-graduação em Sociologia. Tempos depois, comecei a atuar como editora-executiva na TV. Hoje, estou desempenhando essa função no canal, tenho uma coluna semanal no R7, que se chama "Refletindo sobre a Notícia", participo de pautas do jornalismo, dirijo documentários e reportagens especiais, e faço a divulgação da dramaturgia da emissora para todo jornalismo.

Não é sobre deixar a vida te levar

Se você chegou até aqui, gostaria de lhe agradecer e dizer que, se você leu tudo, entendeu a importância de criar sua própria história. Para isso, é importante buscar o autoconhecimento e não se basear em notícias tendenciosas ou no que falam para você.

O que isso quer dizer, na prática? Que quem decide construir seu próprio caminho deve abandonar conceitos como "sorte" e "destino"; afinal, são as nossas escolhas que definem o hoje e o nosso amanhã. Uma das grandes lições para mim, nesta jornada que continua, é a importância de saber reagir nas adversidades com calma, razão e, sobretudo, fé. Ainda que não possamos mudar a realidade com a força do nosso braço, precisamos confiar e seguir, seja na tempestade, seja na calmaria.

Neste caminho, eu ganhei e perdi. Mas posso dizer que quem permaneceu ao meu lado são os verdadeiros. Hoje, tenho um casamento abençoado, um bebê que ilumina nossas vidas, pais e sogros maravilhosos. A carreira é apenas mais um pilar.

Digo 'apenas' porque, se a vida profissional não estiver em harmonia com a pessoal, nada terá valido a pena. Vejo o ser humano cada dia mais *workaholic*, sofrendo com *burnouts*, crises de ansiedade e depressão, e acredita que só será feliz quando for "bem-sucedido" profissionalmente.

Todos esses anos de carreira no Jornalismo me fizeram entender que é preciso primeiramente olhar para dentro de si e mudar o que está errado para, então, influenciar os que estão ao seu redor. Saber valorizar a família e o tempo de qualidade são atitudes fundamentais para quem quer ser um profissional de excelência. A felicidade só existe, de fato, quando o equilíbrio preenche o interior.

Não importa onde esteja lendo este livro ou qual seja a sua profissão, você pode conquistar isso. Basta refletir, reconhecer e praticar. Se isso acontecer, cumpri a minha missão, que é levar a vida que eu recebi até você.

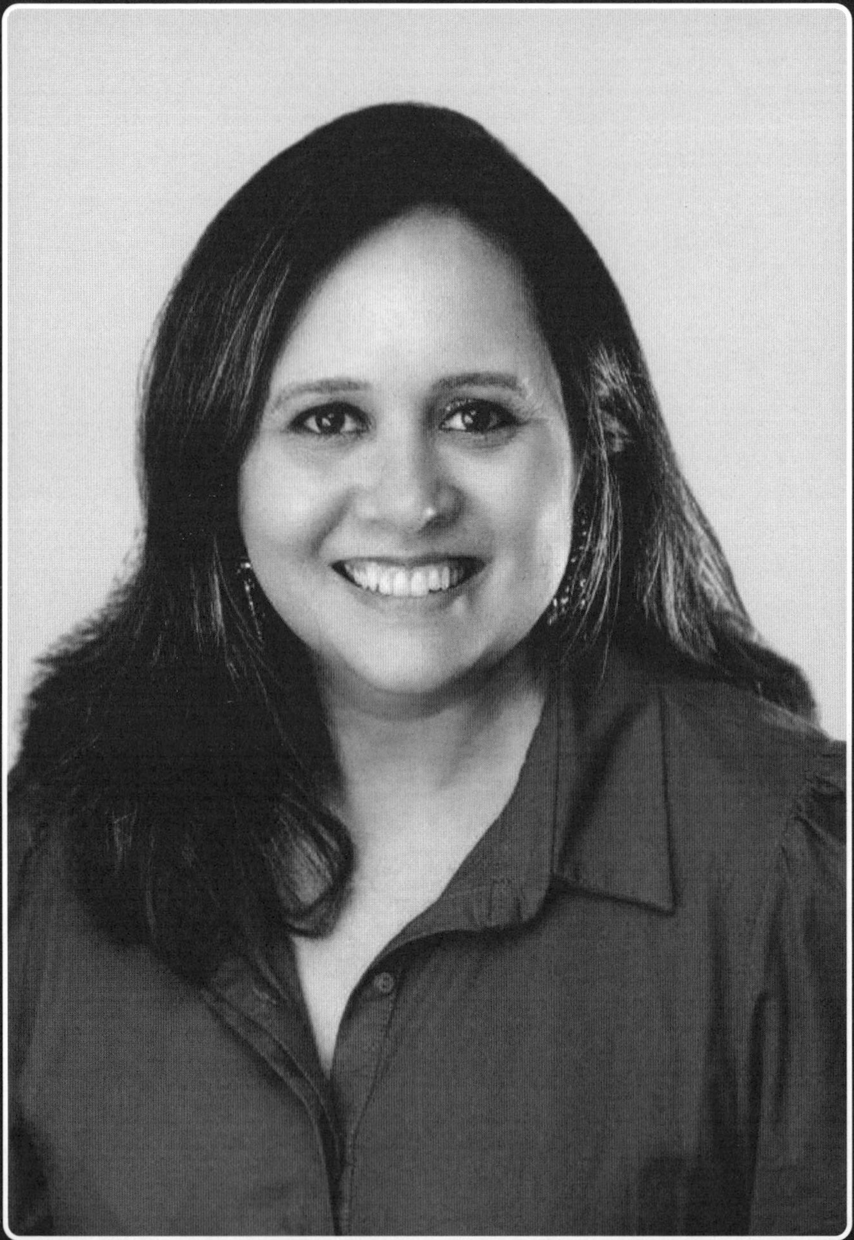

Conexões

INSTAGRAM

Carla Neves

Formada em Comunicação Social – Jornalismo pela Pontifícia Universidade Católica do Rio de Janeiro (PUC-Rio – 2005). Desde 2015, atua como repórter de *Quem*, maior *site* de celebridades do Brasil e porta-voz do segmento no Grupo Globo. Especialista em Jornalismo de Entretenimento, já foi repórter do portal *UOL*, da *Carta Z Notícias* e dos jornais *O Globo* e *O Fluminense*, em Niterói (RJ). É experiente em coberturas nacionais e internacionais de cultura e celebridades, sejam elas factuais ou especiais. Indicada ao Prêmio Comunique-se 2012 na categoria Jornalista de Cultura – Mídia Eletrônica, ao lado dos jornalistas Bianca Ramoneda (Globonews), Carolina Ercolin (Rádio Bandeirantes), Cunha Jr. (TV Cultura), Gilberto Dimenstein (CBN/Catraca Livre), Maurício Kubrusly (TV Globo), Nelson Motta (Globo/Estadão), Rubens Ewald Filho (R7), Terencé Machado (Rede Minas) e Ubiratan Brasil (Estadão-ESPN).

"Todos esses que aí estão, atravancando meu caminho, eles passarão... Eu passarinho!" (Poeminho do Contra, Mário Quintana)

Quando recebi o convite para compartilhar minha história profissional neste admirável projeto, me senti honrada, mas, ao mesmo tempo, reflexiva, sem saber o que responder, porque sou muito discreta e reservada. Como uma pessoa que foi introvertida por toda a vida, sempre temi a ideia de falar muito sobre mim. Mesmo assim, apesar da minha necessidade de autoproteção e discrição, nunca deixei de me comunicar e criar conexões com as pessoas.

Ao longo da vida, conheci pessoas incríveis e outras nem tanto, que me impactaram e, de certa forma, me ajudaram a moldar quem sou hoje. Foi por conta dos aprendizados que tive com cada uma delas que aceitei contar neste livro o que aprendi – e venho aprendendo – desde que me formei em Comunicação Social – Jornalismo, pela PUC-Rio, em 2005.

Foi também após conversar com a Andréia Roma, CEO da Editora Leader, que compreendi a necessidade de mostrar ao público feminino – especialmente às meninas que pretendem seguir a área da Comunicação – que somos capazes de fazer tudo o que quisermos, embora vivamos em uma sociedade em que a desigualdade de gênero ainda é muito presente.

Já passei por várias redações – *O Fluminense, O Globo, Carta Z Notícias, UOL,* Editora Globo – e, como toda mulher em qualquer ambiente de trabalho, escutei comentários e piadas de natureza sexual sobre mulheres, convivi com superiores machistas e sofri abuso de poder/autoridade de chefes e fontes masculinos. Também sofri e vi colegas jornalistas mulheres sendo vítimas de violência psicológica nas redações por parte de gestores machistas e misóginos.

Percebo que há um longo caminho a ser percorrido para que a igualdade de gênero em cargos de poder se estabeleça no Jornalismo profissional. Infelizmente, é lastimável constatar que os órgãos de comunicação, na maioria, pertencem a homens e os cargos mais altos estão em mãos masculinas.

As mulheres ainda precisam enfrentar obstáculos muito mais complexos do que os dos homens, como ter de lidar com a desigualdade de cargos e salários, e ainda terem de se virar "em mil" para cumprirem uma tripla jornada de trabalho. Isso porque, além da profissão, elas ainda têm que se dedicar à família, aos filhos (quando são mães) e aos cuidados consigo mesmas.

Embora nós, mulheres da Comunicação, venhamos desempenhado um papel imprescindível na criação e na consolidação de narrativas inclusivas e focadas na representatividade feminina, para que essa evolução continue, é fundamental que nos conectemos e lutemos por apoio mútuo, seja pelo compartilhamento de experiências, como estou fazendo neste livro, ou por construção de redes de apoio e incentivo às mulheres e aos grupos minoritários.

Acredito que devemos continuar lutando, resistindo, apesar de todas as batalhas que surgem ao longo do caminho. Acredito que, mesmo quando tudo parece estar perdido, precisamos confiar em nós mesmas e na vida.

Família é tudo

> *"Até cortar os próprios defeitos pode ser perigoso. Nunca se sabe qual é o defeito que sustenta nosso edifício inteiro." (Clarice Lispector)*

Desde que nasci, sou cercada por anjos da guarda. Meus pais e avós foram meus grandes exemplos de altruísmo, sensibilidade para as causas sociais, amor ao trabalho e honestidade. Minha mãe e meu pai sempre fizeram de tudo para oferecer a melhor educação possível para mim e minha irmã. Tive uma infância muito feliz, cercada por muitos primos e brincadeiras na casa dos meus avós maternos, que era um lugar mágico, nossa Disneylândia particular.

Em meio às brincadeiras, aprendi a importância da caridade, do amor e do cuidado com o outro, sem julgamentos ou segundas intenções. A casa dos meus avós era aberta para todos que precisassem. Eles me ensinaram, por meio do exemplo, a tratar todo mundo sem distinção, com respeito, educação e empatia.

Tive e tenho a melhor mãe do mundo, a mais dedicada a mim e à minha irmã. Ela conta que, desde pequenininha, sempre fui curiosa, questionava tudo e todos o tempo todo. Meu avô materno, que era juiz, me chamava de "olho grande" e já enxergava meu perfil observador e meu amor pelas palavras. Mas ele se foi quando eu tinha só sete anos e não teve tempo de talvez explorar mais esse lado em mim.

Meu pai foi um cirurgião apaixonado por Medicina. Cresci vendo-o trabalhar incansavelmente, dando plantões de 24 horas e não tendo Carnaval, Natal, Réveillon e datas festivas. O amor dele por cuidar das pessoas sempre foi tão grande, que ele fazia questão de compartilhar comigo e com minha irmã seu dia a dia salvando vidas.

Aos quatro anos de idade, eu usava termos médicos para conversar com as pessoas. Eu não tinha dor de barriga, mas, sim, "dor abdominal". Aos sete anos, sabia "diagnosticar" e diferenciar uma apendicite aguda de uma pedra na vesícula. Acompanhar meu pai nas visitas a pacientes nos hospitais, no pós-operatório, se tornou rotina para mim e minha irmã.

Lembro que, em todo final de ano, meu pai recebia telefonemas e presentes, como cestas de Natal, em casa. Eram os pacientes que ele tinha operado agradecendo por terem sido "salvos" por ele. Eu olhava para aquilo com tanta admiração e orgulho! Era gratificante demais ver que meu pai tinha sido um "herói" na vida de alguém.

Por conta disso, coloquei na cabeça que também seria médica. Também queria "salvar" a vida das pessoas. Mas, ao mesmo tempo, sempre fui uma criança e depois adolescente comunicativa e cheia de histórias. Apesar de introvertida, era faladeira e amava conversar com todo mundo. Lembro que em um dos relatórios do Maternal para os meus pais, a professora contava que eu tinha muitas amigas e adorava ficar conversando com elas no 'cantinho da maquiagem'. Desde então, minha afinidade com a comunicação já era presente e gritante, mas eu não sabia interpretá-la.

Amor à primeira vista

"Toda mulher quer ser amada, toda mulher quer ser feliz."(Rita Lee)

Na alfabetização, me apaixonei pelas palavras de forma arrebatadora. Desde então, Português se tornou minha matéria preferida e os livros passaram a ser meus companheiros inseparáveis. O tempo foi passando, mas continuei com a ideia fixa de cursar Medicina. Todos viam que meu talento era mais para a área de Humanas, menos eu.

Na época do vestibular, eu tinha uma professora de Redação que elogiava meus textos e, discretamente, sinalizava que eu deveria apostar na área de Humanas. Porém ela jamais disse para eu não apostar na Medicina, vendo o quanto eu dizia que queria ser médica. Tentei vestibular por três anos e, finalmente, fui aprovada em Medicina.

No último ano de tentativa, contudo, como já não aguentava mais sofrer com a pressão e o estresse das provas, me inscrevi para o vestibular de Comunicação Social – Jornalismo na PUC-Rio. E, no fundo do meu coração, acho que já sentia que ser médica não era para mim. Mas passei para Medicina e fui atrás do meu "suposto sonho".

No primeiro período da faculdade, no entanto, eu voltava para casa indignada com os erros de Português dos professores, que eram médicos. Lembro-me de chegar em casa revoltada e comentar com minha mãe que era um absurdo médicos escreverem errado. Também tinha aulas de Saúde da Família e me envolvia completamente com as histórias de vida das pessoas. Me sensibilizava com a falta de recurso delas, ficava indignada e queria lutar por seus direitos como cidadãs.

No fim do primeiro período, não aguentei mais. Ir para a faculdade começou a me causar um mal-estar enorme e percebi que a Medicina não era para mim. Não foi fácil deixar para trás tantos anos de tentativas e recursos financeiros dos meus pais, que sempre apostaram no meu "sonho" de ser médica. Mas tive coragem e mudei completamente o rumo da minha vida profissional.

Aos 21 anos, já "velha" para quem começa a cursar alguma profissão, entrei para a faculdade de Comunicação Social, com ênfase em Jornalismo, na PUC-Rio. E meu mundo se transformou. Pela primeira vez, me senti em casa. Logo nos primeiros dias, senti que, dessa vez, estava no lugar certo. E, assim, entendi que tinha nascido para "salvar" as pessoas a partir do acesso à informação.

Da teoria à prática

> *"Não espere por grandes líderes; faça você mesmo, pessoa a pessoa. Seja leal às ações pequenas, porque é nelas que está a sua força." (Madre Teresa de Calcutá)*

Logo nos primeiros períodos de Jornalismo, comecei a correr atrás de estágios na área. Apesar de aprender muito no curso, nas aulas de Teoria da Comunicação, de Introdução ao Jornalismo, de Sociologia, de Antropologia, de Política, de Economia, senti a necessidade de entender a teoria na prática. No terceiro período do curso, comecei a estagiar no jornal *O Fluminense*, em Niterói (RJ), onde morava, e foi a minha primeira grande escola.

Ainda muito nova, lembro que praticamente pagava para trabalhar. Ganhava uma ajuda de custo de 300 reais na época, mas tudo o que aprendi naquela redação não tem preço. Ali, me encantei pela arte de apurar uma notícia e entendi a importância da checagem de uma informação.

Recordo-me que ficava com o Claudinho, repórter policial, ligando para as delegacias e apurando as ocorrências diárias. Era muito assalto, crime, furto, morte. Aprendi com ele a necessidade de desenvolver contatos e fontes para me certificar se uma informação procede ou não. Também aprendi, desde cedo, que todos os lados da história devem ser sempre ouvidos e entendi que meu papel era ouvir e relatar os fatos, sem julgar ou opinar.

Desde que entrei na faculdade, sempre quis seguir pela editoria de Comportamento e Cultura. E corri atrás do meu desejo. Depois de passar um tempo circulando por algumas editorias do jornal *O Fluminense*, fui para o *Segundo Caderno*. E assim começou minha trajetória no Jornalismo de Entretenimento.

Não me esqueço da minha primeira capa. Lembro que minha avó materna, que ainda estava viva, comprou quase todos os exemplares da banca de jornal. Foi a materialização de um sonho. Ali, me senti jornalista pela primeira vez.

Depois, as capas se tornaram rotina, mas nunca deixei de dar importância a cada uma delas. Aliás, todas as matérias que fiz e faço são importantes. Isso porque entendo a função social da minha profissão, que requer sempre postura ética, senso de responsabilidade e compromisso com a verdade.

Após *O Fluminense*, passei pelas redações de *O Globo*, *Carta Z Notícia*, *UOL* e, há quase oito anos, sou repórter da *Quem*, do Grupo Globo. O Jornalismo Cultural me levou ao jornalismo de celebridades e estou nele até hoje. Inicialmente, me questionei se estaria no caminho certo. Mas depois fui atraída pelo mundo dos famosos.

O jornalismo de celebridades é uma vertente da profissão que tem um dos maiores públicos. Basta entrar em qualquer portal de notícias e checar quais são as notícias mais lidas. Pode ter certeza de que pelo menos duas serão sobre celebridades.

Mas o fato é que a atividade que exerço ainda é encarada com muito preconceito por algumas pessoas e por alguns colegas jornalistas, que enxergam o jornalismo de celebridades como fútil e menor, apesar de as notícias sobre famosos terem uma audiência cativa e movimentarem um mercado cada vez maior e mais dinâmico no Brasil.

Ao longo da carreira, entrevistei inúmeros famosos, circulei por ambientes glamourosos e vivenciei experiências incríveis, mas nunca me deslumbrei. Sempre entendi que estou a serviço da notícia. Para mim, o jornalismo é bem-feito, responsável e coerente com a informação quando aborda a verdade nos seus textos, com informações exatas, checadas e com credibilidade. Como jornalista, me questiono o tempo todo, para que minha atividade não perca a razão de ser.

Propósito

> *"Continuo sempre me inaugurando, abrindo e fechando círculos de vida, jogando-os de lado, murchos, cheios de passado."* (Clarice Lispector)

Quando olho para trás, agradeço por todas as experiências que tive e venho tendo no Jornalismo até hoje. Errei muito, me sabotei diversas vezes pelos equívocos cometidos e cheguei a pensar que não era suficientemente boa.

Em contrapartida, acertei, fiz entrevistas marcantes e que repercutiram muito positivamente no meio jornalístico, trabalhei com profissionais incríveis, que me tornaram uma jornalista melhor e mais humana. Ao mesmo tempo, me decepcionei, em alguns momentos, com um meio de trabalho muitas vezes tóxico, competitivo e abusivo, que desvaloriza o trabalho do jornalista profissional.

Felizmente, também me deparei com profissionais inspiradores, experientes, humildes, acolhedores e aprendi com eles o valor do trabalho em equipe, da ética e da gentileza no Jornalismo. Infelizmente, pude ver como gestores ruins afetam toda a empresa, afastam talentos e minam a produtividade de profissionais talentosos. Ao longo dos anos, passei por organizações que perderam jornalistas maravilhosos por manterem pessoas despreparadas em posições de poder.

O Jornalismo é encantador. Sou apaixonada pelo 'cheiro' da notícia, pela apuração das informações, pela investigação dos fatos e pelo impacto transformador que uma matéria jornalística pode ter na vida de alguém.

Acredito que só o amor é capaz de transformar tudo, curar e fazer nossa existência feliz. Por isso, defendo que o autoconhecimento é fundamental. Precisamos saber o que amamos fazer e identificar nossas competências e nossos talentos. É preciso coragem para ouvir nosso coração e seguir fazendo o que fazemos melhor.

Defendo que a escolha pelo Jornalismo só deve acontecer se existir um amor verdadeiro pela profissão. Isso porque, para trabalhar em redação – seja TV, impresso ou on-line –, é necessário abdicar muitas e muitas vezes da vida pessoal, deixando de ir a festas de família, encontros com amigos, casamentos, Carnaval, Réveillon...

Ser curioso e bem-informado também são características imprescindíveis no dia a dia de redação. Acompanhar as notícias nacionais e internacionais deve ser rotina de um jornalista, que tem de estar sempre antenado sobre o que acontece no Brasil e no mundo.

Um conselho que me marcou muito e que carrego comigo até hoje veio do famoso discurso de Steve Jobs, em 2005, durante uma formatura de alunos de Stanford. Na ocasião, o empresário, que morreu em 2011 e é considerado uma das pessoas mais respeitadas da área da tecnologia, disse que todo mundo falha. Mas é como você responde a essas falhas que faz toda a diferença.

"Eu não vi isso na época, mas o fato é que ser demitido da Apple [em 1984] foi a melhor coisa que poderia ter acontecido comigo. O peso de ser bem-sucedido foi substituído pela leveza de ser de novo um iniciante, com menos certezas sobre tudo. Isso me libertou para entrar em um dos períodos mais criativos da minha vida", contou ele, que revolucionou a indústria de celulares, computadores pessoais, de filmes e músicas.

Coincidentemente, estava me formando na época do discurso de Jobs e, a partir dele, entendi e passei a acreditar que não devemos temer o fracasso, porque ele não é o fim do caminho. Devemos tomar o fracasso como a oportunidade de aprender e melhorar a nós mesmos. Assim, o sucesso será inevitável.

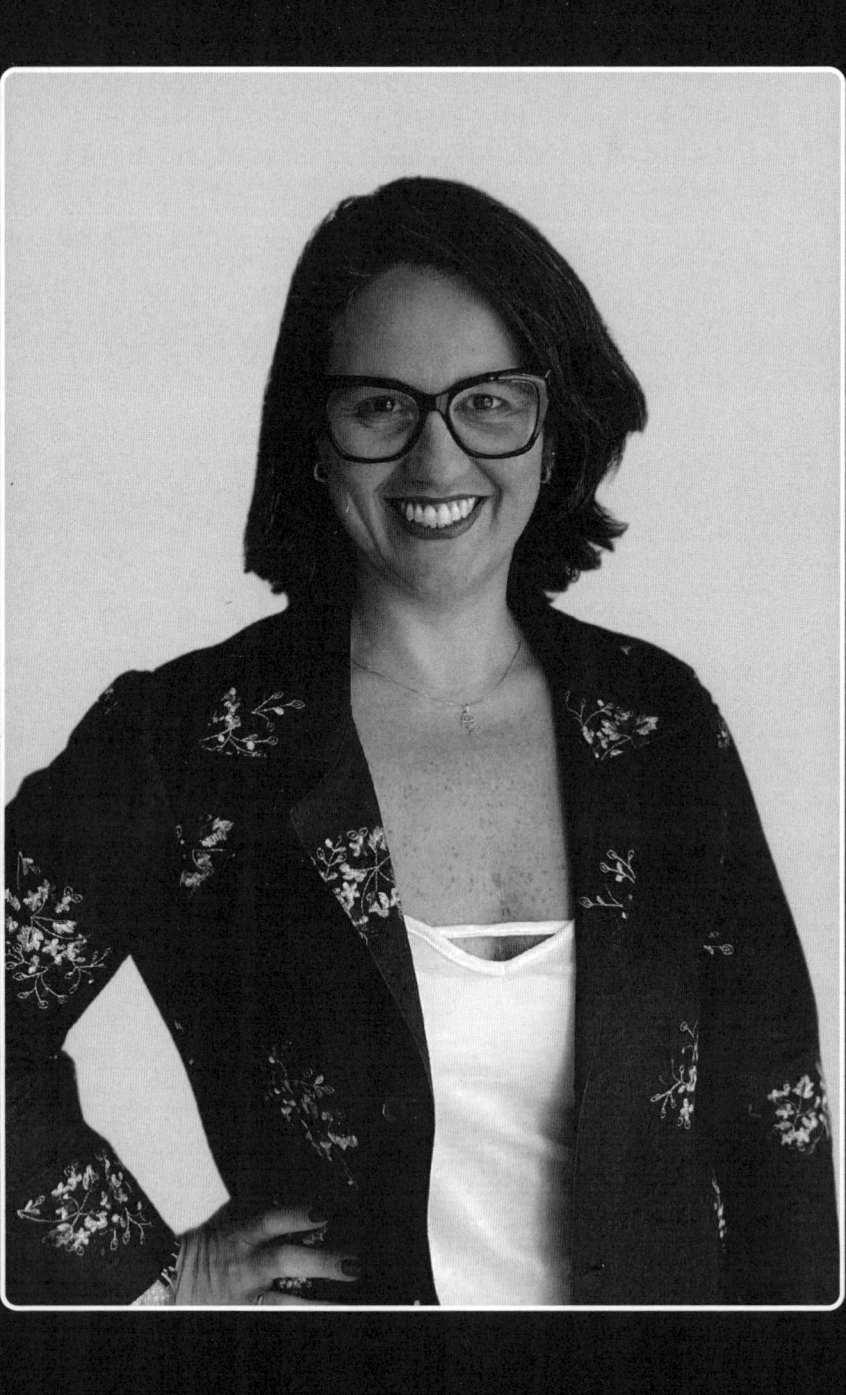

A autenticidade é o segredo do sucesso

INSTAGRAM

Evelyn Moraes

Jornalista por opção e comunicadora de natureza. Leva a profissão como um propósito de vida. Com 15 anos de carreira, já falou para milhões de pessoas por meio do rádio. Tem passagens pelas rádios Tupi, Manchete, CBN e Globo. Começou como repórter, passou a produtora e âncora, e chegou à supervisão de programação. Coleciona grandes coberturas e um prêmio de Jornalismo Ambiental. Além de ter comandado a equipe da Rádio Globo por três anos, tem experiência em Assessoria de Imprensa e gestão de crise. Atualmente, é *Product Owner* (PO) na Universal Music. Também tem um canal no YouTube sobre maternidade: @maeemaeoficial. Os desafios com seu filho atípico a fez criar este canal.

Um dos capítulos mais marcantes da minha carreira foi confrontar o meu gosto musical com a seriedade que a profissão de jornalista impõe. Em 2008, quando eu passava por um período de experiência como *trainee* da Rádio CBN, no Rio de Janeiro, a chefia ficou sabendo que eu era funkeira. Em um primeiro momento, eu me desesperei. Logo imaginei que não seria contratada. Só me lembrava do meu pai dizendo que eu deveria tomar cuidado para não ser mal interpretada. É que, além de gostar de funk, eu fiz e gravei uma música. O que, no início, pareceu um pesadelo, com o tempo se tornou um desafio: eu precisava provar que a recém-formada jornalista funkeira sabia "tocar notícia" com credibilidade. E provei! Um ano depois, fui promovida a repórter.

Essa passagem fez lembrar-me de algumas reflexões que li no livro de Arthur Bender, intitulado *Autenticidade: Mitos e Verdades na Construção da Sua Marca Pessoal*. O autor mergulha na ideia de que "ser você mesmo", sem autoconhecimento, pode ser um terrível engano, com consequências desastrosas para sua imagem. E aponta as saídas para você se valer dos seus talentos, das suas vulnerabilidades, da sua história de vida e fazer desse seu patrimônio uma marca autêntica e valiosa.

Descobri ali que eu não precisava fingir ser alguém que eu não era para seguir a carreira de jornalista. Minha animação e agitação, próprias da minha personalidade, emplacaram bordões não só na redação da CBN. A minha expressão "vai vendo" (que significa que estou atenta, de olho no que está acontecendo) batizou o quadro da cientista política Lucia Hippolito (1950-2023) na rádio em 2014.

A escolha da carreira

Nasci em Barra Mansa e fui criada em Volta Redonda, no interior do Rio de Janeiro. Desde pequena, sempre gostei de um protagonismo. Minha mãe conta que eu não suportava ser aluna nas brincadeiras de escolinha, sempre queria ser a professora. Falar, ensinar, explicar, comandar era o que eu gostava de fazer. Meus pais queriam e tinham certeza que eu faria Magistério. Mas isso nunca passou pela minha cabeça.

Aos 15 anos, virei dançarina de uma banda, comecei a dar aula de lambaeróbica para crianças e fui chamada para dançar em um grupo profissional de Volta Redonda. Tudo indicava que eu faria faculdade de Educação Física. Porém, eu não me enxergava estudando anatomia, biologia celular, desenvolvimento motor. Eu gostava de Português, Literatura e Geografia.

Dois anos depois, fui entrevistada por uma equipe da TV Rio Sul, afiliada da TV Globo no sul fluminense. A pauta era o preparo para o vestibular. Eu mostrei a minha rotina de estudos e, depois que a repórter foi embora, fiquei imaginando como eu contaria aquela história. Fui para o terceiro ano do Ensino Médio decidida a fazer vestibular para Jornalismo.

O teste do poder de persuasão

O próximo passo era convencer meus pais a me mudar de Volta Redonda. Eu sabia que, se eu estudasse pela região, dificilmente teria boas oportunidades. Prestei vestibular para várias universidades, inclusive fora do estado, mas meu foco estava na Pontifícia Universidade Católica do Rio de Janeiro (PUC-Rio). Eu tinha certeza que a universidade e a convivência com profissionais da área me abririam portas. E abriram: o jornalista André Trigueiro, que foi meu professor de Jornalismo Ambiental, me ajudou a chegar até a Rádio CBN e a vencer o Prêmio O Eco de Jornalismo Ambiental, em 2006.

Não posso deixar de citar a força que a minha melhor amiga, a atriz Clarissa Kahane, me deu para convencer meus pais a me deixarem mudar para o Rio para estudar. Sou "filha da PUC" graças a eles e a ela também. Fui até o final com coeficiente de rendimento (CR) acima de 9,0 para não perder os 30% de bolsa.

A escolha é sua

Não tenho nenhum parente jornalista. Ouvi de um tio que eu não conseguiria ser bem-sucedida, porque eu não teria ajuda de ninguém da família. Fiquei abalada, mas não esmoreci. Segui o meu propósito. Afinal, como costumamos ouvir a frase do pensador Confúcio: "Escolha um trabalho que você ame e não terá que trabalhar um único dia em sua vida".

E sigo adorando a segunda-feira, ou melhor, o domingo também, porque jornalista trabalha em fim de semana. Não é sacrifício para mim atender a um telefonema no feriado. E ainda torço para que algo relevante aconteça em algum lugar onde eu estiver passando férias para eu ser correspondente. Adoro contar histórias, ouvir pessoas, estar onde a notícia acontece.

Fui parar no rádio sem ouvir rádio

O rádio era o único veículo no qual nunca me vi trabalhando. E lá se vão 13 anos de 'latinha'. Comecei a fazer estágio na Rádio Tupi em 2007. Anteriormente, eu estava na assessoria de imprensa da Dataprev (Empresa de Tecnologia e Informações da

Previdência), aprendendo os desafios da comunicação interna. Curti aquele período, aprendi muito e, o melhor de tudo, ganhei uma amiga para a vida, a minha chefe Valerinha. Mas sabia que eu não teria como ser contratada, pois era necessário passar em um concurso público. Pedi para um amigo levar meu currículo para o chefe da Tupi e, duas semanas depois, fui chamada para um teste. Fui aprovada. Em nove meses, vivi os melhores e os piores dias da minha vida. Eu me tornei repórter, me encontrei na profissão, me apaixonei pelo veículo, conheci meu marido, sofri assédio moral e sexual e fui demitida por ter sido envolvida em uma fofoca sem chance de me defender. Aprendi que não basta estar no lugar certo na hora certa. Como bem escreveu o filósofo Mario Sergio Cortella no livro *A sorte segue a coragem*: "A ocasião não faz o ladrão, a decisão é feita antes da ocasião". Eu tinha metas, plano de vida e enxergava os caminhos para chegar até o meu sonho profissional. E não desisti.

Experiência no exterior

Em 2006, fui para os Estados Unidos fazer *work experience*, programa de intercâmbio de trabalho no exterior para estudantes universitários. A minha ideia era praticar inglês e voltar fluente. Mas, como nem tudo está sob nosso controle, fui parar em Orlando, na Flórida. Como não passei na entrevista para uma estação de ski no estado da Virgínia, aceitei o que havia sobrado: vaga de camareira de hotel numa cidade cheia de brasileiros e latino-americanos. Aprendi a me virar mais no espanhol que eu não tinha do que propriamente no inglês, língua que havia estudado por mais de cinco anos.

A experiência fora me ensinou a ter inteligência emocional, a lidar melhor com imprevistos e a aprender que nós somos responsáveis por nossas escolhas. Eu trabalhei apenas dois dias como camareira. Corri atrás de outras vagas de emprego que me desafiassem a falar inglês. E consegui. Passei três meses trabalhando em um parque e em uma lanchonete somente com pessoas que falavam a língua estrangeira.

Outro legado dessa viagem foi entender os meus limites. Apliquei para oportunidades com inglês fluente sem ser fluente na língua. Passei um tempo lavando banheiro, tirando chiclete de asfalto de estacionamento, limpando janelas até chegar ao atendimento ao público. Passei um perrengue que me fez crescer muito.

Uma repórter em ascensão

Eu me formei em 2008 sem emprego, mas com o objetivo de chegar ao Sistema Globo de Rádio. Ingressei na pós-graduação executiva de Meio Ambiente da Coppe/UFRJ. Nessa época, eu estava debruçada nas matérias, novidades, leis e projetos ambientais que surgiam. Comecei a escrever de forma voluntária para a *Folha do Meio Ambiente*. A jornalista Zilda Ferreira, incansável nos ecodebates, me deu essa oportunidade durante um curso na Associação Brasileira de Imprensa (ABI). Meu projeto final na PUC-Rio foi sobre a nada mole vida dos catadores de lixo do antigo Aterro Sanitário de Gramacho, em Duque de Caxias, na Baixada Fluminense.

O MBA foi um diferencial para eu ser selecionada no processo seletivo da Rádio CBN. Fiquei dois anos como repórter e produtora. Em 2010, fui encarar os desafios do jornalismo on-line no portal *R7*, da Rede Record. Cobri as principais pautas factuais do Rio, como a tragédia na Região Serrana e o massacre em Realengo em 2011, as eleições municipais e a Rio+20 em 2012, carnaval na Sapucaí, entre tantas outras.

Como lidar com a frieza da profissão

O ano de 2012 foi marcante na minha carreira. Fui a primeira repórter a chegar à porta da Escola Tasso da Silveira, em Realengo, zona oeste do Rio, onde um ex-aluno entrou e atirou contra 12 crianças e se matou em seguida. Ver pais e mães desesperados, ter que abordá-los e contar essa história não foi fácil. Passei o dia no local, alimentando o portal *R7* de informações com o assunto que chocou a imprensa nacional e internacional.

Ao chegar à minha casa, sentei-me na cama e comecei a chorar. Parecia que eu estava anestesiada até largar o bloco, a caneta e o gravador. Não consegui dormir, imaginando como seria a vida daquelas famílias a partir daquele crime bárbaro. Acompanhei por muito tempo essa história, virei setorista do caso até 2013, quando recebi uma proposta para ingressar no time de reportagem da Rádio Globo. E lá se vão 11 anos.

Ter resiliência é fundamental

Acompanhei as mudanças da Rádio Globo. Fiz rádio *talk* popular, rádio *talk* para o público AB nos Estúdios Globo (Projac) e cheguei à supervisão de programação em 2020. Cresci muito com os desafios da gestão de pessoas. E me orgulho, como mulher e profissional, de ter chegado à liderança de uma empresa do Grupo Globo.

Fui repórter de cidade, me destaquei em grandes coberturas, como a Jornada Mundial da Juventude em 2013 e as manifestações na Copa do Mundo de 2014 e na Olimpíada de 2016. Aprimorei minha capacidade de improviso em entradas ao vivo. Entrevistei grandes artistas, como Tony Ramos, Nathalia Timberg e Lima Duarte. Sempre fui uma combatente que levava a frase do filme *Tropa de Elite* para a redação: "Missão dada é missão cumprida".

Sigo com o mesmo brilho nos olhos da repórter que retornou ao rádio em 2013, querendo dar 'furo de reportagem', emplacar conteúdos relevantes e levar informação com credibilidade para o público. Esse é um valor que eu carrego desde quando entrei na faculdade.

Meu filho, minha pauta

Há três anos, me tornei mãe do Bernardo. Tenho aprendido e descoberto muitas coisas e conhecido pessoas, depois que meu filho começou a ser investigado por causa de um atraso no desenvolvimento global. Após vários exames e ouvir diferentes médicos, parei de procrastinar e tirei do papel o projeto de ter um canal no YouTube. Eu só precisava de uma pauta específica. E os desafios da maternidade atípica me levaram a criar o "Mãe É Mãe" (youtube.com/@maeemaeoficial).

No meu Instagram (@maeemaeoficial), tento levar a rotina exaustiva da maternidade real de forma leve e descontraída. O humor sempre foi uma característica minha. Com o tempo, percebi que rir de si mesmo é sinal de maturidade. E aprendo há mais de uma década com o meu marido, que também é jornalista e *youtuber* (Gustavo Henrique Dando Choque) e meu grande incentivador, que a gente não deve levar a vida tão a sério.

A profissão como propósito

As conexões que o Jornalismo me trouxe fazem parte do meu crescimento como ser humano. Quando eu produzia o "Manhã da Globo", com o apresentador Roberto Canazio, cobrava retorno das autoridades para conseguir vagas em hospitais públicos, exames e cirurgias para ouvintes que estavam há anos na fila das unidades de saúde. Entender a dimensão do que a profissão representa, tanto para você quanto para a sociedade, é o caminho para a escolha certa.

Sigo com o objetivo de entrevistar especialistas, ouvir boas histórias, dar voz a quem faz a diferença e divulgar serviço de qualidade. Percebi que o meu problema pode ser o de muitas mães que, na maioria das vezes, não têm acesso a consultas com bons profissionais e informação de credibilidade. Meu canal tem se tornado uma rede de apoio e divulgação de conhecimento. E este projeto é mais que uma realização profissional. O Jornalismo, para mim, é um propósito de vida.

Ah, e antes que eu me esqueça: continuo curtindo um pancadão!

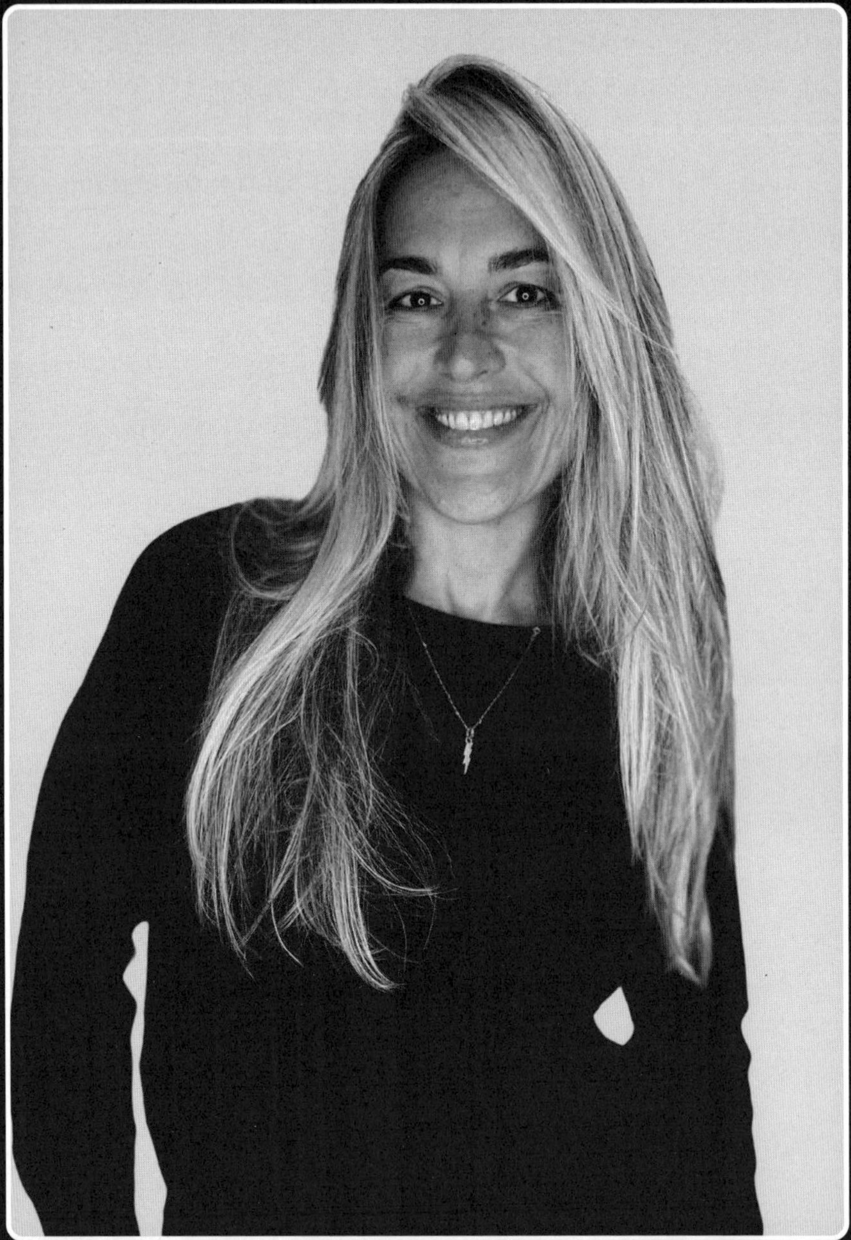

sidade Católica do Rio de Janeiro (PUC-Rio), com especialização em Gestão Empresarial e Marketing pela Escola Superior de Propaganda e Marketing (ESPM) e começou o mestrado na Escola de Comunicação da Universidade Federal do Rio de Janeiro (UFRJ) – mas não concluiu por incapacidade de conciliar a árdua rotina na redação da GloboNews com a vida acadêmica e doméstica. É mãe da Catarina, de 18 anos, e do João Guilherme, de quatro, frutos de dois relacionamentos diferentes. Idealista por natureza, jogou-se pela terceira vez numa romântica aventura com o atual companheiro, Alexandre, e hoje mora com seus cinco filhos, um cachorro e um gato. Concluir o mestrado seria mais fácil, mas bem menos emocionante.

O Jornalismo me escolheu

Todos os dias, saio de casa com pelo menos três bolsas: uma de comida, a da academia e outra com carteira, celular e demais utensílios diários. Minha maior conquista como jornalista tem sido manter a saúde física e mental enquanto tento me equilibrar entre os papéis de mãe, mulher e profissional neste mundo machista e etarista.

Aos 47 anos, vi redações inteiras serem dizimadas por passaralhos nesta transformação do analógico para o digital. Tive a sorte de conseguir transitar do impresso para a TV e conseguido me adaptar à linguagem audiovisual sem perder o dom da palavra, seja ela escrita ou falada.

Quando falo em sorte, me refiro ao esforço diário aliado à criatividade para me manter atualizada e relevante, seja por meio de mestrado, cursos e especializações, seja mantendo-me conectada à rua sem perder a empatia com os mais fracos. Sempre busco o que há de humano, as histórias por trás dos números, e a desconfiança e o senso crítico diante dos comunicados oficiais.

Ajuda muito ter em casa, hoje em dia, um filho pequeno, autista, nascido na primeira semana da pandemia e uma adolescente, além de outros três jovens, um gato e um cachorro, que chegaram para somar num terceiro casamento com um companheiro que é o homem da minha vida. A medida exata do meu sucesso é estar permanentemente em construção nessa grande família, perfeita para meus sonhos, mas nada tradicional.

É por causa desse constante movimento na minha vida pessoal que acredito ter conseguido me manter relevante numa redação onde predominam os colegas sub-30, reflexo de um mercado de trabalho que desvaloriza a experiência em favor dos baixos salários pagos a centenas de recém-formados a cada ano.

Ser jornalista é estar constantemente no olho do furacão enquanto todos os outros fogem. É não ter medo da mudança, manter a curiosidade infantil, fazer desde perguntas óbvias às mais "cabeludas". Como bem disse o mestre e colega de profissão Nelson Rodrigues: "Só os profetas enxergam o óbvio".

É ser especialista em generalidades, sabendo cair de paraquedas em qualquer pauta e traduzi-la para meu público numa linguagem simples – o que não quer dizer que seja fácil.

Ser jornalista me sintetiza em grande parte. Amo gente, adoro escutar histórias. A busca da palavra ou, no caso do telejornalismo, da imagem exata, me persegue.

Sou apaixonada pela vida, estou sempre em busca de novas experiências, seja viajando para conhecer pessoas e culturas diferentes ou no dia a dia do trabalho. O importante é estar sempre em movimento, vivendo, aprendendo e extraindo de cada vivência o máximo de conhecimento.

Apesar dos mais de 20 anos de profissão, gosto de manter a postura de eterna aprendiz. Minha paixão pelas pessoas e suas histórias vem de criança: era daquelas que sempre desobedecia a regra de não falar com estranhos.

Com sete anos, pedi uma enciclopédia de presente de aniversário. Gostava de ler bulas de remédios e dicionários. Aos nove, me interessei pela política e acompanhei, com esperança e choro, a eleição indireta de Tancredo Neves à presidência, seguida da sua morte inesperada.

Todos esses caminhos me levaram ao Jornalismo. Formada pela Pontifícia Universidade Católica do Rio de Janeiro (PUC-Rio), sempre soube que seguiria pela área da Comunicação, mas foi só quando ingressei na graduação que entendi que havia nascido para ser jornalista. Desde então, vivi momentos de altos e baixos com a profissão, seja por causa dos longos plantões, ou pela falta de reconhecimento e a baixa remuneração.

Meus 22 anos de carreira começaram como repórter *trainee* no jornal *Folha de S.Paulo*, passando posteriormente por *O Estado de S.Paulo,* onde trabalhei como repórter, e pela agência FSB Comunicações, na qual ocupei os cargos de gerente do núcleo de análise de mídia e coordenadora de monitoramento de mídia do governo do Rio. Atualmente, trabalho como produtora de reportagem na GloboNews, além de ser mãe de Catarina, de 18 anos, e João Guilherme, de quatro.

Desde criança, gostava de contar histórias, por isso sempre soube que trabalharia com elas. Hoje entendo que o Jornalismo me escolheu. Eu fico o tempo todo querendo fugir dele; em vários momentos da minha carreira profissional já aconteceu.

De tempos em tempos, penso: "ah, eu tinha que fazer uma guinada profissional", "ai, eu cansei dessa correria, de ganhar pouco, de fazer plantão. Vou dar aulas de ioga ou montar uma pousada no sul da Bahia".

Mas, de uma forma ou de outra, a vida sempre foi me colocando em situações e trabalhos em que o Jornalismo está. Não o do entretenimento, mas o de *hardnews*, que é o que está acontecendo agora na cidade, na política e na economia. Nunca tive muito apoio dos meus pais. Eles preferiam que eu fizesse Direito ou outra carreira vista pela sociedade como "mais séria". Ao mesmo tempo, sempre acreditaram no meu talento e na minha vocação. Eles queriam que eu fizesse algo que gostasse. O maior problema era que eles achavam que eu ganhava pouco e trabalhava muito – e não estavam errados.

Um dos meus primeiros chefes, quando trabalhei na *Folha de S. Paulo*, o Marcelo Beraba, que foi um grande mentor, falava que o Jornalismo é uma espécie de sacerdócio, que exige sacrifício e dedicação de quem o exerce.

Trabalho por um ideal, pelo desejo de um mundo mais justo, por querer uma sociedade menos desigual. Eu quero mudar o mundo. A palavra é minha arma e a credibilidade é minha autoridade. Difícil de construir e fácil de perder.

Sempre gostei muito de política, o que é bastante atípico. Política não é um assunto de interesse comum entre as crianças, mas sempre fui fascinada. No início da faculdade, tinha muita vontade de ser correspondente de guerra, queria trabalhar viajando, viver experiências arriscadas, ainda era muito inocente para compreender na totalidade o horror do que acontece hoje na Ucrânia ou em Gaza – que cubro de longe, do ar-condicionado da redação.

Mesmo gostando do que faço, não tem um dia em que eu não me frustre com a profissão. Desde a graduação, no meu início no mercado de trabalho, até atualmente, não teve um dia que eu não me frustrei com o Jornalismo. É uma relação de amor e ódio. O Jornalismo é uma cachaça: o gosto não me agrada, mas aquela sensação do "furo" ou de estar numa grande cobertura – o "olho do furacão" – é uma sensação viciante.

Ainda como *trainee* na *Folha de S.Paulo*, a escola que mais me moldou, cobri a primeira eleição do Lula, em 2002. Foi muito interessante ver e entender a relação dele com a imprensa, inclusive nos bastidores, porque o que se publica é muito pouco do que se apura. Também teve muito plantão na porta de delegacia, muito Ano Novo e Natal trabalhando, muitas histórias que me marcaram ao longo desses anos.

Mais recentemente, uma cobertura que me marcou foi o assassinato da Marielle Franco e do Anderson – estava na redação na hora do crime e fui a primeira a colocar no ar o delegado titular da Homicídios, Rivaldo Barbosa, hoje apontado como planejador da morte da vereadora, dizendo que havia sido uma execução.

Uma das coisas legais do Jornalismo é isso: apesar de a gente ganhar muito mal e trabalhar em condições muitas vezes insalubres, tem sempre muita coisa para contar. Gosto dessa possibilidade de um dia estar cobrindo o presidente da República e seus ministros numa agenda, no dia seguinte estar em uma favela com tiroteio, e depois em um hotel cinco estrelas cobrindo um evento de degustação de chocolates.

Se eu pudesse voltar no tempo e falar com aquela Fabiana universitária, falaria para ela não desistir, para não ficar o tempo todo querendo fugir desse destino. Quando você entra na faculdade de Jornalismo, e às vezes até depois, quando vai um estagiário na TV, fica todo mundo dizendo: "muda logo, aproveita enquanto tem tempo". Fiquei muito tempo nisso, querendo e tentando ser outra coisa.

Atualmente, entendo que ser repórter e produtora já faz parte da minha personalidade. Para falar a verdade, nem sei mais afirmar se sou assim e, por isso, eu sou jornalista, ou se eu sou jornalista e, por isso, tenho essa personalidade. Acho que uma coisa anda junto com a outra. Então, eu diria isso para o meu eu-universitário para não ficar brigando com a própria natureza, querendo aprender coisas que não são para mim, querendo fazer coisas que não têm a ver com quem eu sou.

Fiquei muito tempo indo por esse caminho e, até hoje, às vezes percebo que estou indo de novo, então continuo tendo que repetir isso para mim mesma.

Nos primeiros anos, quando ainda trabalhava em jornal, era muito *workaholic*, trabalhava 10, 12, até 14 horas por dia. Hoje, vejo o trabalho como um meio para poder criar meus filhos e ter tempo de lazer com minha família e amigos, que são o que mais importa para mim.

Não deixo de ir aos eventos da escola, de participar do dia a dia das crianças. Tento negociar horários e eventuais folgas em datas que sei que são importantes para eles. Não quero ser aquela mãe culpada que perdeu uma porção de momentos simples como esses, mas que são os melhores.

Minha vida é uma correria doida. O cobertor é curto, sempre tem alguma área – trabalho ou família – descoberta, mas vou fazendo o meu melhor todo dia, correndo atrás das pendências no dia seguinte, e também não me exigindo dar conta de tudo sempre.

Haja terapia e atividade física para manter a saúde mental, e a saúde física para conseguir dar conta de tudo isso! Por isso, saio de casa parecendo uma guerreira da vida moderna, com tantas bolsas penduradas!

Minha filha mais velha, que tem 18 anos, também escolheu essa área da Comunicação. Quase foi para o Jornalismo, mas decidiu ir para a Publicidade. O pai dela também é jornalista, então eu falo brincando que ela não tem nem gene para ser outra coisa; a comunicação está na genética dela, não tem jeito.

Ainda tenho vários sonhos profissionais que pretendo realizar. Um deles é ter mais controle do meu material. Como produtora, eu "levanto" a pauta e produzo para os outros. Mas aí, a partir desse momento, a matéria sai da minha mão, passa para o repórter e depois para os editores, então, eu gostaria muito de ter mais autonomia no resultado.

Fui repórter na *Folha de S.Paulo* e no jornal *O Estado de S. Paulo*, e tenho muita vontade de voltar a fazer reportagens. Antes de ser jornalista, acima de tudo, sou repórter. Quero viver e contar.

Também gosto de editar, embora não tenha muita paciência com os detalhes dessa fase de finalização. Tenho uma inquietude constante que não passa com a idade. Gosto de ter uma ideia e tirá-la do papel. Realizar.

Não tenho aquele sonho de querer chegar em um lugar e ficar; quero estar sempre em movimento, na rua, com os pés no chão. Por exemplo, nunca quis ser apresentadora, mas tenho vários colegas que têm isso como se fosse o auge. Ou, então, trabalhar na Globo, isso também nunca foi um sonho para mim. Embora eu esteja lá há mais de sete anos e tenha orgulho de trabalhar ao lado dos melhores profissionais do país.

Na essência, sempre foi essa coisa da inquietude mesmo, da curiosidade, de poder estar testemunhando a história, estar onde as coisas estão realmente acontecendo, ser aquela mosquinha que vai lá e vê o que está rolando. Isso é o que me moveu até aqui e continua me direcionando para um lugar que não sei nem onde é, mas em que irei chegar.

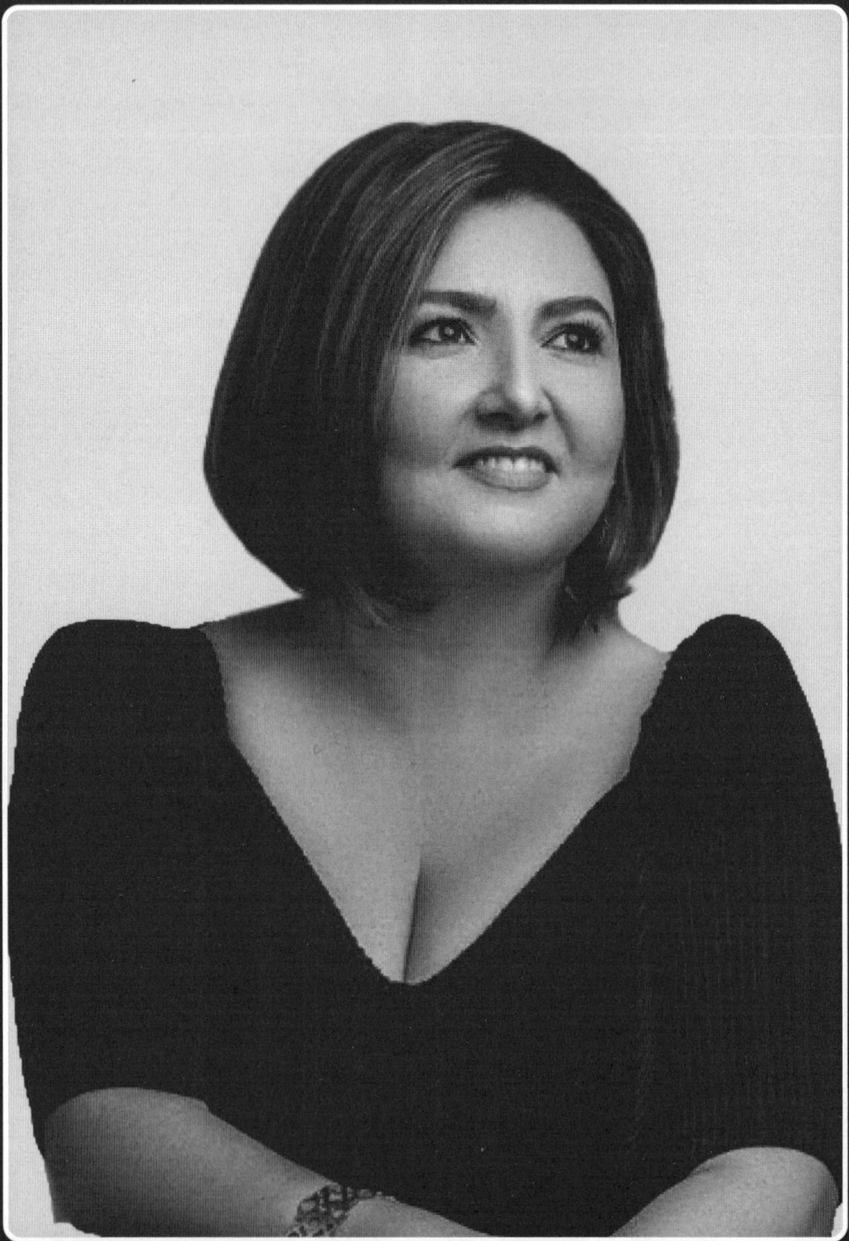

As coisas boas às vezes levam tempo

(O título foi inspirado no livro/filme
As Crônicas de Nárnia – O Leão,
a Feiticeira e o Guarda-Roupa)

INSTAGRAM

Francielli Barbosa Tiem

Formada em Comunicação Social com ênfase em Jornalismo pela Universidade de Cascavel (Univel), pós-graduada em Mídias Digitais Comunicação e Mercado pela Universidade Assis Gurgacz (FAG-Cascavel) e graduanda em História pela Universidade Estadual de Maringá (UEM). Tem 12 anos de experiência em radiojornalismo, quatro anos com experiência em televisão e cinco anos de atuação em assessoria de Comunicação. Atuou na rádio CBN Cascavel como mídia digital, produtora, repórter e âncora. Atualmente, como repórter, faz parte das TVs Tarobá – filiada da Band em Cascavel – e Evangelizar, de Curitiba.

Quando fui convidada para ser coautora desta obra, confesso que pensei em dizer não, pois eu via muitas mulheres com grandes títulos e grandes histórias. Porém, ouvi de uma entrevistada a seguinte frase: "Você não precisa ter títulos, você precisa inspirar alguém. O que você faz para mudar a vida de alguém?".

E cá estou eu para contar um pouco da minha história e de como hoje sou âncora e produtora de uma filiada da rádio CBN de Cascavel e repórter da TV Evangelizar. E também para inspirar alguém a quem Deus destinará este texto.

O começo

Antes de pegar o primeiro lápis, o primeiro livro e ler, tive à minha volta a presença de livros, por meio de minha tia e madrinha Iliana Macanhão, que adorava coleções de livros românticos, aqueles vendidos em bancas de jornais. Sempre fui curiosa para lê-los, e eles eram como relíquias para ela. Os livros impressos em papel jornal eram guardados em um pequeno baú, proibido para crianças xeretas, como eu.

Por outro lado, meus avós paternos, João e Maria Dora, me apresentavam livros didáticos com histórias bíblicas e uma bíblia destinada para crianças, a qual meus pais liam para matar a curiosidade da menina que não tinha idade para ler, ou então aguardava ansiosa para ouvir a tia Marta, da escola bíblica dominical, ler uma bíblia igual à minha.

A paixão pelas letras veio muito cedo, quando aprendi a ler. Até bula de remédio não passava desapercebida; bastava algo ter alguma palavra, alguma frase, estava eu soletrando. Quanto ao rádio e à TV, hoje presentes na minha vida diariamente, estavam também frequentemente nas brincadeiras.

Eu imaginava viver como *"O Show de Truman"*. Sentia que em cada canto havia uma câmera voltada a cada passo que eu dava, através das paredes tinha sempre uma equipe pronta para filmar cada detalhe.

Foram muitas caras e bocas, quantas conversas imaginárias que preocuparam principalmente minha mãe. Alguns tios achavam que eu tinha conexão com o além. Não era nada, só uma menina que se imaginava fazendo receitas da Ofélia na televisão, apresentando o programa da Hebe ou, então, sendo a Marília Gabriela. Muitas vezes brinquei de radionovela; esse tipo de programa não era do meu tempo, mas, na cidade em que eu morava – Rondônia –, uma rádio transmitia os contos de fadas e era um divertimento para os momentos em que faltava luz e não podia assistir ao "Balão Mágico".

Não passava pela cabeça que estes seriam os traços de um caminho que Deus já havia trilhado.

O leitor deve estar se perguntando o que os livros, o rádio e a TV têm em comum.

Bom, nada começou diretamente pela TV ou rádio; passou primeiramente pela escrita. Foram os textos com um bom português, culto às vezes até demais, algumas vezes arcaico, que fizeram encantar colegas e professores. Foram poesias e histórias; participei como coautora em um pequeno livro do colégio em que estudava, com um conto. A leitura era fundamental para as ideias, para a imaginação fluir.

E não pense que eu fui sempre a estrelinha da sala de aula por isso. Alguns professores não gostavam de mim, não sei o motivo, talvez por ser muito dispersa. Até então, não se falava em transtorno do déficit de atenção com hiperatividade (TDAH), mas, enfim, não os culpo por isso, pois esse motivo me fez querer mostrar que era além do que eles falavam ou pensavam.

Fui chamada até de "zero à esquerda", por incrível que pareça, por uma professora de Língua Portuguesa, matéria em que eu tinha as melhores notas. Já outro, em plena sala de aula, disse que eu não seria nada. Até entendo, pois eu era péssima em matemática. Mas esse último ainda tenho muita história para contar, porém ficará para um próximo momento.

Vencedora sem vitória

Como eu disse, imaginação e criatividade não faltavam. Era essa a minha arma: colocar tudo isso em um papel e participar de um concurso de oratória. Eu tinha apenas 17 anos e dois professores com um amor que não cabia neles, Kazue Kassikawa, de Língua Portuguesa, e Eder Menezes, de História, conseguiram me convencer a participar desse concurso.

Eu sabia que a expectativa em mim era gigantesca e precisava escrever o melhor texto e fazer a melhor interpretação. E assim o fiz. O tema era doação de órgãos e fiz o que ninguém tinha feito (segundo pessoas que participavam dessas competições): contar uma história que fizesse as pessoas na plateia chorarem para, depois, defender uma ideia.

Dramatizei um homem que morria em um hospital por falta de um doador de coração.

Aplaudida de pé. Parecia emocionante; pelas ações e reações, o concurso estava ganho. Como eu disse, parecia, mas não ganhei. No entanto, sentia que o meu esforço não tinha sido em vão. Não fiquei nem em terceira colocação, mas eu ganhei comoção, lágrimas, sorrisos e algo que talvez os demais não receberam: mensagens de agradecimento por ter feito muitos da plateia refletirem sobre a doação de órgãos.

Essa foi a melhor vitória sem título.

Mudança de ideias

Além de escrever e das brincadeiras, aos 18 anos eu não queria saber de TV, rádio ou de escrever. Queria mudar o mundo, ajudar pessoas, ser a Madre Tereza de Calcutá, mas acreditava que essa possibilidade só viria a partir de profissões voltadas à saúde.

Queria ser fisioterapeuta. Estudei, dediquei cada momento e não passei em nenhum dos vestibulares que fiz. Frustração total.

Mas quando menos esperei, lá estavam eles novamente: os professores Eder e Kazue, aqueles mesmos que me convenceram a participar do concurso de oratória. Dessa vez, para me convencer a aceitar a inscrição para o vestibular de Jornalismo.

Contestei ferozmente! Esse curso não tinha nada a ver comigo; eu não queria ser uma âncora de jornal.

Mas quem pode lutar contra os pais e dois professores? Era só para tentar e, se eu não gostasse, poderia sair.

Para meu desespero, passei em sétimo lugar no geral. Não teve jeito, fui fazer o curso.

Quando me perguntavam o motivo de ter escolhido o Jornalismo, minha resposta sempre era a mesma: "Estou aqui de livre e espontânea pressão".

Não demorou muito para que mostrasse um certo desenrolar, principalmente em rádio e televisão. Tive muita ajuda de um operador de áudio da faculdade que me fazia gravar 20 vezes o mesmo texto até que ficasse perfeito, o qual mais tarde foi meu colega de trabalho e, hoje, é uma estrelinha no céu.

Também professores que viram uma potencial colega de trabalho, me auxiliaram e encaminharam.

Não fui a melhor aluna, mas estive entre os melhores.

Os primeiros passos

Com tantas referências, deveria ser fácil chegar ao topo, mas não foi. Como toda história de sucesso, nada é fácil. Não saí da faculdade e fui direto para rádio e televisão; passei por outros meios de comunicação. Primeiro veio a assessoria, período de muito aprendizado, como todos foram; assessorei um vereador e aprendi um pouco sobre como funcionava uma casa de leis na prática.

Durante esse período, fiz muitos questionamentos, principalmente o motivo de estar ali, o que aquilo me ensinaria. O estágio para jornalista era proibido; ou você já entrava em um meio de comunicação, ou passaria clandestinamente por um estágio sem remuneração ou, ainda, teria outra função para poder chegar à profissão.

Apesar de ganhar muito bem como assessora parlamentar, não estava contente, não era o salário que me faria a jornalista que eu queria ser.

Quando se ganha um bom salário, o medo de mudar é grande. Não queria perder o padrão de vida, mas era preciso fazer algo, pois cada vez havia mais questionamentos, e estar inserida diretamente com a política não satisfazia o propósito que tinha estabelecido para minha vida.

Na verdade, já nem sabia mais qual era o propósito.

Mudanças doem, mas são necessárias

Logo surgiu, por indicação de um professor, que é um grande ícone do rádio de Cascavel, chamado Sérgio Brum, um "estágio", daqueles que a gente vai com a cara e a coragem e aceita não ser remunerado. A propósito, não reclamo disso e nunca reclamei. Não foi algo que alguém precisava, mas era uma vaga que eu queria. Me apresentei ao dono de uma rádio e me propus a trabalhar para aprender.

Rádio AM

A primeira coisa que fiz foi fofoca de novela. Eu detestava assistir à novela, mas por algum lugar eu tinha que começar. Nem tinha tempo de assistir televisão à noite, o jeito foi ler todas as revistas e sites de fofoca para estar inteirada.

Logo outras coisas foram aparecendo, ganhei amigos, com os quais tornei a trabalhar anos mais tarde.

É lógico que chegou a um ponto que eu precisava de dinheiro, afinal, a faculdade não se pagava sozinha nem a formatura.

Dessa vez, surgiu uma vaga de apresentadora de um programa de venda de carros; era um bom dinheiro para manter a vida financeira em ordem.

Estava feliz? Claro que não! No início até que sim, pois era algo novo, mas fui percebendo que não era aquilo que eu queria.

Mais uma vez, me vi sem saber o que queria e pensando em uma frase de *Alice no País das Maravilhas*, de Lewis Carroll: "Se você não sabe para onde ir, qualquer caminho serve."

Novamente me deparei com preconceito de colegas – esse é um capítulo que faço questão de esquecer. Tudo parecia complicado demais em coisas tão simples, logo eu, que era prática com as coisas.

Era difícil conversar, tudo era difícil, pois tudo era criticado. Passei a acreditar que eu não era boa suficiente para fazer qualquer coisa, pois tudo tinha um borbulho de "ela só consegue algo porque deve estar dormindo com alguém".

Isso não vinha de chefia, vinha de colega que estava no mesmo patamar que eu. Não considero isso como ser mártir, mas considero que eu era a minha pior inimiga, pois eu deixava que falassem, eu deixava que rissem, eu deixava que conversas acontecessem, por medo.

O medo de paralisar me paralisou. Parei no tempo, parei nas atitudes, não sabia dizer não. Eu me desvalorizei para que outros pudessem se sentir bem.

Chame de pressão psicológica, do que quiser, mas eu precisava sair disso.

Houve mudança? Houve! Depois de dois anos, pedi para sair. Não queria saber de rádio, televisão ou jornais impressos. A internet ainda era tímida para notícias.

A saída? Ser secretária. Isso mesmo! Secretária, não há nada errado nisso, só não queria mais aquele mundo que, para mim, era medíocre demais. Uma mente que expandia o tempo todo não poderia ficar presa em conversas e apontamentos que não existiam, de pessoas que nunca saíram do lugar.

Eu saí do Jornalismo, mas o Jornalismo não saiu de mim. Não demorou muito para que eu começasse a frequentar a igreja que meu noivo, hoje meu esposo, frequentava. Não falei para ninguém sobre a minha profissão, nem que eu gostaria de voltar. A igreja tinha um programa em um canal fechado; a apresentadora estava prestes a se casar com um rapaz de outra igreja e não faria mais o programa. Numa reunião de estudo bíblico, ela me perguntou qual era a minha formação e eu respondi.

Seus olhos se encheram de lágrimas e ela me disse: "Você é a resposta da minha oração. Quando oro, Deus mostra você. Eu não entendia, mas agora entendo". E foi assim que retornei. Outros trabalhos vieram, como assessora de comunicação da prefeitura de Cascavel; depois passei pelo grupo EcoRodovias.

Mas quem disse que as mudanças pararam por aí?

Nós vamos sempre encontrar quem goste e quem não goste da gente; o importante é fazer um bom trabalho para que sejamos lembrados. Alguns são os próprios líderes que acabam nos dispensando sem motivos, apenas por não gostar de você.

Assim, um colega de pós-graduação me convidou para cobrir suas férias em uma rádio. Fiquei nesse grupo mais de 4 anos e... mais uma mudança. Comunicação em crise, funcionários demitidos, e eu era um deles.

O que fazer? Currículo distribuído e surge uma vaga de recepcionista em uma rádio tradicional de Cascavel. Por algum lugar eu tinha que recomeçar, então me coloquei à disposição e fui aceita.

Me chamaram de louca, disseram que eu estava retrocedendo, entre outras coisas. Nada daquilo iria me abalar. Durante os seis meses que fiquei nesse cargo, muitas oportunidades apareceram e abracei todas. Até que um dia um homem chegou, puxou conversa comigo na recepção e fez a seguinte pergunta: "Você já pensou em estudar Jornalismo?".

Respondi: "Sou formada em Jornalismo e pós-graduada em Mídias Digitais".

Esse homem estava arrendando uma rádio em Cascavel e traria à cidade novamente a rádio CBN. No dia seguinte, ele voltou e perguntou se eu gostaria de trabalhar com ele.

Logicamente, aceitei na hora.

Não basta esforço e empenho

Enquanto escrevia este trecho, eu chorei, pois esse homem – Caique Agustini – abriu todas as portas possíveis e resgatou, sem saber, um valor que eu mesma não me dava.

Durante os anos em que estive no grupo, do qual ele era

um dos administradores, tive a possibilidade de crescer não com cargos, mas como pessoa, de olhar para dentro e ver o potencial que tenho.

Sempre estar escondida, esse foi a vida toda o meu jeito. Sempre me destaquei, mas nunca quis aparecer; queria que os outros se destacassem. Pensei sempre que as oportunidades não eram para mim.

Me esforçava, me dedicava, mas quando chegava a minha vez, eu deixava para outro. Sempre achava que o outro queria mais do que eu, que na próxima oportunidade, quem sabe, seria a minha vez.

Fiz boas matérias, cobri acontecimentos de repercussão nacional, entre outros assuntos interessantes.

Às vezes, penso que Deus dá a oportunidade para nós mesmos, mas a gente deixa passar por uma falsa humildade, que eu chamo de medo.

Hoje, eu não vejo mais dessa forma; agarro, brigo, "essa é minha vez". Mesmo que o resultado não seja o que eu quero, é minha oportunidade de tentar.

E com essas chances conquistei dois prêmios regionais de radiojornalismo, em primeiro lugar. Foram as oportunidades de dizer sim para aquilo que realmente fez sentido.

Eu quis expandir, aceitei me testar, trabalhei como repórter de rua e hoje também estou contratada pela TV Evangelizar. Eu quis experimentar coisas novas, como aceitar ser coautora deste livro.

São boas conquistas, porém não posso me agarrar a isso. O que fazer com o que ganhei e conseguir ainda outros ambientes em que ainda não cheguei?

Ajudando outros

De forma tímida, mas expandindo aos poucos, esse tem sido meu foco: ajudar alguém que era igualzinho a mim.

Lembra no início deste texto, da Madre Tereza de Calcutá e de dar a voz a quem não tem?

Percebi que quero ajudar pequenos empresários, de qualquer ramo – seja cabeleireiro, artesão, o que for –, a encontrarem a oportunidade que falta. Eu uso a influência que tenho para ser aquilo que foram para mim, sem cobrança, mas mostrando o que cada um tem de bom a oferecer.

A partir de entrevistas, a partir das redes sociais, utilizo aquilo que me foi dado como dom, como oportunidade de ser usada como meio, porta de entrada para algo que almejam.

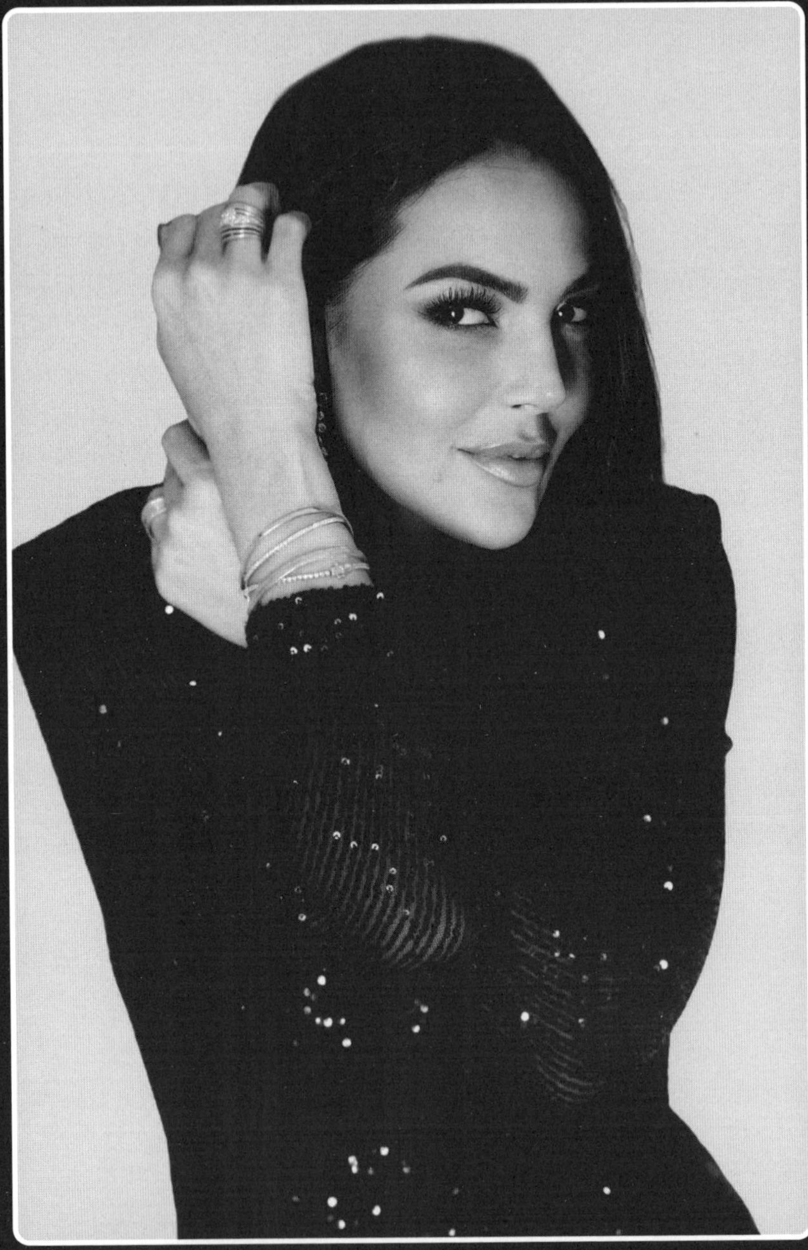

Movida a desafios, Gardênia Cavalcanti é uma locomotiva rumo ao sucesso

INSTAGRAM

Gardênia Cavalcanti

Nascida no sertão de Alagoas e criada na cidade de Paulo Afonso, na Bahia. Apresentadora do programa "Vem com a Gente", exibido ao vivo, diariamente, pela TV Band Rio. Colunista do jornal *O Dia*. Madrinha das ações sociais do Cristo Redentor e presença marcante no carnaval carioca – estreando em 2023, como musa da escola de samba Grande Rio. Começou a vida profissional na capital pernanbucana, Recife; possui uma trajetória de sucesso e ascensão no setor de cosméticos, como executiva de duas grandes empresas. Estudou Artes Cênicas, apaixonou pela televisão – foi pioneira no estado de Pernambuco como apresentadora de um programa feminino voltado à beleza e ao estilo de vida. Entre rádio, televisão, jornais e ações sociais, segue como entusiasta, inspirando e ajudando outras pessoas.

Cheguei ao mundo lá no Sertão de Alagoas, na cidade de Santana de Ipanema, em uma família abastada e financeiramente bem estruturada, e por ser neta de um dos maiores fazendeiros da região, vivi cercada de tradições e conforto. Eram diversas propriedades numa cidade conhecida como "a bacia leiteira do estado".

Meu pai era o filho caçula e perdeu a mãe quando tinha apenas quatro anos de idade e, mesmo já tendo sofrido desde cedo, estava sempre alegre e era muito comunicativo. Me ensinou a ser corajosa e persistente. A palavra "não" era inexistente para ele. Meu pai não fazia acepção de pessoas; tratava todos da mesma forma.

Minha mãe era uma mulher especial, que transbordava uma energia fora do comum. Afetuosa, doce, dedicada e extremamente admirável. Com ela, aprendi a ter fé.

Tenho memórias afetivas incríveis, principalmente relacionadas à minha avó materna. Ela se separou do meu avô ainda muito jovem. Minha mãe era filha única, e quando nasci, minha avó foi morar com meus pais para cuidar de mim. Tive o privilégio de ser filha de pais fortes, sofridos e, apesar da dor com perdas irreparáveis, guardo no peito momentos únicos.

Após a morte do meu avô paterno, mudamos para Paulo

Afonso, na Bahia. Naquele momento, estávamos sendo surpreendidos por problemas inimagináveis e a fatalidade nos pegou desprevenidos. Meus pilares começaram a ruir, em uma das fases mais importantes da minha vida.

Drama familiar

Primeiro, perdi meu pai durante a transição da infância para adolescência; depois foi meu irmão caçula. Nessa época, minhas irmãs eram crianças e minha mãe estava muito doente. Lembro que procurei palavras e formas para dar a trágica notícia, mas, em momentos assim, falar o que para uma mãe que perde um filho? Nenhuma palavra alivia a dor de um coração dilacerado.

Com apenas dezesseis anos, tive que escolher o caixão e acertar todos os detalhes do funeral. Ele nos deixou muito cedo, vivi momentos dolorosos. Não sei de onde tirei forças para arrumá-lo pela última vez. "Meu 'talismã' se foi pra sempre" – era assim que eu o chamava ao cantar uma canção que ele amava.

Logo em seguida, o quadro da minha mãe se agravou com sérios problemas no coração e a necessidade urgente de um transplante de órgão.

Ir para São Paulo foi uma alternativa à espera de um doador e, nessa época, aprendi a esperar por um milagre, porque, segundo os médicos, o caso dela era extremamente difícil.

Ela era muito jovem e, antes de viajar, segurou a minha mão ao sair da ambulância e me fez um pedido: "Cuide das suas irmãs". Nesse momento, prometi a ela que cuidaria das meninas. Naquela madrugada, meu coração ficou apertadinho, e o dela parou. Ela lutou até o fim.

Passamos por uma fatalidade com dores profundas na alma – perdi meu irmão em agosto e, em dezembro, minha mãe. Precisei ser forte para cumprir a promessa feita a ela: virei "ir-mãe" para cuidar de todas. Minha avó sempre nos cuidando e guinado, não teve tempo nem o direito de viver seu luto; se desdobrou para nos dar amor, atenção e cuidados. Não tenho dúvidas que, a partir daí, consegui forças para retomar tudo.

Atualmente, refletindo sobre isso, penso que foi Deus e a confiança que sempre tive n'Ele.

Durante esse processo, a presença da minha avó foi fundamental na criação das minhas irmãs. Por mais difíceis que tenham sido esses tempos, hoje reconheço que eles me deram uma couraça resistente capaz de moldar a pessoa que me tornei.

Quando os meus pais morreram, perdemos tudo! Nossa situação financeira virou um caos. Não sei onde foi parar todo o dinheiro que a minha família tinha.

Mexeram nas nossas estruturas, fomos transferidas de um colégio particular para uma escola pública e o nosso padrão de vida despencou. Mas, em nenhum momento, me vitimizei. Fui atrás dos meus sonhos e procurei recursos para construir um futuro próspero.

Recomeço

Eu sempre tive a certeza que ali não era o meu lugar. Sabe a inquietude? Quem cita muito isso é a escritora Clarice Lispector. Um dia, convenci minha avó de eu ir para Recife morar com umas amigas – da partida até aqui, foi uma longa e dolorosa história.

Essa etapa da vida foi permeada por inúmeros desafios, solidão, busca, interrogações.

Morando em Recife, fui estudar Administração e Marketing. Trabalhei como demonstradora e vendedora. Passei a usar no meu trabalho um princípio que aprendi com meu pai: tratar a todos com igualdade e respeito, seja rico ou pobre.

Enfrentei tudo de cabeça erguida – os bons e os maus momentos. Mantive as portas abertas por todos os locais em que passei, seguindo um caminho digno e honesto.

Fui à luta em busca do meu espaço e consegui destaque, em um meio completamente diferente daquele no qual atuo hoje. Iniciei uma carreira como executiva na indústria de cosméticos, na L'Oréal (multinacional), na divisão Maybelline.

Era uma época machista, com predominância masculina, mas as experiências e circunstâncias me fizeram crescer muito rápido. Com o tempo, meu trabalho foi visto e reconhecido em todo Norte e Nordeste, área em que atuava. A Niely me chamou para trabalhar como diretora Norte e Nordeste da empresa, e lá eu cuidava de grandes contas.

Posso dizer que sempre lutei muito e arrisquei para conseguir meu lugar. A gente só consegue mudar nossa vida com garra e determinação. O sucesso é consequência do que você faz ou deixa de fazer na sua jornada.

Tive que aprender a dizer "não" e saber me posicionar. Até porque assumi um alto cargo. Era gestora, mas visitava o cliente pequeno e dava a ele atendimento igual ao do cliente com grande potencial. Meu diferencial era a transparência, a comunicação e o desprendimento.

Minha alegria era a marca registrada de uma interiorana, que ainda não entendia a grande "maldade" do mundo e, talvez por isso, fiz tudo o que sentia no coração. Acredito que quando é de verdade, a semente enraíza, vinga e cresce, porque foram plantadas em terra fértil. Os frutos que colhi e colho até hoje estão baseados na luta – amor e respeito ao próximo – e foi nesse universo que tive meu primeiro contato com a comunicação.

Estreia na Comunicação

Tinha na minha mão não só a gestão comercial, mas também algumas ações de marketing. Comecei a patrocinar alguns programas locais. Eu amava acompanhar as ações e ver aquele universo da comunicação. Fiz alguns *merchandisings*, respondendo ao vivo dúvidas dos telespectadores, relacionadas à beleza dos cabelos. Mesmo a distância, cuidava das minhas irmãs, cumprindo a promessa que fiz para Maria, minha mãe.

Montei uma loja para a minha irmã do meio e comecei a comprar umas peças de um estilista amigo meu. Esse estilista era sócio de uma rádio muito conhecida no Nordeste.

Assim que conheci o proprietário da rádio, ficamos amigos e certo dia recebi uma ligação na qual ele me disse que estava montando uma emissora de televisão local, e havia pensado em mim para apresentar um programa feminino. Aceitei o desafio, aliás, esse já era mais um passo para a minha permanência na comunicação – passar alegria e informação para as pessoas.

Fui pioneira no estado de Pernambuco como apresentadora do primeiro programa com dicas e tutoriais de beleza, e exclusivo para mulheres do estado. Foi um sucesso e, em menos de um ano, fui convidada para trabalhar em uma empresa afiliada da Band. Foram oito anos com esse programa no ar.

Para levar com responsabilidade assuntos importantes, coloquei em prática o que aprendi quando cursei Administração e Marketing. Assim, gerenciava uma equipe e criei alguns projetos de beleza, como uma caravana que colocamos na rua, e a entrega de produtos pessoais ligados à beleza. Minha veia empresarial nunca parou de pulsar.

Apaixonada pelo que faço e pela arte, fiz curso de teatro. Fui colunista nos jornais *Diários Associados*, em Pernambuco, e posteriormente no jornal *O Dia*, no Rio de Janeiro. São muitos anos na comunicação, televisão, rádio, jornal e internet.

Precisamos entender a importância e responsabilidade com a informação, fazendo com amor e respeito ao nosso público.

Família

Conheci meu marido, Marcos Rezende e foi tudo muito rápido. Namoramos, noivamos, engravidamos do Miguel e nos casamos. Em apenas sete meses, mudei meu estado civil e a minha vida. Investi muito e me arrisquei em nome do amor.

Meu sonho era ser mãe. Não me imaginava passar pela vida sem ter um filho. O nome Miguel estava escolhido desde minha adolescência. Sempre pensei "Meu filho vai ter nome de santo" e tem! Miguel é mais um sonho realizado. Um amigo querido, um bom menino. Eu amo ser mãe!

Por alguns meses, fiquei na ponte-aérea entre a capital fluminense e Pernambuco, para seguir à frente de meu programa, mas quando me transferi para o Rio de Janeiro, ele virou semanal. Percebi que era momento de parar e priorizar a minha família; estava na hora de escolher e mudar tudo. Mudei.

O primeiro ano não foi fácil, pois sentia falta do trabalho, dos amigos, de Recife, mas a beleza do Rio me encantou, a alegria do povo carioca contagia e hoje sou completamente apaixonada pela cidade. Recomecei sem medo e enxerguei aqui novos horizontes! Sabe por quê? Porque sou especialista em recomeços.

Guerreira e corajosa

Apresentei o programa "Espelho Seu", veiculado pela TV Club, afiliada da Band que depois virou Record-Pernambuco. Nesse período, retomei a minha conversa com a Band Rio e aí o "Espelho Seu" mudou de emissora e entrou na grade da Band. Passado um tempo, fui convidada para apresentar diariamente o "Band Mulher", mas a pandemia começou e não foi fácil ver o mundo parar.

Tive covid-19 e fiquei muito mal. Temi a morte e, por sorte, tive um médico excelente. Curei-me em casa, com o tratamento humanizado e a competência do Dr. Rodrigo Mauro. Aproveito e homenageio por meio dele os grandes profissionais da área que arriscaram suas vidas.

Aprendi que não somos nada, e que os nossos planos são vulneráveis, a vida me ensinou que estamos, e nada somos.

Quando tínhamos a perspectiva de retorno e o mundo ia lentamente retomando o ritmo, começamos a amadurecer com a nova diretoria da Band Rio outro projeto "Vem com a Gente". Estreamos o programa com a ideia de tirar da cabeça das pessoas aquele peso de só falar em doença. A estreia foi no luxuoso Hotel Fairmont Rio, que serviu de cenário para exibirmos uma temporada de sucesso com grandes nomes. Não foi fácil estrear um programa vendo o mundo quase parando, as pessoas morrendo, mas encarei o desafio e comandei o "Vem com a Gente", na Band Rio, com o objetivo de trazer mais leveza às tardes.

Vem com a gente

A proposta era levar entretenimento em um momento triste para todos e dar oportunidade para a classe artística falar sobre diversidade, abordar inclusão, passando por arte, lazer, moda, saúde e música. No início, era gravado e há mais de dois anos estamos ao vivo. Tenho amor pelo que faço e está no meu DNA a comunicação. Fazer programa ao vivo é desafiador; sinto a energia das pessoas que estão assistindo ao meu programa e a troca acontece de verdade.

Hoje, a TV cobra um desempenho muito maior, por isso, eu sempre participei de tudo e opino de A a Z. Faço reuniões periódicas, escuto a produção, pesquiso, dou ideias, escrevo, ajudo na elaboração de ideias para os roteiros. Temos uma hora de produção de conteúdo por dia e com equipe otimizada. Como sempre administrei, eu uso cada lição do comércio e vendas para dar resultado com menos custos.

Cometemos erros, sim, mas também somos humildes em reconhecer e consertar. A comunicação tem dessas coisas, principalmente em um programa ao vivo. Tudo é muito rápido, as atualizações são constantes; a era digital nos força a acompanhar esse movimento, caso contrário, ficamos obsoletos.

Paixão pelas obras sociais

A pandemia foi uma tragédia mundial. As más notícias não paravam de invadir os nossos lares todos os dias. Imagina uma mulher ativa como eu dentro de casa? Não aguentei ficar parada e me propus a ajudar em uma das obras assistenciais do Cristo Redentor, e o convite para ser madrinha foi feito pelo reitor do Cristo, o incansável Padre Omar.

Comecei a subir o Corcovado e, nessa caminhada, lá de cima, aos pés de uma das sete maravilhas do mundo moderno, cartão-postal do Rio de Janeiro e do Brasil, conheci um Cristo que vai até os desfavorecidos por meio das doações, atenção e apadrinhamento das obras assistenciais. Ele abraça, cuida e faz o que o Cristo verdadeiro mandou, "Amai-vos uns aos outros".

Sempre acreditei que pessoas incentivadas crescem e mudam vidas. Muita gente não imagina a logística e os trabalhos realizados todos os dias lá do alto. A iluminação especial pelas causas humanitárias e sociais é uma forma de comunicar, por meio dos braços abertos, que todos precisamos de um abraço.

Durante a pandemia, o projeto em parceria com a 'Tarde de Maria' chegou à marca de dois milhões e quinhentos pães distribuídos às famílias em situação de vulnerabilidade. Participar ativamente e ter o título de madrinha das ações sociais é muito especial e funciona como um bálsamo para o meu coração.

Madrinha de campanha contra a seca

Em abril de 2023, estive em São Paulo para cumprir uma agenda de entrevistas e um dos compromissos foi uma ida até o Grupo Perfil, veículo que publica vários produtos, entre eles a revista *Caras*. Quando cheguei à redação, estava em andamento a discussão de um projeto social para comemorar os 30 anos da revista. Em parceria com a ONG Visão Mundial, a iniciativa prevê a construção de 100 cisternas à população de Mata Grande – região castigada com as fortes secas. Naquele instante, vi que não era por acaso a minha presença ali. Entre uma conversa e outra, me coloquei à disposição da campanha.

Eu conheço a região, sou filha do sertão, e compartilhei com a equipe o meu interesse em arrecadar fundos para uma causa tão nobre, e fui convidada para ser madrinha desse movimento, o qual abracei com amor e orgulho. Usei meu programa como uma das plataformas para expandir a campanha – foram várias chamadas durante a programação. Busquei apoio e organizei um chá beneficente aos pés do Cristo. Foi maravilhoso!

Fiz questão de viajar até a Mata Grande e acompanhar a entrega à população local. O que eu não imaginava era que Deus nos abençoasse com chuva abundante para lavar a alma e começar a encher as cisternas.

A vida é uma troca diária; quanto mais damos, mais recebemos. E não estou falando de dinheiro e, sim, de amor, excelência e gratidão. Todas às vezes que nos aproximamos de alguém pensando que estamos ajudando, somos os mais ajudados.

Papel da comunicação

Acho que o papel da comunicação acima de tudo é a responsabilidade. Trabalho com entretenimento e não passaria um dia sequer sem falar algo positivo no meu programa, porque eu sei que se naquele dia eu mudar a vida de uma pessoa, já fiz a diferença.

Comunicar é isso. Não acredito nesse ofício sem emocionar, sem verdade e sem amor. A comunicação faz parte da minha vida desde sempre. Muitos só enxergam o *glamour*, mas precisamos entender que não é fácil. Todo sonho, para se tornar realidade, precisa de garra visceral, sabedoria e discernimento, para seguir a jornada.

Mulherão

Em junho de 2023, tive o privilégio de adquirir um bem – uma Mercedes-Benz branca – de umas das mulheres mais importantes da comunicação brasileira: Hebe Camargo. Mulherão que admiro e sempre ficará nas nossas lembranças. Realizei mais um sonho e, hoje, o carro que a levou para tantos caminhos me conduz para um horizonte leve e colorido.

Todos os dias assino a coluna 'D Mulher', no jornal *O Dia*, espaço em que elevo a autoestima das mulheres com mensagens reflexivas, mas às terças eu destaco um 'Mulherão', em que conto a trajetória de personagens com vidas admiráveis.

Mulheres famosas ou anônimas que nos inspiram e servem de exemplo. Sempre trabalhei para a mulher desde a época de cosméticos, então, eu acho que precisamos fomentar e colocar, de fato, a palavra sororidade na prática.

Estamos construindo várias histórias e já chegamos a muitos lugares. Porém, precisamos entender que já nascemos intuitivas e poderosas. Somos emocionais, observadoras e capazes de fazer múltiplas tarefas.

Por isso, é tão importante estar aqui com outras colegas de comunicação, deixando uma parte resumida da minha história. Vamos seguir juntas na missão sublime de incentivar e inspirar tantas outras, que virão a partir daqui. Vamos reverberar histórias grandiosas dessas mulheres apaixonadas pelo ofício árduo da comunicação.

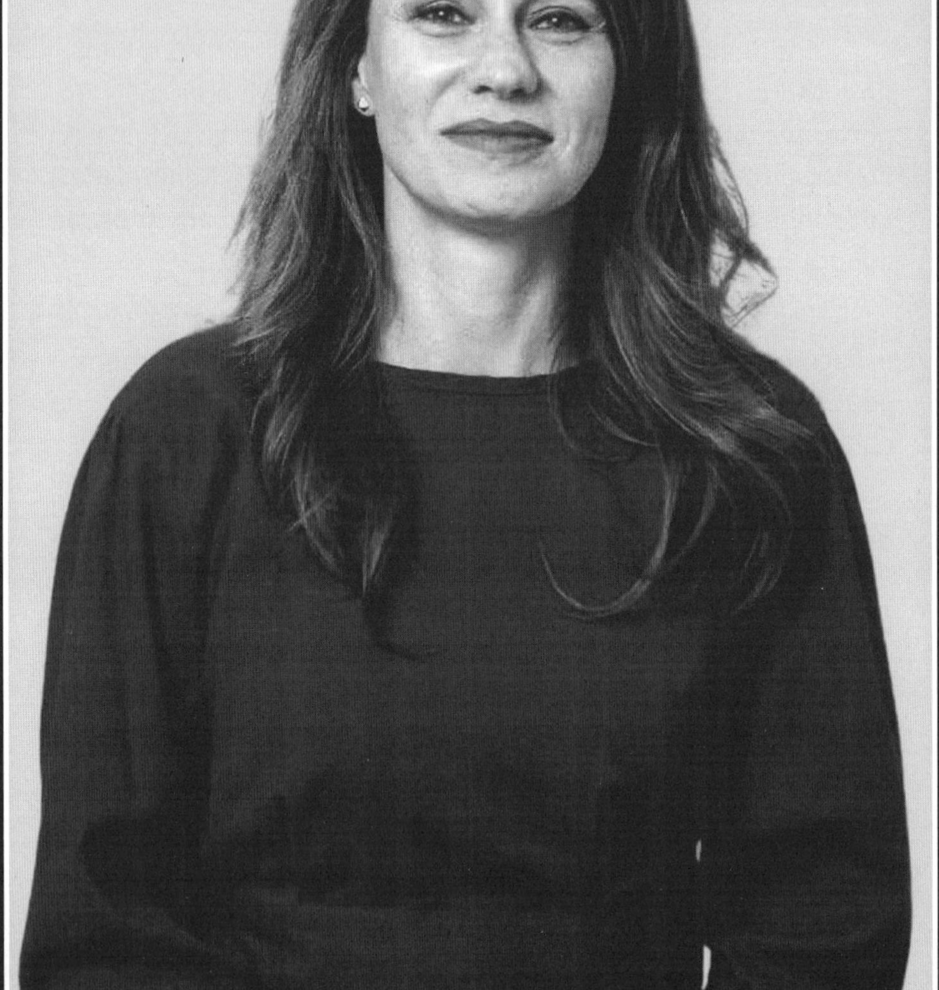

É preciso coragem para plantar sonhos

INSTAGRAM

Geovana Pagel

Jornalista, apresentadora e pesquisadora com mais de 20 anos de experiência, principalmente nas editorias de Economia, Finanças e Negócios. Atualmente, é editora do E-Investidor, braço de finanças pessoais do jornal *O Estado de S.Paulo*, mas passou por diversas redações como *IstoÉ Dinheiro*, Agência de Notícias Brasil-Árabe (ANBA), TV Educativa de Porto Alegre (TVE/RS), TV Unisinos e *Jornal NH*. Além de Jornalismo, estudou teatro, é cofundadora da Cia. do Pássaro e mestre em Comunicação e Semiótica pela Pontifícia Universidade Católica de São Paulo (PUC-SP), onde participa do Grupo de Pesquisa Extremidades: redes audiovisuais, cinema, *performance* e arte contemporânea. Ao longo da carreira, participou de coberturas nacionais e internacionais, e ganhou seis prêmios de Jornalismo.

Uma máquina de escrever Olivetti Lettera 82 verde era um dos meus grandes sonhos de consumo na adolescência; um desejo que surgiu na mesma época em que eu escrevi e publiquei o meu primeiro texto no jornal da minha turma da 6ª série. Ali foi quando decidi que seria jornalista. Eu tinha 12 anos e estudava na Escola Estadual Senador Alberto Pasqualini, no distrito de Consolata, no interior da pequena cidade de Três de Maio (RS). Um lugar "longe demais das capitais", como diz uma música dos Engenheiros do Hawaii.

Passei os primeiros 15 anos da minha vida morando na roça, numa casa de madeira que foi construída pelos meus pais. Ela tinha paredes brancas, janelas marrons, três quartos, sala, cozinha e uma varanda com piso de cerâmica vermelha que parecia um espelho de tão brilhante. Aquela região missioneira e fronteiriça, na divisa com a Argentina, foi o lugar escolhido pelos meus ancestrais ao desembarcarem no Brasil. Sou descendente dos colonos alemães e italianos que atravessaram um oceano em busca de "uma nova vida" em terras brasileiras.

Hoje, eu penso que essa imensa vontade de viajar e desbravar novas paisagens que sempre me acompanhou desde muito cedo só pode ter sido herdada dos meus antepassados. Mas é claro que não bastava ter vontade de conhecer o mundo. Também era preciso ter coragem e um plano. Mas isso eu conto daqui a pouco.

Minha mãe sonhava em ser professora, e o meu pai queria estudar Agronomia. Sonhos precocemente podados pela necessidade de trabalhar para colocar comida na mesa de famílias com muitos filhos (11 na casa da minha mãe e oito na casa do meu pai). Já eu e o meu irmão Flávio crescemos ouvindo que estudar era uma das poucas oportunidades que tínhamos para "ter uma vida melhor". Como eu sempre gostei muito de estudar e devorava todos os livros que apareciam na minha frente, aquela opção virou a grande prioridade da minha vida.

Com certeza, isso fez toda a diferença, porque, depois de voltar da escola, a minha rotina incluía almoçar, descansar, fazer o dever de casa e só depois cumprir alguma tarefa doméstica. Eu recolhia lenha para o fogão, cuidava das vacas no pasto (levava meu caderno e ficava desenhando e imaginando o que existia além daquelas lavouras de soja), dava uma "geral" no galinheiro e, inclusive, já preparava uma cesta com os ovos que eu iria vender para as professoras. Foi ali que eu desenvolvi as primeiras noções de educação financeira na prática.

O faturamento das vendas era baixo, e eu guardava tudo o que podia. Naquela loucura de inflação galopante e mudanças de moedas, antes do Plano Real, eu deixei tudo guardado numa caixinha, mas perdemos o prazo de troca das moedas. Eu fiquei arrasada, então meu pai abriu uma conta poupança em meu nome na Caixa Economica Federal e eu recebi um cofrinho no formato de lata; desde então, virei uma poupadora. "Nunca gaste mais do que ganhe. Sempre poupe uma parte do dinheiro", isso eu aprendi em casa. Por isso, hoje defendo que educação financeira é fundamental e precisa ser ensinada nas escolas.

Na ânsia de deixar nosso acesso ao colégio mais fácil, meus pais decidiram mudar para a cidade. Na época, era preciso acordar de madrugada e andar 2 quilômetros, muitas vezes embaixo de chuva e frio para pegar o ônibus escolar. Mas a mudança não foi fácil e a compra da casa consumiu boa parte do dinheiro da venda de alguns hectares da pequena propriedade rural. Meus pais foram trabalhar numa fábrica de móveis e eu me matriculei no curso noturno, trabalhei como babá por três meses e depois consegui emprego como secretária de uma clínica de fisioterapia. Estava quase acabando o Ensino Médio e fui ficando preocupada com o vestibular.

Além disso, estava vivendo uma fase de descobertas com novos amigos, festinhas, o primeiro namorado, mas eu tinha um plano bem claro: estudar Jornalismo e ser uma mulher independente. E é aqui, nesse ponto, quando eu tinha 17 anos, que um trágico acidente marcou a história da minha família. Meu irmão, então com 19 anos, deu um mergulho infeliz, quebrou a 6ª vértebra cervical e ficou semitetraplégico. Como nós lidamos com tudo isso e ainda eu ter forças para perseguir meu sonho? O Flávio foi o meu maior incentivador, e é até hoje. Ele é amigo e inspiração como professor de História e pai da Maria Eduarda e da Júlia, minhas duas sobrinhas.

Tudo aconteceu ao mesmo tempo. Foi um turbilhão de emoções. Depois de dois vestibulares frustrados na Universidade Federal de Santa Maria, ingressei no curso de Comunicação Social – Jornalismo, na Universidade do Vale do Rio dos Sinos (Unisinos), em São Leopoldo (RS), em 1994. Eu trabalhava durante o dia como vendedora em uma loja e estudava à noite. A universidade era cara e só consegui pagar porque fui beneficiada pelo Crédito Educativo.

Quando estava cursando o terceiro semestre, consegui meu primeiro estágio como repórter no jornal *Livre Expressão*, em Ivoti, na Serra Gaúcha. Ainda durante a graduação, trabalhei na assessoria de imprensa da Sociedade Ginástica Novo Hamburgo e como repórter e apresentadora da TV Unisinos. Aqui, outro ponto importante que preciso destacar. Eu era contratada CLT no clube, mas abri mão de certa segurança para trabalhar em um estágio que pagava apenas 1/3 do salário, porque entendi que se eu quisesse trabalhar em redação precisaria me arriscar.

Fiz um acordo, recebi meu seguro-desemprego e assim consegui "segurar as pontas" até chegar à formatura. Recém-formada, trabalhei como repórter no *Jornal NH*, veículo do Grupo Editorial Sinos, em Novo Hamburgo (RS); em seguida, fui contratada como repórter e apresentadora na TV Educativa de Porto Alegre (TVE-RS), na capital gaúcha.

Esses primeiros trabalhos me ensinaram muito como repórter, em um tempo em que as reportagens eram feitas na rua e a informação não podia ser buscada no Google. Tinha até um cargo de digitador, coisas que as gerações mais novas nem imaginam que existiram. No meu primeiro estágio, eu passava por todas as delegacias e prefeituras de diversas cidades para apurar as notícias. Escrevia tudo a mão em folhas de papel sulfite. O texto era digitado por uma dupla de digitadores.

Na Sociedade Ginástica, eu entrevistava os técnicos e atletas para escrever os *releases* que eram enviados por fax para as redações. Eu também escrevia as matérias do jornal bimestral e ajudava na organização e divulgação dos eventos.

Na TV Unisinos, eu aprendi muito sobre o movimento estudantil, participei do desafio de criar uma TV Universitária do zero. As pautas iam de conhecer um acampamento do Movimento dos Sem-Terra (MST) até entrevistar famosos no tapete vermelho do Festival de Gramado, incluindo artistas que eu admiro, como Fernanda Montenegro, Marisa Monte, Mano Chao, Zeca Baleiro e Thaíde & DJ Hum.

No *Jornal NH*, trabalhei como repórter de geral. O motorista da Kombi ia deixando cada um no seu destino em diversos pontos da cidade. Eu apurava e escrevia uma ou duas reportagens por dia e, muitas vezes, era repórter-abelha: anotava, gravava um trecho em vídeo e fotografava os entrevistados.

Na TVE, fui apresentadora do programa "Radar" e dividíamos uma pequena sala com a produção do "Hip Hop Sul". O ritmo era frenético, fazíamos cinco programas ao vivo, o que gerava uma superadrenalina, e mais um especial semanal gravado. Todas as bandas nacionais também passavam por lá quando faziam algum show em Porto Alegre. A lista é gigante.

Foi nessa época também que eu conheci, durante uma entrevista para a TV Unisinos, um estudante de Economia que era produtor de uma banda e com quem eu tive um relacionamento de quase oito anos. Mudamos juntos para São Paulo, em 2003, em busca de novas oportunidades profissionais.

O desejo de cursar uma pós-graduação já existia, mas eu acabei optando por estudar teatro, uma paixão que também me acompanha ao longo da vida. Fiz um curso profissionalizante no Teatro Escola Macunaíma, tirei meu DRT (registro profissional), ajudei a fundar a Cia. do Pássaro Voo e Teatro e atuei em algumas peças ao longo dos anos. Conciliar as duas profissões consumia muita energia e acabei me dedicando mais ao jornalismo. Mas vira e mexe volto a flertar com o teatro.

Em São Paulo, todos os caminhos me levaram ao jornalismo digital. Trabalhei seis anos na Agência de Notícias Brasil Árabe (Anba) e nove anos como editora do *site* da revista *IstoÉ Dinheiro*.

Na Anba, eu mergulhei no universo dos 22 países que integram a Liga Árabe, tudo o que exportamos para a região e importamos de lá a rica cultura árabe presente no Brasil. Tive a oportunidade de acompanhar missões de empresários árabes ao Brasil e de visitar países árabes como Argélia, Omã e os Emirados Árabes Unidos.

A *IstoÉ Dinheiro* foi um curso de MBA em Economia, Negócios e Finanças na prática. Além de editora do *site*, eu também era responsável pela apresentação de diversas webséries e do programa "Dinheiro ao Vivo". Escrever, editar, produzir e apresentar: sinais dos novos tempos para o jornalismo, com redações mais enxutas e profissionais multimídia, multitarefas e sobrecarregados.

Coloco muita intensidade e paixão em tudo o que eu faço, portanto, minhas emoções sempre impactam o meu trabalho e vice-versa. O pessoal e o profissional se misturam em diversos momentos na vida desta leonina com Ascendente e Lua em Câncer. Tanto é que sempre fiz e faço amigos e amigas no trabalho. E sou muito grata e feliz por isso.

O fato é que, em 2008, a minha vida pessoal estava um caos, porque eu estava passando por uma separação traumática. Foi essa separação que me fez enxergar como eu já era a mulher independente que sonhei ser e que eu tinha plenas condições de ir além. Tirei um sonho antigo da gaveta e decidi fazer um intercâmbio no exterior. Escolhi Londres como destino e planejei tudo ao longo de um ano. Pedi demissão, mas recebi uma licença de seis meses. Lembro de ter lido uma frase do José Saramago que me marcou para sempre: "É preciso sair da ilha para ver a ilha. Não nos vemos se não saímos de nós".

E lá estava eu, desbravando a terra das brumas, estudando, fazendo novos amigos, produzindo algumas matérias avulsas para a Anba e passando o réveillon em Paris. Ainda deu tempo de conhecer Berlim, Amsterdã e Bruxelas. Como o visto de estudante permitia trabalhar meio período e receber em libras, trabalhei no caixa de bares que funcionavam dentro do antigo estádio do Totteham. Ganhava uma graninha e ainda praticava o idioma.

Voltei ao Brasil em março de 2010, plena e feliz. Três meses depois, conheci um professor universitário apaixonado por música, cinema e teatro, como eu, pai da Sophia e do Kevin, e que foi meu companheiro ao longo de dez anos. Vivemos uma bonita história de amor, que teve muitas alegrias, festas, viagens, mas também teve ciúme, conflitos e rotina desgastante.

Mesmo o fim sendo amigável, separar é muito triste e doloroso. Na época, quando a pandemia da covid-19 ceifou milhares de vidas, ficou uma sensação grande de frustração, fracasso e toda a culpa por tomar a decisão. Nessa fase, eu estava fora da redação, escrevendo a dissertação do mestrado, mas acompanhei o trabalho dos colegas jornalistas, que foi fundamental para conscientizar a população sobre a importância da ciência e das vacinas.

Redação + mestrado = pesquisa viva

A decisão de finalmente cursar o mestrado foi tomada em 2017, após uma viagem ao deserto do Atacama, no Chile, e ao Salar do Uyuni, na Bolívia. Foram semanas intensas. Dias quentes e agitados em contraste com noites geladas, silenciosas e estreladas. Paisagens inóspitas de amanheceres e entardeceres coloridos. Estava inquieta e em busca de um novo propósito.

Alguns meses depois, escrevi meu pré-projeto e ingressei no programa de Comunicação e Semiótica da PUC-SP. Assim surgiu a pesquisa "Redes Feministas: movimentos de mulheres no século XXI a partir de suas insurgências nas redes sociais".

O mestrado não é só parte do meu percurso acadêmico, ele é responsável por uma grande e intensa transformação na minha vida. A escuta e o diálogo estimulados em aulas, congressos e encontros me fizeram revisitar a minha própria história. Por que aquela menina tagarela, que olhava além das lavouras de soja e sonhava em conhecer o mundo, escolheu estudar Jornalismo? Cresci ouvindo histórias contadas principalmente por mulheres: minhas avós, minha mãe, minhas tias, minhas vizinhas. Histórias alegres e tristes, mas sempre cheias de luta, persistência, paciência, resiliência e afeto.

Sei que escolhi o ofício de jornalista movida pelo fascínio em ouvir e compartilhar histórias. Já o meu envolvimento com o teatro surgiu ainda na universidade, quando fiz parte de um grupo de teatro amador. Construir uma personagem e atuar é também uma forma de contar histórias, de mergulhar e imaginar outros universos e possibilidades.

Ao enveredar também pelo caminho da pesquisa, descobri novas formas de continuar ouvindo e compartilhando histórias. Consegui levar minhas descobertas da academia para a redação, e vice-versa. Nunca participei de um coletivo feminista, tampouco havia refletido profundamente sobre ser ou não ser feminista.

Hoje, entendo claramente que o meu conhecimento sobre o movimento era bastante raso. O fato é que eu tinha, desde criança, uma inquietação, um incômodo em relação a determinadas convenções que ditavam regras, direitos e deveres distintos para meninas e meninos. Além disso, o modelo de mulher ideal, que deveríamos almejar, sempre me pareceu injusto e inatingível.

Ao longo da última década, fui bastante impactada pela convivência, na redação, com mulheres da geração Y (ou *millennials*) e pelas campanhas de coletivos e ONGs feministas que começaram a surgir na internet. Logo que comecei a estudar mais a fundo o movimento, entendi que precisamos falar em feminismos, no plural, e que diversas vertentes travam intensos debates.

Quanto mais artigos, livros, filmes e documentários sobre o tema eu conhecia, mais impactada eu ficava. Doeu. Ri e chorei muitas vezes. Foi necessária muita luta pelo avanço na igualdade de direitos e deveres, e ainda é. Muitas pessoas não sabem que direitos básicos – como votar, ter acesso e controle do próprio dinheiro, viajar sem autorização do pai ou marido e ter a guarda dos filhos em caso de divórcio – foram conquistados por meio das lutas feministas.

Eu também entendi que o meu corpo é político. Eu determino o que fazer com ele. Que roupa usar, por onde andar, se fico com pelos ou sem pelos, se uso maquiagem e salto alto ou tênis e cara lavada. Não existe um modelo perfeito e padronizado.

Somos diversas. E isso é bom. Nessas leituras, também aprendi o significado de termos como *mansplaining*, *manterrupting*, *bropriating* e *gaslighting*, criados para sinalizar o machismo nas relações e qualificar o comportamento masculino tóxico em relação a uma mulher em diferentes situações.

Conviver com outras mulheres no jornalismo e na vida me fez perceber que ter independência financeira é libertador e essencial. Não somos obrigadas a nada. Não precisamos ficar presas a relacionamentos falidos, tóxicos e que nos tornem vítimas de qualquer tipo de abuso ou violência, que pode ser física ou psicológica.

Estamos no século XXI e não há dúvidas de que houve avanços rumo à equidade de gênero nas empresas – especialmente em cargos de alta liderança. Mas esse progresso ainda está acompanhado da desigualdade salarial. O 9º relatório anual "Mulheres no local de trabalho", estudo da McKinsey e da LeanIn.org, mostra que, entre 2015 e 2023, a participação de mulheres em cargos executivos cresceu de 17% para 28%, e a representação em outros níveis superiores melhorou de forma semelhante.

Mas ainda há muito a ser feito. A real paridade de gênero continua fora do alcance das mulheres em cargos de baixa e média gestão. Precisamos olhar ao redor e questionar: onde estão as mulheres pretas, trans ou com alguma necessidade especial?

Hoje, trabalho com uma equipe diversa e colaborativa num ambiente que estimula o diálogo e o respeito, mas já fui a única mulher editora numa sala de reuniões com 15 pessoas. Foi muito gratificante receber o convite da editora-chefe para trabalhar no projeto do E-Investidor, criado em 2020, e fazer parte dessa empreitada que já é um *case* de sucesso no Estadão.

Jornalismo é resultado de trabalho em equipe. Trate as pessoas com respeito e lealdade. Sua reputação será construída ao longo do caminho e poderá abrir ou fechar muitas portas.

Olhando para trás, eu posso dizer que fiz o meu melhor com o que tinha e sabia em cada época da minha vida. A minha história ainda está sendo escrita, e espero continuar vivendo e trabalhando com intensidade, amor e uma rede de apoio repleta de afetos. O meu tempo é hoje.

Aceita um conselho? Seja curioso, sonhe acordado, estude outros idiomas, viaje, faça atividade física, beba água, medite, cante, dance, ame, cultive as amizades e não tenha medo de ousar e viver.

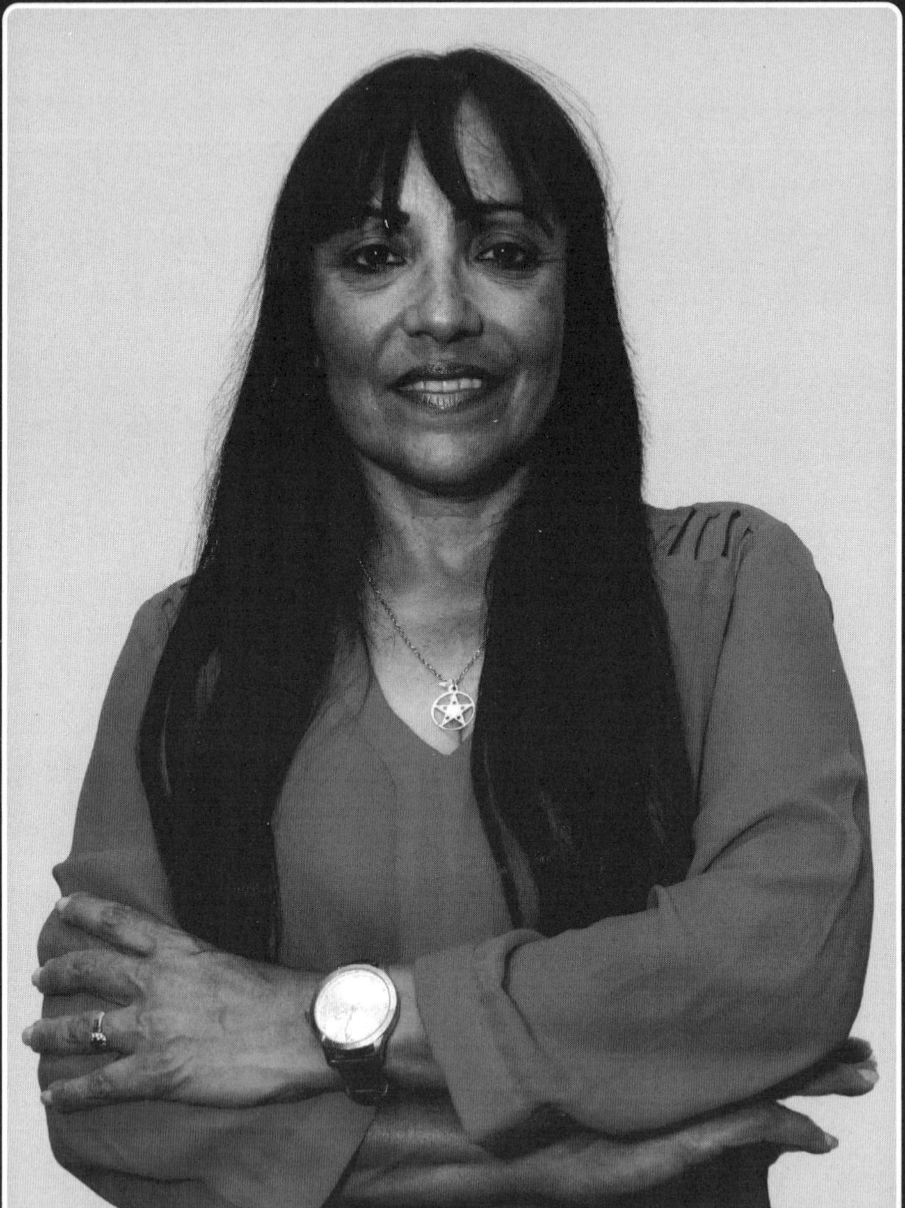

Do sonho à realidade

INSTAGRAM

Graça Paes

Guerreira e eterna aprendiz. Atua como assessora de imprensa, jornalista, fotógrafa e gestora de redes sociais. Possui mais de 20 anos de experiência na área jornalística e há 17 anos coordena equipes e também fotografa em grandes eventos. CEO da Agência Zapp News, diretora de Comunicação e Marketing da Associação da Imprensa do Brasil (AIB), crítica de Cinema da Associação dos Críticos de Cinema do Rio de Janeiro (ACCRJ) e da Federação Internacional de Críticos de Cinema (FIPRESCI – Fédération Internationale de la Presse Cinématographique), organização que reúne críticos de cinema de todo o mundo. Tem MBA em Gestão Empresarial pelas Faculdades Integradas de Jacarepaguá (FIJ-RJ), é pós-graduada em Telejornalismo pela Faculdade Estácio e em Docência do Ensino Superior e Gestão Escolar pela Universidade Cândido Mendes (UCAM-RJ), com especialização em Audiovisual pela FilminBrazil. É também graduada em Comunicação Social com habilitação em Jornalismo pela Estácio e em Administração de Empresas pelas FIJ-RJ, e técnica em Processamento de Dados pela SUSE.

Desde criança, o Jornalismo era o meu sonho, o meu foco. Eu me imaginava fazendo entrevistas, viagens, dando voz a várias histórias. Mas, do sonho à realidade, as coisas demoraram um pouco a acontecer.

Comecei a trabalhar muito cedo, antes dos 14 anos, e os trabalhos desenvolvidos foram me impulsionando para a área administrativa, o que me levou a fazer um curso técnico em Processamento de Dados, depois graduação em Administração de Empresas, MBA em Gestão Empresarial, entre outros cursos na área. E lá se foram uns 17 anos dedicados ao mercado administrativo/financeiro, o que me proporcionou independência financeira.

Mas, após me tornar mãe, eu queria ter mais tempo para ficar com meu filho, queria poder fazer algo que, além de pagar minhas contas, me propiciasse momentos bons de lazer e conforto e pudesse me realizar como pessoa e cidadã. Foi aí que despertei o interesse pela área educacional. Tentei até fazer mestrado nessa área, porém isso é outra história. Após a graduação em Administração, fui cursar pós-graduação em Gestão Escolar e Docência do Ensino Superior e, sem que eu soubesse, esse curso me levou ao Jornalismo. Por meio da pós, ingressei na área educacional e durante nove anos trabalhei como professora. Da sala de aula, fui parar num curso de locução de rádio para aprender a utilizar melhor a voz, de lá fui para uma rádio, e ingressei no Jornalismo.

Jornalismo

Foi no curso de Locução e Produção de Rádio, que não era o que eu ia fazer, mas como as vagas para o curso de técnicas vocais haviam terminado, que eu me matriculei. E foi a partir desse momento que o sonho de criança começou a tomar forma e o Jornalismo ressurgiu com força total na minha vida.

O rádio

O curso me levou a ser convidada a integrar, em 2003, a equipe de esportes da Rádio Carioca 710 AM, no Rio de Janeiro. Chegando lá, assim como já havia acontecido em diversas ocasiões na área administrativa, eu me via como a única mulher da equipe. No início, eu não fui bem aceita, única e exclusivamente pelo fato de ser uma mulher no meio de vários homens que já vivenciavam e respiravam o futebol. Mas com a experiência em lidar com trabalho em equipe que já trazia na bagagem, eu sabia que teria de provar em dobro, com muita garra e profissionalismo, o porquê de eu também merecer estar nessa posição. E aos poucos, além dos ouvintes, fui conquistando os mais experientes da emissora, a equipe técnica e, enfim, toda a equipe. Foi uma tarefa bem árdua; por várias vezes eu respirava fundo e pensava em desistir, mas consegui conquistar meu espaço. Foi trabalhando em rádio que eu voltei a estudar e fiz a minha segunda graduação, Jornalismo. E lá se foram quatro anos.

Jornal de bairro

Junto com o emprego no rádio e com o ingresso na faculdade de Jornalismo, a partir de um trabalho que fiz em uma das disciplinas da graduação, e motivada por uma de minhas professoras, criei um jornal de bairro chamado *Folha da Taquara*, que era distribuído gratuitamente na Taquara, um sub-bairro de Jacarepaguá, na zona oeste do Rio. Era um trabalho árduo, que eu fazia sozinha. Eu escrevia as matérias, fotografava, diagramava, levava até a gráfica, corria atrás de patrocinadores e distribuía nas bancas de jornais e nos comércios do bairro. Mas foi um baita aprendizado. E lá se foram dois anos.

Televisão

Do rádio e da experiência em jornal de bairro, também motivada por uma professora da graduação em Jornalismo, que dizia que quem trabalhava em rádio estava preparada para fazer qualquer coisa na área, fui estimulada a participar de um processo seletivo para uma emissora de televisão. Me inscrevi e estava toda animada! Fui passando em todas as etapas classificatórias e, na última, confesso, quase desisti. Nessa época, eu já era uma mulher de 30 anos. Éramos duas finalistas e, na última etapa, a minha concorrente era uma mulher loira, estilo modelo, de olhos azuis e na faixa dos 20 anos. Confesso que quase me autossabotei, mas puxei as forças viscerais, fui lá, fiz minha prova de improviso e passei. No início, eu fazia produção de reportagens, depois passei a manusear *teleprompter*, a roteirizar e a apresentar programas que eram veiculados nos canais fechados, 11 e 16, da emissora a cabo NET RIO, e até mesmo a atuar como diretora. Foi um trabalho que me proporcionou um grande aprendizado. Trabalhei com diretores brilhantes, entre eles, Zelito Viana, Marco Simas, Demerval Netto e João Uchoa.

Além do jornalismo, na TV, também trabalhei como produtora de DVDs musicais e comerciais de TV. Atuei, ainda, como locutora de *spots* comerciais, além de ter a oportunidade de realizar trabalhos como atriz de diversos comerciais de TV, para uma grande universidade brasileira, lançando novos produtos educacionais. Também foi na época da TV que eu ganhei um fã-clube, algo que me surpreendeu, pois até então eu só via surgir fã-clubes com artistas, mas eu tenho um e os amo de paixão.

Internet

Quando saí da TV, eu já fazia *freela* para um *site* de celebridades de São Paulo, e foi a partir daí que o casamento texto-foto surgiu para mim, moldado com muito estudo, e se tornou um diferencial na minha profissão, numa época em que os profissionais ainda não eram cobrados para fazer de tudo um pouco, como acontece hoje em dia. Nesse período, eu também comecei a trabalhar no *site* da Associação da Imprensa do Brasil (AIB), na época Associação de Imprensa da Barra. Na AIB, eu comecei fazendo reportagens e fotografando, depois passei a coordenar a redação até me tornar editora-chefe do *site*. Fazendo parte da associação, eu também me tornei, num primeiro momento, diretora social, e pouco tempo depois diretora de Comunicação e Marketing da instituição, função que ocupo até o momento. O órgão, em prol do jornalismo, luta pela liberdade de imprensa e defende os direitos da profissão.

Fotografia/Fotojornalismo

A fotografia foi parar na esfera profissional com o jornal de bairro, mas foi fotografando para os *sites* de celebridades que ela passou a ganhar força na minha carreira. Em 2013, fui eleita a Melhor Fotógrafa de Celebridades do Ano e conquistei o 'Troféu Barra Legal'. No mesmo ano, recebi uma moção honrosa da Assembleia Legislativa do Estado do Rio de Janeiro (ALERJ), e dois anos depois, uma moção da Câmara dos Vereadores do Rio pelo trabalho em prol da cultura. Junto com outros trabalhos, em 2008, eu também passei a fazer parte de uma grande agência fotográfica no Brasil, e pelas minhas lentes já passaram Tom Cruise, Johnny Depp, Russell Crowe, Katy Perry, Beyonce, Rihanna, Cameron Diaz, Jared Leto, entre muitos outros astros nacionais e internacionais. Fui parar até no documentário da cantora Anitta em um canal de *streaming*.

São mais de 20 anos fotografando. Entre fatos e acontecimentos marcantes estão vários Réveillons em Copacabana, o maior espetáculo da Terra; 20 anos de carnaval carioca; cinco coberturas do Rock in Rio, várias edições do UFC, entre tantos outros eventos nacionais e internacionais pelo país, que também incluem pré-estreias de filmes, sessões de teatro, leituras dramatizadas, *shows* musicais, sessões de autógrafos, lançamentos de séries, novelas, festivais de música e de cinema pelo Brasil afora, além de ensaios fotográficos.

O fotojornalismo me fascina. Por meio de um clique, eu posso contar e perpetuar uma história, posso dar visibilidade a um astro ou até mesmo destruir sua imagem e reputação. Cabe a quem fotografa saber de que lado da história quer estar e como quer ser lembrado na posteridade.

Fatos interessantes no fotojornalismo

Fatos bem interessantes marcam essa parte da minha história, como uma foto da cantora Jesse J no Rock in Rio de 2013, que ganhou as *homes* dos principais *sites* do país e do mundo e que se tornou pauta no programa dominical Fantástico, da TV Globo.

O ter sido salva pelo Homem de Ferro em pleno Rio de Janeiro. Vamos lá, eu conto: estava posicionada para o *Photo Call* (cobertura fotográfica) do lançamento do filme "Sherlock Holmes", no Complexo Lagoon, RJ, quando uma haste de plástico que prendia uma das grades se soltou, mas o fato não aconteceu por si só. Eu estava sendo pressionada contra essa grade. Estava bem na frente, numa posição privilegiada, porque sempre procuro ser uma das primeiras a chegar, pois sou baixinha e preciso escolher um bom lugar para ter bons ângulos e enquadramentos perfeitos para minhas fotos, ainda mais fotos de astros internacionais. Graças a Deus e à sensibilidade de Robert Downey Jr., que já estava posicionado para ser fotografado – digo sua sensibilidade porque, de onde estava, ele percebeu que a haste havia partido e prontamente correu, me segurou, evitando que eu caísse e me machucasse e que meu equipamento fosse danificado. Num bom e belo inglês, ele disse a todos: "*She's only a girl, only a girl! Do you understand?*". Ele enfatizou olhando para todos os fotógrafos homens que estavam posicionados bem atrás de mim. Após o fato, nos momentos restantes dessa cobertura fotográfica, eu fiquei posicionada em meio a um vão, pois, depois da puxada de orelha de Tony Stark (literalmente citando o personagem de Robert Downey Jr., considerado o líder dos Vingadores, o Homem de Ferro), ninguém mais se atreveu a me empurrar.

Outros destaques são: em 2017, após dias de cobertura do Rock in Rio, praticamente sem dormir, eu fui fazer o lançamento do filme "*Blade Runner 2049*", na cobertura do Hotel Fasano, na zona sul do Rio, e, no meio da sessão de fotos, o ator Jared Leto me ofereceu açaí. Na noite anterior, eu o havia fotografado e, assim como ele, estava sem dormir. Em outro momento, durante uma das inúmeras coletivas que fiz com o astro Arnold Schwarzenegger, ele me ouviu dizer que a água que estava na frente dele atrapalhava as minhas fotos e pediu ao pessoal do evento que a mudasse de lugar, e após o evento ainda posou exclusivamente para mim. Collin Farrell também foi outro que decidiu brincar comigo durante uma coletiva de imprensa. O astro me viu levantar no finalzinho da coletiva, fato que fiz por exercer dupla função, texto e fotos, e que era necessário para eu me posicionar na área onde seriam realizadas as fotos. Assim que eu me levantei, ele falou no meio da coletiva "*Lady, will you leave me alone? Will you abandon me? Where are you going?*", arrancando risos de todos. Aliás, no meio jornalístico, alguns colegas citam que são coisas que só acontecem com a Graça Paes.

Empreendedorismo

Para ampliar e dar mais visibilidade ao meu trabalho, eu criei, em 2007, a Agência de Notícias e Imagens Zapp News. E, desde então, venho realizando trabalhos nas áreas de assessoria de imprensa, redação textual, produção e divulgação de eventos, gestão de redes sociais, coberturas jornalísticas e fotográficas, entre outros.

Críticas de cinema

Outra grande paixão, desde a infância, herdada de meu falecido pai, o cinema, também se agregou a minha profissão, assim como a fotografia. Em 2009, eu comecei a frequentar as chamadas Cabines de Imprensa (sessões fechadas para jornalistas, nas quais se assiste a um filme/série antes de sua estreia) e passei a escrever as análises dessas obras, as chamadas críticas de cinema.

Ao assistir a uma obra cinematográfica, os críticos avaliam os filmes de acordo com vários critérios, incluindo roteiro, elenco, direção, fotografia, trilha sonora, efeitos visuais, entre outros. Também são levados em conta aspectos como a mensagem ou o tema do filme e sua relevância para a sociedade. Os textos críticos me levaram à especialização em Produção Audiovisual e o resultado desse trabalho me levou ao convite para fazer parte da Associação dos Críticos de Cinema do Rio de Janeiro e da Federação Internacional de Críticos de Cinema, organização que reúne críticos de cinema de todo o mundo.

Esse trabalho também me levou a fazer parte do Júri Crítico do RIO FANTASTIK FESTIVAL nos anos de 2018 e 2023 – Festival Internacional de Cinema Fantástico do Rio de Janeiro.

Produção audiovisual

Para escrever com mais propriedade sobre cinema, séries e todo conteúdo audiovisual, mesmo sendo atriz formada, com DRT, e com certo conhecimento da área, no ano de 2016, eu fiz um curso de especialização em Produção Audiovisual e desta surgiu o documentário "Chegando Junto com o Cinemão", que foi selecionado pelo Festival FICA.VC em 2019 e exibido no Cine Odeon, cinema histórico do Rio de Janeiro. Hoje, ele está disponível na plataforma de vídeos.

Jornalismo como realização

As coberturas jornalísticas e fotográficas me levaram a conhecer o Brasil de ponta a ponta, a conhecer muitas culturas e a ampliar minha rede de relacionamento, que é um dos bens mais preciosos para quem é jornalista.

"Obstinação é o caminho mais curto para você atingir o sucesso!" Charles Chaplin

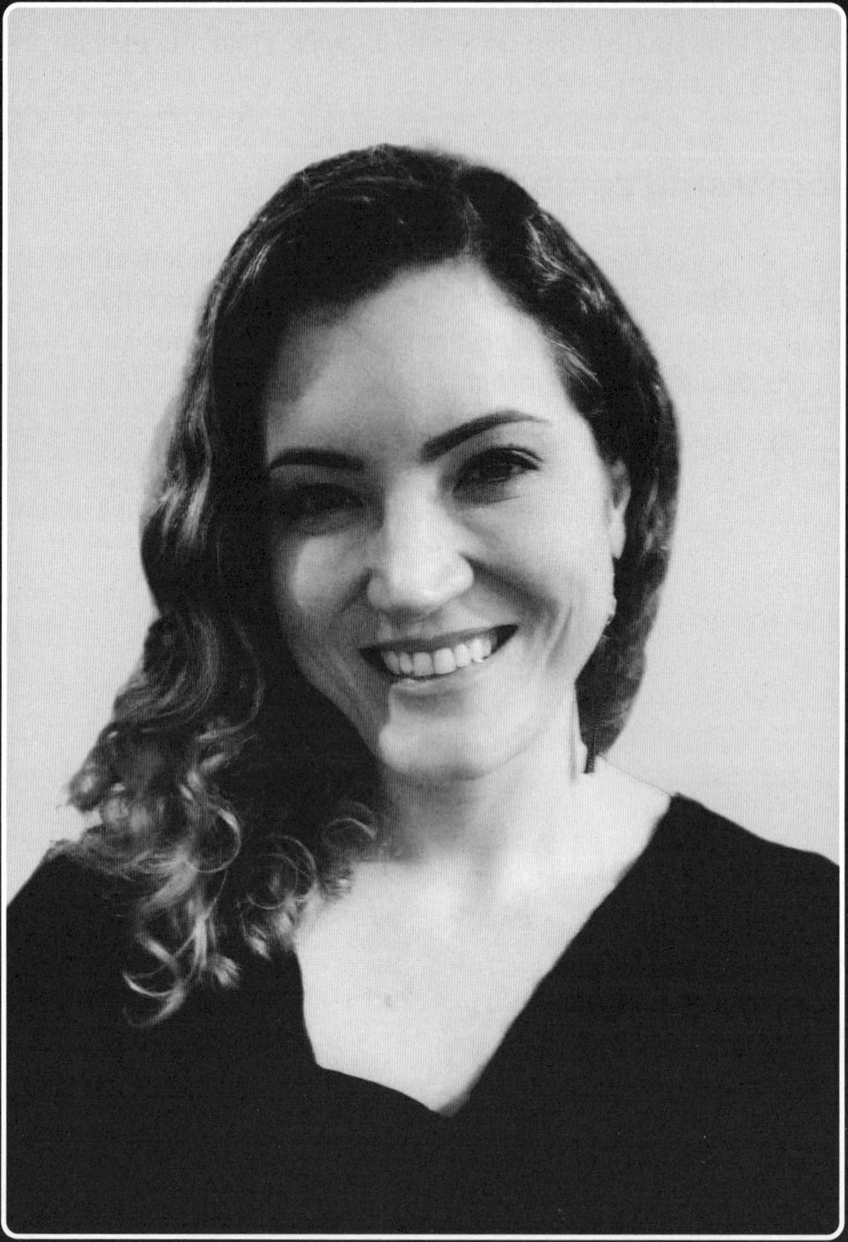

Desistir não é uma opção

LINKEDIN

Helena Vieira

Chefe de reportagem da TV Bandeirantes desde março de 2023. MBA em Marketing Digital pela Fundação Getulio Vargas (FGV). Pós-graduação em Comunicação Empresarial pela Universidade Cândido Mendes (UCAM). Formada em Comunicação Social pela Pontifícia Universidade Católica do Rio de Janeiro (PUC-Rio). Atua há 17 anos no mercado de televisão. Trabalhou por 14 anos na Record TV no Rio e em São Paulo como produtora, subchefe de reportagem e coordenadora de pauta dos jornais locais do Rio de Janeiro e do *Jornal da Record*, em São Paulo. Foi gerente do escritório da CNN do Rio de Janeiro por um ano e sete meses. Ganhou os prêmios Mobilidade Urbana Fetranspor e o oitavo prêmio Allianz Seguros, com séries produzidas para o Jornal da Record.

Minha história com o Jornalismo definitivamente não é de amor à primeira vista. Nosso relacionamento foi construído aos poucos e de uma forma um tanto inesperada. Quando pequena, quis ser tanta coisa... a cada hora mudava de ideia. Em determinado momento, cismei de ser aeromoça. Achava que era lindo trabalhar em um avião, atendendo os passageiros e voando para tudo que era lugar.

Nas feiras de profissão da escola, me vestia de comissária de bordo e lá ia eu imitando as aeromoças e me sentindo linda naqueles uniformes. Depois, quis ser médica, cientista, professora e por aí vai. A cada hora que aprendia um pouco mais sobre uma profissão ou sobre uma matéria na escola, mudava de ideia.

O Jornalismo se tornou a minha escolha quase na hora de entrar para a faculdade, mas, mesmo assim, ainda tinha dúvidas. Eu só tinha certeza do que não queria. Jamais seguiria qualquer carreira na área de Exatas. Não é que eu fosse ruim nessas matérias, mas estudava só para passar de ano. Não tinha prazer nenhum. Gostava muito de Português, História, que é uma paixão até hoje; de idiomas, Biologia e Química.

Sei que é meio contraditório, mas, quase no momento de fazer o vestibular, estava na dúvida entre Medicina, Magistério ou alguma carreira de Humanas.

Aos 17 anos, decidi fazer um teste vocacional para tentar

definir que caminho seguir ou, ao menos, eliminar algumas opções. No final do processo, meu resultado deu Jornalismo e Letras.

A partir daí, comecei a me informar mais, principalmente sobre o Jornalismo. Conversei com profissionais da área, que me falaram sobre os prós e os contras da carreira, que não é nem um pouco glamorosa. A maioria dos jornalistas trabalha muito e ganha pouco.

Decidi, então, fazer prova para as duas áreas e passei para ambas. Cheguei a cursar, ao mesmo tempo, Letras na UERJ e Jornalismo na PUC-Rio por quase dois anos.

Aos poucos, fui me apaixonando pelo Jornalismo. Amava a possibilidade de contar histórias e de mergulhar nos mais diversos assuntos. Para ter dedicação exclusiva e poder estagiar, abandonei a faculdade de Letras.

Nessa época, conheci o projeto de estágio da minha universidade e entrar para ele passou a ser meu sonho de consumo do momento. Fiz um processo seletivo e entrei para o jornal impresso da universidade.

Foram seis meses de muito aprendizado nesse estágio. Os produtos para os quais eu escrevia circulavam apenas dentro da universidade, mas eu me dedicava como se fossem de grande circulação. Adorava fazer entrevistas com os professores, conhecer um pouco mais sobre os departamentos e cobrir os eventos da PUC.

O fato de ter que escrever sobre diversos assuntos me trouxe muito repertório e jogo de cintura. Me lembro da minha primeira matéria. Fui ao Departamento de Engenharia para falar sobre ferro-gusa, a matéria-prima do aço.

Quando peguei a pauta, só pensava em como traduzir um tema tão técnico. Fui fazer a entrevista com medo de que deixasse passar algum detalhe ou que eu mesma não entendesse, mas o papo com o professor foi tão leve e didático, que passei com louvor por esse primeiro desafio.

Depois de seis meses no projeto Comunicar, tinha chegado o momento de sair da minha zona de conforto e seguir outro caminho. Minha supervisora entrou na sala onde a gente trabalhava para perguntar quem queria ir para a Alerj. Eu nem titubeei e aceitei passar por um processo seletivo com outros colegas para entrar no novo estágio.

Fui aprovada e comecei a cobrir as sessões legislativas e a escrever para o jornal da Assembleia Legislativa. Foi uma ótima experiência, mas eu sentia falta de trabalhar na grande mídia. Meu sonho era escrever para um grande veículo impresso, mas, mais uma vez, a vida me surpreendeu.

Quando um amigo me indicou para fazer estágio no jornal *O Fluminense*, de Niterói, fiquei muito empolgada. Achei que seria uma ótima maneira de começar a trilhar meu caminho na profissão. Mas, enquanto fazia o processo seletivo, tive a oportunidade ir para a Record TV.

Depois de ponderar muito, acabei fazendo uma mudança de rota e preferi ficar na emissora. Achei que teria mais oportunidades de crescimento. Em pouco mais de um ano de trabalho como estagiária, aprendi muito. Ia para a rua fazer entrevistas, cobria factuais e eventos. Também fazia produção dos programas e, em pouco tempo, me apaixonei por televisão.

Prestes a me formar, fui informada de que não tinha vaga para eu seguir na empresa. Cheguei a pensar em adiar a formatura, mas decidi arriscar e seguir em frente mesmo sem ter emprego.

Não me arrependi nem por um segundo de ter tomado essa decisão, assim como não me arrependo de nenhuma decisão que tomei na vida.

Alguns meses depois de ter saído da Record, fui fazer intercâmbio no Canadá para estudar inglês. Confesso que, de início, não queria muito ir, porque achava que não devia ficar longe do mercado, mas valeu muito a pena.

Estar em contato não só com outra língua, mas com outra cultura, me fez começar a olhar para a minha própria realidade com outra perspectiva. Também conheci pessoas de diversas nacionalidades e com costumes completamente diferentes dos meus.

Pouco mais de dois meses depois, eu estava de volta ao Brasil e comecei a procurar emprego na minha área. Fiz vários trabalhos como *freelancer* até que a coordenadora de pauta da Record, que ainda é minha amiga, me chamou para voltar. Eu fiz uma entrevista com o então diretor e comecei poucos dias depois na produção de reportagens da emissora.

Fui com muito gás e disposição para esse novo desafio. Não via a hora de voltar a trabalhar com o que amava! Tinha muito prazer em ouvir as histórias das pessoas e ajudá-las de alguma maneira.

Nos primeiros anos de TV, produzi para todos os jornais da Record e participei de grandes coberturas, como as eleições e a explosão de gás no morro do Bumba, em Niterói, que deixou mais de duzentos mortos.

Esta última foi marcante, porque passei sete dias acompanhando de perto o sofrimento dos moradores. Peguei uma câmera de mão e subi o que restou do morro para ouvir histórias e mostrar a realidade daquelas pessoas.

Meu início foi duro, mas muito enriquecedor. Logo que entrei, trabalhava de madrugada produzindo o primeiro jornal de rede e dando apoio à produção dos jornais locais e para a chefia de reportagem.

Me lembro que tinha dias que, às 5 horas da manhã, eu já estava suada de tanto correr para gerar reportagens para São Paulo e para atender às demandas dos produtos para os quais trabalhava. Também tentava acompanhar o trabalho dos editores e dos repórteres para aprender todo o processo desde a produção até o momento em que a reportagem ia ao ar.

Eu fazia de tudo um pouco. Chegava e já falava com as equipes que estavam na rua para saber o que estavam fazendo para que eu pudesse sugerir aos responsáveis pelo *Fala Brasil*, jornal de rede da Record. Também pensava nos temas das entradas ao vivo dos repórteres e os coordenava quando estavam no ar.

Quando acabava o jornal, eu me sentava na produção e começava a sugerir e produzir reportagens para os produtos locais. Esse tempo na madrugada foi muito bom para eu aprender a ter agilidade e jogo de cintura para lidar com os editores-chefes do Rio e de São Paulo, onde fica a sede da emissora.

Depois de um ano, eu saí da madrugada e comecei a fazer produção do *Balanço Geral* e do *Cidade Alerta* em um horário intermediário. Foi uma ótima oportunidade de aprender como as notícias nascem e tomam corpo. Muitas vezes, ficava horas com os entrevistados no telefone apurando para não deixar passar nenhum detalhe.

Pouco tempo depois, comecei a trabalhar na produção de pautas do *Jornal da Record*, o jornal de rede da noite da emissora. No Rio, eles têm um núcleo com equipes próprias.

No *Jornal da Record*, também tive a oportunidade de produzir séries especiais que me renderam prêmios como o Mobilidade Urbana da Fetranspor, com a série *Sufoco todo dia*, e o Oitavo Prêmio Allianz Seguros, com a série *Desafio da água*.

Além de produzir, eu fazia as reuniões com São Paulo pela manhã para definir com quais assuntos o Rio entraria no jornal. Após as reuniões, eu produzia e coordenava as equipes de reportagem da manhã.

Daí, nascia a Helena gestora, que, aos trancos e barrancos, foi moldando-se e aprendendo a nova função.

Em um dado tempo da minha carreira, ouvi de uma chefe que nós não somos preparados para sermos gestores e isso é verdade. Sempre tentei achar o meu estilo como líder e pensar de que maneira eu poderia ser humana, respeitosa e, ao mesmo tempo, cobrar das pessoas.

Como era muito jovem e não sabia lidar com pressão, acabava sofrendo muito, porque queria dar conta de tudo e atender às expectativas dos meus chefes.

Quem é gestor sabe que é muito difícil filtrar pressão e equilibrar os pratos para que tanto os que estão abaixo quanto os que estão acima na hierarquia de uma empresa trabalhem de forma harmônica e motivada.

Para tentar dar conta, fiz cursos de gestão. Também fiz um MBA em Marketing Digital e pós-graduação em Comunicação para aumentar meus conhecimentos na minha área. Aprendi técnicas de negociação, tive cadeiras de psicologia e também estudei as mudanças que as redes sociais estavam provocando no meu mercado.

Lidar com meus gestores também me fez perceber e entender o que eu precisava aproveitar ou descartar para fazer o meu modelo de gestão.

Trabalhei na Record Rio de 2007 a 2017. Passei pela gestão de cinco diretores que sempre apostaram em mim e me fizeram crescer na emissora. Cada um ao seu estilo, me ensinou não só da profissão, mas também a liderar minhas equipes.

Ao longo do processo, fui promovida de produtora a subchefe de reportagem e, também, coordenei as pautas dos jornais locais.

Em 2017, fui convidada pela chefe de redação do *Jornal da Record* a me mudar para São Paulo para coordenar a pauta do jornal. Ela tinha sido minha diretora e demonstrou tanta confiança em mim que nem pensei em negar o convite, apesar de ter ido com medo de não corresponder.

Ao longo de três anos e nove meses na função, trabalhei com ótimos profissionais e consegui, aos poucos, imprimir o meu estilo. Com a ajuda da equipe, consegui produzir pautas de qualidade. Foi uma época de muito aprendizado. Estava em uma cidade nova, na sede principal da emissora e no jornal do horário nobre.

Nem sempre foi fácil, mas a maior parte das pessoas me acolheu e ajudou a fazer dar certo. Foi uma ótima decisão ter mudado a minha vida para ter essa experiência. Aprendi a ter paciência e mais confiança. Era como matar um leão por dia, mas isso me preparou para os desafios da vida.

Nos momentos em que eu ficava desanimada, uma colega de trabalho, que se tornou amiga, sempre me dizia que eu estava sendo preparada para dar conta de outros desafios maiores e ela estava certa.

Em meados de 2021, eu recebi o convite da diretora da CNN Rio para trabalhar como gerente do escritório. Aceitei e, menos de um mês depois, já estava de volta ao Rio para assumir o novo cargo.

Trabalhávamos com uma equipe jovem. Tínhamos o desafio de cuidar tanto da parte de conteúdo quanto da administrativa e de gestão de pessoas. Fizemos grandes coberturas, como as eleições presidenciais.

Para mim, também teve um desafio extra: a emissora respirava política e economia. Tive que passar a entender e estudar ainda mais esses assuntos para poder abordá-los de forma mais profunda na programação.

Quando completei uma ano e sete meses de casa, a CNN decidiu fechar o escritório do Rio de Janeiro e tive que fazer uma escolha: seguir na emissora como gerente no escritório de Brasília ou ser demitida.

Escolhi a segunda opção para ter um tempo de respirar e recalcular minha rota. Eu nunca tinha ficado desempregada e achei que não daria conta, mas aproveitei o momento para fazer cursos e passar mais tempo com minha família e amigos.

Pouco tempo depois, ainda sem ter certeza de qual caminho seguiria, comecei a escrever um novo capítulo da minha história. Depois de três meses parada, entrei na Band Rio, onde sou chefe de reportagem. É uma emissora com profissionais muito jovens, mas muito inteligentes e que me ensinam um pouco mais a cada dia.

A lição mais importante que tirei da minha trajetória profissional é não ter medo dos desafios e aprender a tirar deles o melhor. O que vai acontecer lá na frente é imprevisível. Quem estiver aberto às mudanças e às surpresas que a vida nos proporciona, com certeza, vai ter muito sucesso na profissão. Desistir não é uma opção.

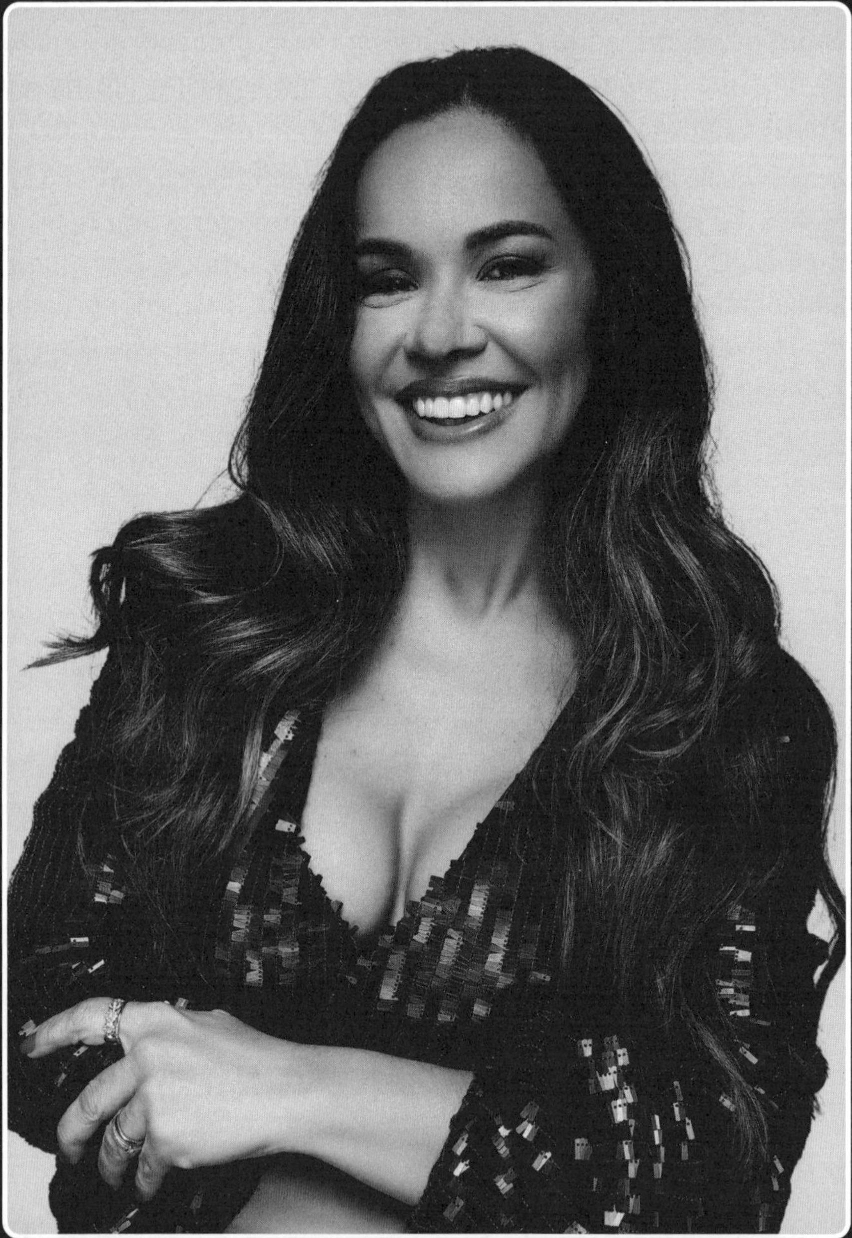

Além das Lentes: a Jornada Autêntica de Isabele Benito no Mundo do Jornalismo

Isabele Benito

Jornalista, comunicadora de rádio e apresentadora de televisão. Formada em Jornalismo pela Universidade do Oeste Paulista, iniciou sua carreira aos 17 anos na Rádio Cultura, emissora de sua cidade natal, Santo Anastácio. Aos 19 anos, estreou ao vivo na televisão com o programa *Revista*, da TV Fronteira, afiliada da Rede Globo em Presidente Prudente, onde atuou por 7 anos. Foi setorista da Bolsa de Valores de São Paulo pelo Canal Rural, RBS (também Grupo Globo) e na BM&F Bovespa. Em 2008, foi contratada como repórter do SBT no Rio de Janeiro. Em janeiro de 2013, Isabele assumiu o comando do telejornal *SBT Rio*, onde ficou conhecida pelo bordão *É dedo na cara!*, usado para apontar irregularidades, injustiças ou criticar situações. Participou do *SBT Notícias*, sob o comando de Neila Medeiros, com notícias do Rio de Janeiro, e em São Paulo, foi substituta de César Filho no *SBT Manhã*, telejornal de rede nacional. Em 11 de dezembro de 2017, estreou o *Programa Isabele Benito* na Super Rádio Tupi do Rio, transmitido de segunda a sexta, das 10h às 11h, sendo atualmente a voz feminina mais ouvida do Brasil. Desde julho de 2019, assina uma coluna no *Jornal O DIA*, publicada às segundas, quartas e sextas-feiras. Em março de 2022, Isabele tornou-se comunicadora da Rádio Nova Brasil FM, onde apresenta o *Jornal Nova Brasil Rio*. Também integrou o time de apresentadores do *Fofocalizando* no SBT, exibido para todo o Brasil. Desde agosto de 2023, comanda o *Tá Benito Podcast*, onde semanalmente recebe convidados especiais.

O mais fácil para mim seria começar o meu capítulo cronologicamente. Pensei na linha cronológica da minha própria narrativa, mas meu momento pessoal não me permite. E, para alguém que é jornalista, falar em primeira pessoa é um pouco mais penoso. Aqui será, então, mais doloroso, porém não posso fingir que escrevi o meu capítulo de forma atemporal. Então aqui vai.

O legado de uma referência perdida

Jornalistas fazem mil coisas ao mesmo tempo, menos falar ou contar sobre a gente. Mas no meio desse percurso, de pensar na responsabilidade de contar minha história em meio a tantas mulheres incríveis, eu perdi a minha maior referência e que me trouxe até aqui: minha mãe. Ainda é muito recente essa partida, e não faço deste capítulo uma homenagem, mas é que ela é a pessoa fundamental da minha história, considerada de sucesso.

Quando recebi o convite, eu realmente pensei: "vou fazer em forma de entrevista. Todas aqui vão relatar sua trajetória, e o que eu mais fiz na vida foi entrevista. Então vou entrevistar a maior conhecedora da minha vida e minha história profissional, Lourdes Ribeiro Benito". Ela topou, chegou a dizer que a memória não estava tão boa assim, mas ficou toda "garbosa".

Não deu tempo. A vida quis que ela partisse antes da entrevista para este livro. Mas, mesmo em outro plano, ela me deu sinais. Ao organizar meu quarto, que está intocável desde o dia que eu deixei a casa dos meus pais para fazer faculdade fora, ela guardou tudo, absolutamente tudo que saiu sobre mim na mídia, em jornais locais e todas as credenciais dos eventos que cobri, da TV local da minha cidade até a coletiva presidencial, pela Rede Globo. E isso foi me dando um norte para trazer, a quem interessa, a vida de uma menina do interior que sonhava e pensava desde sempre em estar aqui, sem soberba, pelo contrário, sendo bem verdadeira. Ao revisitar meu passado na perda, posso responder com todas as letras: a Isabele, filha de Dona Lourdes e Seu Silvestre, que nasceu quando os dois já eram avós, já sabia o que queria: ser uma grande jornalista numa cidade grande.

Vamos lá: nasci em Santo Anastácio, uma cidade pequena que quando a gente mora fora tem que explicar. Fica ao lado de Presidente Prudente. Sempre fui enlouquecida por TV, jornais e livros. Lia muito. Em casa, meus pais não tinham censura. Via todas as novelas, programas de auditório, filmes, programas da Hebe, por exemplo, que ia ar numa segunda, tarde da noite. Eu e minha mãe não perdíamos nada. Meu pai assinava a *Folha*, eu lia tudo ali e discutia política com ele desde sempre. Nunca votamos juntos, nem quando eu não votava. Só um caderno unia a gente: o de esportes. Fui uma menina que amava futebol, corintiana roxa e chata, graças a ele. Eu penso que ali vi o jornalismo como possibilidade de profissão.

Dos sonhos infantis à realização profissional

Queria ser setorista do Corinthians para a *Folha de S.Paulo*. Cheguei a cobrir jogos para a TV para o Globo Esporte, mas nunca realizei o sonho de pisar na redação da *Folha*.

Mas voltando ao meu quarto na casa dos meus pais, me deparei com as fitas K7 (quem se lembra, entrega a idade...) e com os meus brinquedos, a maioria deles era microfones. Nas gravações, programas meus de rádio que eu era a locutora, cantora e quem fazia os comerciais. Quem diria... hoje, eu amo um merchan! Criança visionária... Então, presumo que nasci já querendo isso. Mas vejam: na época de decidir o vestibular, ninguém da minha sala prestou para Jornalismo, só eu. Minha mãe dizia que eu falava "vou morar na cidade grande" desde a primeira vez que visitei minha tia em São Paulo, aos quatro anos de idade.

E foi justamente o Jornalismo meu passaporte para o mundo. Fiz Jornalismo e passei num programa que deve existir até hoje, o "Estagiar Globo". Todo mundo queria passar nesse processo seletivo – pelo menos na minha época era assim. Duas vagas para a "toda poderosa" TV Fronteira, afiliada da Rede Globo no Oeste Paulista. Voltando aqui para o primeiro ano de faculdade, queria escrever para o jornal da universidade, o "Espalha Fato". Amo esse nome! Mas desde que eu fiz minha primeira aula de TV, o professor, então diretor, disse: "Ela te escolheu". Eu disse: "Quem?", e ele respondeu: "A câmera". Realmente isso é verdade. É igual encontrar o amor da vida; você o ama sem esforço. Nunca tive medo da câmera, ao contrário! É ali que sou a Isabele de verdade, mas isso já é papo para terapia. Enfim, fiz três meses de teste do "Estagiar" e passei. Fui escolhida.

A jornada na TV Fronteira: um batismo de fogo no Jornalismo

Lá foi minha grande escola, onde comecei como produtora. Sou péssima produtora, pauteira, como era chamada. Fui editora de imagem, de texto, apresentadora de programa cultural, mas queria uma coisa: a reportagem. Para mim, a alma do jornalismo é a reportagem, e consegui rápido. No caso da TV Fronteira, gosto de lembrar que toda carreira de sucesso tem um ponto de partida interessante. O meu foi simples, doce e cheio de significados.

A pauta: uma receita com a "mineira prudentina" mais famosa da região; na verdade, ela cozinhava incrivelmente bem mesmo, mas era tudo que um produtor gostava.

Topava qualquer hora, qualquer dia, tinha uma cozinha brejeira linda, que por mais que tentem reproduzir nos canais fechados, nunca terão aquela personalidade.

Não me lembro o nome dela, mas infelizmente soube que faleceu há pouco tempo e que isso rendeu ainda muitas reportagens deliciosas e que ajudavam qualquer produtor na falta de preencher as lacunas de VTs que cada equipe fazia. Sim, me lembro até hoje. Eram dois VTs e um ao vivo. Engraçado... Equipamentos mais antigos e a gente dava conta, tinha que dar.

Vejam só: era época de Orkut e na TV era proibido usar, porque distraia o jornalista. Hoje, rede social é peça fundamental de trabalho, e achar novos personagens, como a nossa querida mineira, que para mim tinha o melhor biscoito de polvilho do mundo – que não nos ouçam os apaixonados pelo "bixcoito" Globo.

Falando em senhoras, tive o privilégio de entrevistar Helena Meirelles, a maior violeira do mundo. E por trás dos dedos autodidatas e calejados, a história de uma feminista que mal sabia ler, mas lutou uma vida por todas nós com sua viola, seu dom e seu gênio forte – "cascos", como ela dizia, de uma vida que nem o Guinness Book trouxe um sorriso. Não queria fama, mas era impossível. Era uma lenda aclamada por dedilhar perfeitamente cada nota sem errar o compasso.

Na TV Fronteira, cobri tudo que vocês possam imaginar num interior rico em dinheiro e pautas polêmicas, de uma época forte de conflito agrário no Pontal do Paranapanema.

Não foi no Rio de Janeiro o primeiro tiroteio que cobri na vida. Foi entre fazendeiros da UDR e os Sem Terra, liderados por José Rainha Jr. Fiz também muita reportagem para o Globo Rural. E aí o meu destino começou a ser desenhado, quando criaram na região o primeiro Presídio RDD (Regime Disciplinar Diferenciado), o mais temido pelos grandes chefes de facções. Eu não sabia nada de conflito do Rio de Janeiro, até um preso ser levado para lá, Luiz Fernando da Costa, mais conhecido como Fernandinho Beira Mar. Estudei tudo sobre o crime do Rio e quem era o cara, além da pauta que me foi dada. Lembrando que não tínhamos internet em celular naquela época, e mesmo que tivéssemos, os plantões na porta do RDD de Presidente Bernardes, no meio da mata, eram literalmente no escuro, sem sinal algum.

E foi num desses "ao vivo" que uma chefe da Globo de São Paulo me chamou para cobrir férias. E, a partir daí, eu sabia que já tinha dado meu tempo na Globo de Prudente. Mas apesar de usar minhas férias para cobrir praticamente de graça os desfalques na "cabeça de rede" em São Paulo, nunca fui contratada por eles. Fui para o Canal Rural, do grupo RBS, na Globo do Rio Grande do Sul. Da rua diretamente para a BMF&Bovespa, quando ainda os pregões eram ao vivo com 800 homens gritando em várias rodas de negociações futuras de contratos de boi, soja, milho e café. Eu entrava ao vivo a todo momento! Não sei o que era meu maior desafio: entender o mercado ou enfrentar os "leões" sendo uma mulher. Cobria cinco bolsas internacionais o dia inteiro. No fim do dia, apresentava um programa de uma hora chamado "Mercado & Companhia". Minha comentarista era Ana Amélia Lemos, que chegou a ser senadora pelo Rio Grande do Sul. Mas eu tinha uma saudade imensa da editoria geral, queria mesmo era voltar a fazer reportagem do buraco na rua da Dona Maria.

E assim foi o destino. Meu marido transferido para o Rio e eu vim, sem conhecer ninguém. Dias antes, o SBT de São Paulo tinha visto meu DVD que um amigo editor levou e eles me chamaram. Eu fui, mas avisei que estava de mudança para o Rio. Eles disseram: "lá não tem vaga!". Cheguei literalmente de mala e cuia. Num Fiat Stilo, com parte das minhas coisas, minha cachorrinha Cuca e meus pais. Entrei pela Av. Brasil e perguntava em cada posto: "Preciso chegar na Barra da Tijuca! Como faço?". Engraçado, mas essa cidade nunca me assustou. Com uma semana no Rio, aquela bagunça de casa para colocar no lugar e um medo gigante, pela primeira vez eu não tinha meu companheiro na bagagem, o jornalismo. Mas foi rápido... Assim que instalaram a internet, eu abri meu e-mail e o então diretor nacional de Jornalismo do SBT mandou: "Tudo bem?". Lembre-se: não era WhatsApp, era um e-mail e só tinha isso!

Eu respondi "Tudo bem" e enviei meu número fixo, afinal, tinha desligado minha linha de São Paulo.

Minutos depois, outro Paulo, o Nogueira, diretor do Rio, me ligou. Ele se apresentou e disse: "preciso urgentemente de uma repórter experiente para cobrir férias e umas folgas de Mônica Puga" (uma das maiores referências de repórter policial do Brasil, ganhadora do prêmio Esso). "Posso mandar o motoqueiro buscar seu DVD?".

Na emoção, eu disse: "Eu levo até você". Ele me deu endereço: Rua Campo de São Cristóvão, nº 105. Desliguei o telefone, peguei o carro sem saber andar pela Barra e parei num ponto de táxi. O taxista coçou a cabeça e disse "Vai reto. Não entra na placa escrita Vila do João, porque você vai cair na linha vermelha. Quando olhar uma grande feira com chapéu nordestino, desce e vai chegar lá".

E de lá, nunca mais saí. Isso foi dezembro de 2008. Cobri a Mônica, ela voltou e eu fui ficando. Amei fazer reportagem policial e, para minha sorte ou destino, Luiz Bacci chegava para colocar no terreno a semente do SBT Rio que é hoje, e precisava de uma repórter que subisse a favela sem medo, com fontes e que amasse um ao vivo.

Eu o substituí várias vezes, mas quando ele saiu, escolheram um homem. Afinal, não tinham mulheres no comando desses tipos de programas. Até que, em janeiro de 2013, o novo diretor, Diego Sangermano, assumiu o risco. Eu fui a primeira! Enfrentava no horário o "rei da audiência" na concorrência, Wagner Montes. Fui ficando e sou a apresentadora local há mais tempo a frente de um programa jornalístico no Rio de Janeiro.

Desbravando novos desafios no SBT Rio: uma oportunidade de ouro

Lembra que a escola foi a Globo? Sim, mas o SBT Rio foi minha universidade de jornalismo, a minha casa, o meu amor. Ele mudou minha vida de várias formas. Eu sempre fui boa jornalista e tenho tempo de terapia o suficiente para falar isso sem culpa!

Mas o SBT Rio me permitiu assinar meu jornalismo com a minha marca. Me deu meu bordão "dedo na cara", meu nome e sobrenome ganharam peso. Fui convidada para ser comunicadora da maior rádio do Brasil, no horário nobre do *dial*. Há quase sete anos tenho um programa com o meu nome na Super Rádio Tupi. A voz feminina mais ouvida. Tenho programa na Rádio Nova Brasil, sou há quatro anos colunista do jornal mais popular do Rio de Janeiro, o *Jornal O Dia*. Palestrante, dona de produtora e *host* do meu *podcast* "Tá Benito". Fiz as contas: quase 25 anos de carreira e quero mais, sempre!

Me dói saber que minha maior biógrafa não pode contar essa história aqui nem poderá ver o que vem por aí. Mas ela me deixou o maior legado: ser uma mãe gigante. Nesse meio tempo resumido de carreira, fiz minha principal "matéria", o Eduardo. Um menino lindo, esperto, o melhor de mim. E se meu passado não está aqui mais para contar, meu futurinho com certeza está na primeira fila para assistir. Espero que seja um belo espetáculo, em que o jornalismo seja a ferramenta que eu sempre acreditei. Apesar do *glamour*, da fama e do dinheiro que me trouxe, e isso não é para a maioria.

Sempre tive um sentimento pelo jornalismo que fere a matemática dos psicanalistas. A paixão, segundo eles, passa com dois anos e vira amor. Eu sou, duas décadas depois, ainda muito apaixonada e quero mais, pois essa profissão leva para onde você quiser!

Como? Sigo minha intuição de fazer o certo. Jornalismo é a busca da verdade absoluta independentemente de suas bagagens. É prestação de serviço para quem mais precisa ter voz, o povo. Para mim, a minha profissão continua sendo a principal arma de manutenção para uma sociedade mais justa.

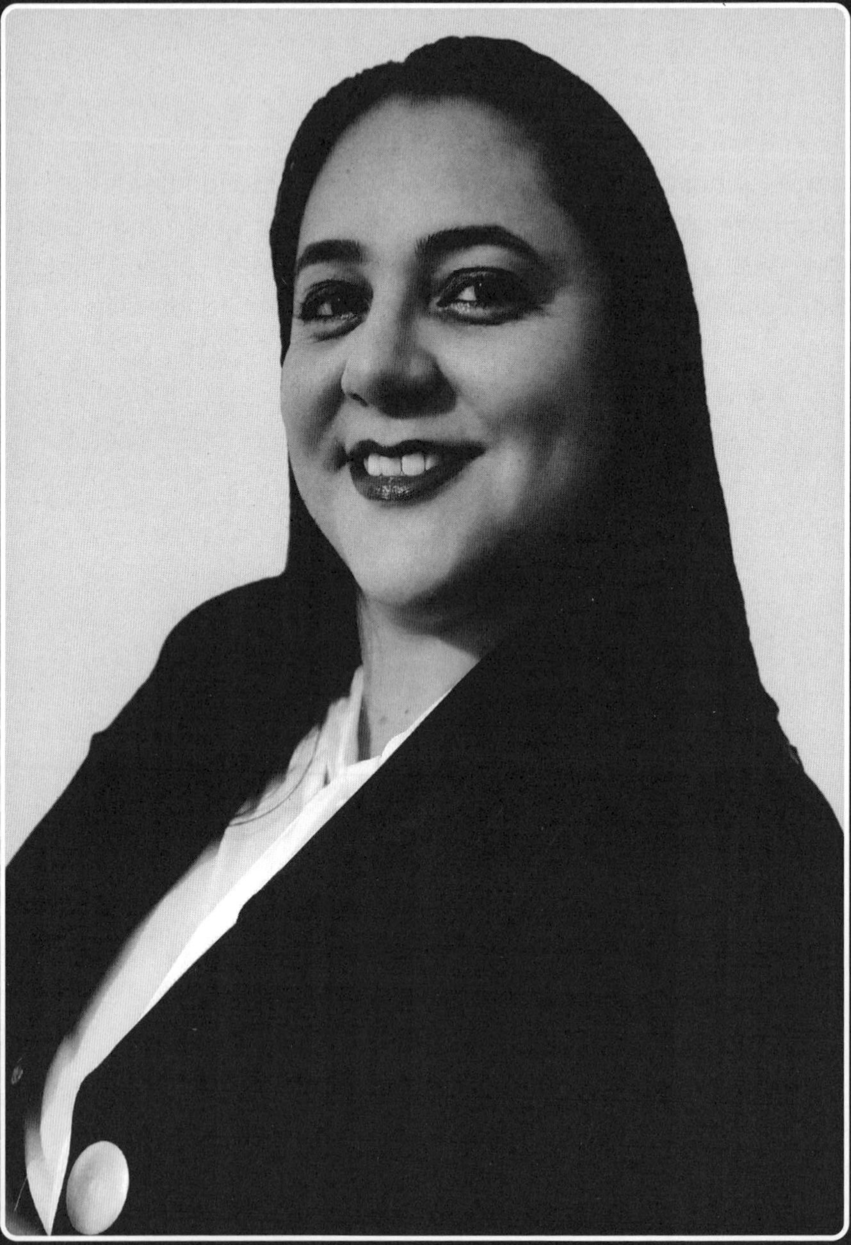

A jornada para a liderança

Juliana Klein

INSTAGRAM

Formada em Jornalismo pela Universidade São Judas Tadeu (USJT), com MBA em Jornalismo Político e Econômico pela Fundação Armando Álvares Penteado (FAAP), além de cursos complementares em negócios, liderança feminina, diversidade e inclusão, *storytelling*, entre outros. Com mais de 19 anos de formação, já atuou como assistente de redação, repórter e editora-assistente até conquistar as posições de editora-chefe e diretora editorial. Tem passagens por veículos de negócios, mercado imobiliário, construção, saúde, comportamento, educação, gastronomia, automotivo, motociclismo, educação financeira, entre outros. Atualmente, é editora-chefe da *Revista Gestão & Negócios* e diretora editorial na FullCase Comunicação.

"Nunca deixe ninguém lhe dizer que você não é capaz!"

Optei por começar contando um pouco da minha história com essas palavras, pois elas carregam um significado singular na minha trajetória no jornalismo. Foi por meio delas que tive forças para alterar o rumo da minha vida, decidindo que, a partir daquele dia, nunca mais eu teria dúvidas quanto à minha vocação para o jornalismo. Esse momento crucial se desenrolou na minha adolescência.

Essa frase me foi dita pela professora de Matemática no terceiro ano do Ensino Médio, em um momento em que as emoções de um adolescente atingem o ápice devido ao vestibular e à escolha profissional. A pressão não só familiar, como do mercado em si, exerce um peso considerável sobre as nossas decisões.

Determinação e resiliência

Porém, antes de mergulhar na minha trajetória profissional, preciso contar um pouco da minha história e das minhas origens. Fontes de orgulho que também moldaram o caminho que percorri.

Sou a segunda entre três irmãos, filha de um zelador nordestino e uma dona de casa carioca. Nem preciso me estender sobre os desafios e preconceitos que enfrentamos em São Paulo, não é verdade? No entanto, longe de buscar os holofotes da pena ou vitimização, aprendi com meus pais a nunca curvar a cabeça diante da adversidade e a não tolerar humilhações.

Meu pai, incansável zelador, e minha mãe, a dedicada dona Nete (Marinete), desdobraram-se em esforços para proporcionar aos filhos oportunidades que eles mesmos não tiveram. Estudamos em escola pública, o salário de zelador só dava para pagar as despesas básicas, então meu pai buscava "bicos" como eletricista e encanador nas horas vagas, enquanto minha mãe fazia faxinas.

João e dona Nete foram verdadeiros heróis na minha vida, trabalhando sem descanso para assegurar aos filhos um futuro mais promissor. Todo o dinheiro que minha mãe recebia era destinado a cursos profissionalizantes para os filhos, como datilografia e informática, para que pudéssemos ter oportunidades no mercado de trabalho. Ela abria mão de muitas conquistas pessoais para que alcançássemos nossos objetivos. Meu pai, sempre sábio, nos ensinava que era de baixo que começávamos, com muito trabalho duro, foco nos objetivos e persistência. Juntos, eles nos transmitiam valores e princípios que moldaram meu caráter, especialmente no que diz respeito à importância da honestidade.

Em 1999, com 15 anos, as oportunidades surgiram e comecei a minha jornada profissional. Por meio de uma prova, consegui uma bolsa de estudos no Ensino Médio de uma escola muito conceituada de São Paulo, o Colégio São Luís. E ingressei no mercado de trabalho como *office girl* em uma pequena editora no Centro de São Paulo. Durante o dia, eu trabalhava; à noite, estudava.

Na editora, além de *office girl*, eu desempenhava funções administrativas, mas minha paixão estava na redação. Eu queria entender, aprender e absorver cada detalhe. Então, sempre que podia, dava uma passeada pela redação. A editora-chefe da revista, Maria Alice Carnevali, me adotou como pupila, compartilhando seus conhecimentos e me guiando pelos bastidores da profissão.

Entretanto, nem tudo eram rosas, pois o filho do dono, na época diretor de arte, insistia em provocar-me. Eu já estava com 17 anos. Período de vestibular. Em uma tarde, durante uma pausa para o café na copa da empresa, eu compartilhava animadamente meus planos e as faculdades que considerava para o curso de Jornalismo com a editora-chefe. Foi então que ele entrou na sala, pegou um jarro de água e, com um sorriso irônico, se dirigiu a mim: "Jornalismo, mesmo? Você acha que tem capacidade para isso?", provocou ele, enquanto eu tentava manter firmeza na minha resposta. Sem hesitar, ele virou o jarro, derramando água não apenas no copo, mas também na mesa, e continuou: "Assim como eu não nasci para ser garçom, você não nasceu para ser jornalista", deixando um rastro de desafio no ar.

Aos 17 anos, enfrentei uma situação com a qual muitos da minha idade talvez já tivessem maturidade suficiente para lidar, mas eu, na época, não tinha essa sabedoria. Lembro-me do dia em que, após esse episódio na empresa, cheguei à escola, à noite, e me encolhi em um canto, absorvendo as palavras cruéis que havia ouvido. Se eu já era uma jovem insegura e ansiosa, aquele momento apenas acentuou essas fragilidades.

Por sorte, a primeira aula do dia era de Matemática, ministrada pela incrível e inesquecível professora Maria Luiza. Ela percebeu imediatamente minha tristeza e veio até mim para conversar. Compartilhei com ela o ocorrido. Com palavras que ecoam na minha memória até hoje, ela me encorajou e levantou meu ânimo: "Nunca deixe ninguém lhe dizer que você não é capaz!". As palavras da minha professora não foram apenas uma tentativa de encorajar meu sonho, mas uma faísca que acendeu a chama da determinação dentro de mim.

A faculdade

Em um mundo repleto de desafios e adversidades, em que alguns tentavam minar meu caminho no jornalismo, havia também almas generosas que viam em mim e na minha família um potencial a ser cultivado. Enquanto alimentava o desejo de ingressar na faculdade, eu sabia que as opções eram limitadas, especialmente diante das apertadas finanças da minha família.

Contudo, como costumo dizer, anjos cruzaram nossos caminhos. Não consegui passar em faculdades públicas, mas fui aceita em universidades privadas, escolhendo, em 2001, a Universidade São Judas Tadeu. O preço da mensalidade, no entanto, era puxado, e meu salário como auxiliar administrativa cobria apenas uma fração das despesas. Foi então que um anjo em forma de amiga da família, Nanci, síndica e chefe do meu pai, surgiu com a solução: "Sr. João, matricule a Juliana na faculdade. Eu vou custear metade da mensalidade para ajudá-la a realizar seu sonho".

Assim, ingressei na faculdade. Os quatro anos que se seguiram, mesmo com a ajuda da amiga Nanci, foram verdadeiramente desafiadores do ponto de vista financeiro, mas cada sacrifício valia a pena. Cada descoberta, cada novo aprendizado era uma confirmação de que eu estava no caminho profissional correto.

Um exemplo disso ocorreu quando, já no segundo ano do curso, fui uma das alunas de jornalismo selecionadas para participar do circuito "Estado de Jornalismo – Prêmio TIM Jovens Talentos do Jornalismo", realizado pelo jornal *O Estado de S.Paulo*. Entre tantos alunos, os professores me escolheram. Imagine o orgulho que senti de mim mesma!

Foi uma jornada intensa, mas consegui me formar em quatro anos, mantendo sempre um bom desempenho acadêmico. Agradeço imensamente à minha família e a essa grande amiga, Nanci, que até hoje está ao nosso lado e, claro, estava lá com meus pais, testemunhando o momento em que recebi o diploma.

Desbravando o mundo do Jornalismo

Quando recebi meu diploma, ainda estava imersa na

atmosfera daquela pequena editora. Embora já desempenhasse algumas funções na redação, eu sabia que precisava de mais. Ansiava por explorar, aprofundar-me, conhecer as diversas facetas do Jornalismo e seguir por outros caminhos. Assim, recém-formada, tomei a decisão de trocar de emprego, apesar das objeções do meu chefe, o dono da empresa.

A mudança me levou a uma assessoria de imprensa focada em tecnologia, onde permaneci por oito longos meses. Foram meses que se arrastaram, repletos de desilusões. Essa área do Jornalismo revelou-se um terreno árido para mim. Não me identificava com os *follow ups* e os *releases* comerciais. Falhava em conquistar a simpatia dos clientes; simplesmente, não me adaptava. A experiência foi desanimadora, mas, sem mais ter que pagar as despesas da faculdade, senti-me livre para buscar a "área perfeita". Assim, decidi pedir demissão e seguir em frente.

Isso ainda era em torno de 2006, quase um ano após minha formatura em 2005. Nesse período, meu antigo chefe, ao saber que eu estava desempregada, decidiu me procurar. Ele oferecia não apenas minha antiga vaga, mas também um salário mais atraente. A proposta era tentadora, afinal, quem não deseja segurança financeira? Contudo, algo dentro de mim sussurrava que aceitar a oferta poderia ser o fim da minha jornada profissional.

A tentação era palpável, mas recusei. Expliquei ao meu ex-chefe que, apesar da troca de empregos não ter dado certo, havia muito ainda a explorar no jornalismo, muita experiência a adquirir, e eu queria me dedicar a essa busca por mais um tempo.

Não arrumei emprego tão logo, mas o fato é que nunca fiquei realmente sem trabalhar. De um *freela* aqui a um bico ali, as portas foram se abrindo, além de ganhar um pouco mais de conhecimento. E não aceitar voltar para o meu primeiro emprego foi a melhor decisão que tomei na vida.

De repórter a editora-chefe

Essa jornada, repleta de desafios e pequenas oportunidades, me proporcionou crescimento profissional e pessoal. A recusa em retornar ao passado abririam as portas para novas experiências, consolidando-se como um divisor de águas na minha trajetória no Jornalismo.

Entre *freelas* e "bicos", em fevereiro de 2007, fui contratada pela FullCase Comunicação Editorial, empresa em que estou até hoje. E por que estou até hoje? Vocês vão entender.

Mais do que uma simples empresa, a FullCase tornou-se minha verdadeira escola no universo jornalístico, moldando minha trajetória profissional de maneira abrangente e impactante. Ao longo desses anos, acumulei experiências não apenas em uma, mas em diversas áreas do Jornalismo, um verdadeiro caldeirão de conhecimento que enriqueceu minha bagagem profissional.

Minha jornada na empresa me levou a explorar e escrever em territórios variados: revistas, jornais, livros, *sites*, *case books*, revistas customizadas e uma série de trabalhos para editoras e outras pequenas, médias e grandes empresas. Comecei como repórter na área de jornalismo imobiliário. Em seguida, mergulhei na velocidade do automobilismo e motociclismo como repórter, enquanto simultaneamente contribuía para a *Revista Gestão & Negócios* e outras publicações, abrangendo temas que iam desde saúde e comportamento até educação, carreira, finanças e gastronomia.

Em 2010, ao voltar da minha licença-maternidade, fui promovida a editora-assistente dos jornais *AutoVrum* e *MotoVrum*. Ao deixar esses jornais, passei a ser editora-assistente do *Universo Gastronômico* e, na sequência, do *Money Jornal*, sobre educação financeira, com alcance internacional. Foi um dos mercados que mais me encantaram no Jornalismo.

Embora tenha desbravado os territórios dessas publicações

periódicas, sempre me mantive conectada a outras formas de escrita. Entre uma edição e outra, produzia livros e especiais, explorando temáticas educacionais, de saúde, negócios, alimentação e muito mais.

Em 2012, recebi a proposta de me tornar editora-chefe da *Revista Gestão & Negócios*, uma oportunidade de ouro, já que escrever para esse mercado sempre foi a minha menina dos olhos. Lembra aquela primeira editora em que trabalhei? Escrevíamos exatamente para esse mercado de micro e pequenos empreendedores e empresários. E foi, desde o início, uma área com a qual me identifiquei muito no jornalismo.

Ao trabalhar com esse mercado, você se depara com relatos inspiradores de indivíduos que desbravam o mercado, além de testemunhar de perto a resiliência e a superação. São histórias de pessoas que partiram do zero e ergueram verdadeiros impérios. Outras podem não ter construído grandes impérios, mas nunca desistiram do negócio por acreditarem em seus funcionários, com a certeza de que ainda têm algo a contribuir com o País. Você testemunha a dedicação incansável e a persistência inabalável de brasileiros que se recusam a desistir. São pessoas simples, sonhadoras e realizadoras. Ao conhecer essas narrativas, passa a admirar e a torcer pelo mercado que, mais do que qualquer outro, é responsável por gerar empregos e um dos que mais movimentam o Produto Interno Bruto (PIB) brasileiro.

Os desafios da posição

Nos anos que se seguiram, minha trajetória no jornalismo não se limitou apenas à posição de editora-chefe na *Revista Gestão & Negócios*; ela evoluiu além das minhas expectativas. Tornei-me também diretora editorial da empresa, mergulhando de cabeça em todas as nuances do universo editorial. Desde a concepção de projetos em parceria com os clientes até o trabalho árduo na produção, passo por cada etapa do processo com as mãos na massa. E isso é uma das coisas que mais enriquecem a minha bagagem como jornalista. É saber como funciona todo o processo até uma publicação ser impressa na gráfica.

Já como editora-chefe da *Revista Gestão & Negócios*, meu cotidiano é marcado por desafios constantes. O papel de liderança não se limita ao *glamour* das decisões editoriais; vai muito além da simples edição de textos, da seleção do que será publicado e da definição de pauta e planejamento editorial.

Minha atuação abrange a assessoria em atividades ligadas a ensino e pesquisa e a responsabilidade de coordenar meticulosamente todo o processo de edição, explorar novos projetos e participar ativamente da divulgação das obras.

Além disso, lidar com prazos apertados, administrar a pressão por inovação constante e ser capaz de manter uma equipe coesa também são aspectos desafiadores. Sem contar a busca constante da qualidade editorial, que sempre testa nossos limites de criatividade e resiliência.

Nenhum mês é igual ao outro. Costumo brincar que o santo dos jornalistas, Franciso de Sales, não descansa um segundo. Os fechamentos que o digam!

No entanto, é na superação desses obstáculos que encontro a verdadeira recompensa. Acompanhar a revista ganhando vida, observar a materialização das ideias no papel é uma experiência indescritível. A satisfação de ver a revista nas bancas todos os meses é um misto de orgulho e realização. É o resultado tangível de esforços coletivos, da sinergia da equipe e da paixão por contar histórias.

Estar à frente desse processo é uma jornada enriquecedora. Realizar esse trabalho é motivo de orgulho, uma jornada que trilho com alegria no coração. Expresso minha profunda gratidão a todos que cruzaram o meu caminho e contribuíram para a construção dessa história no Jornalismo.

Cada membro da minha equipe, presente e passado, desempenhou um papel fundamental. Agradeço aos que estiveram ao meu lado desde o início, especialmente meu chefe e dono da FullCase, Angel Fragalo, e aos que se juntaram a nós ao longo do caminho. Aos assessores e jornalistas que compartilharam suas habilidades e experiências, aos especialistas que trouxeram conhecimento valioso, a todos que, de alguma forma, contribuíram para dar vida a cada edição da revista.

Esta é uma jornada coletiva, e a revista é fruto do esforço conjunto de uma equipe comprometida. Olho para trás com gratidão pelas histórias contadas, pelas adversidades superadas e pelos sucessos compartilhados.

Que minhas palavras neste livro possam refletir não apenas a minha trajetória, mas a colaboração e dedicação de cada pessoa que fez parte dela. E que esta história inspire outros a perseguirem suas paixões com resiliência, comprometimento e gratidão.

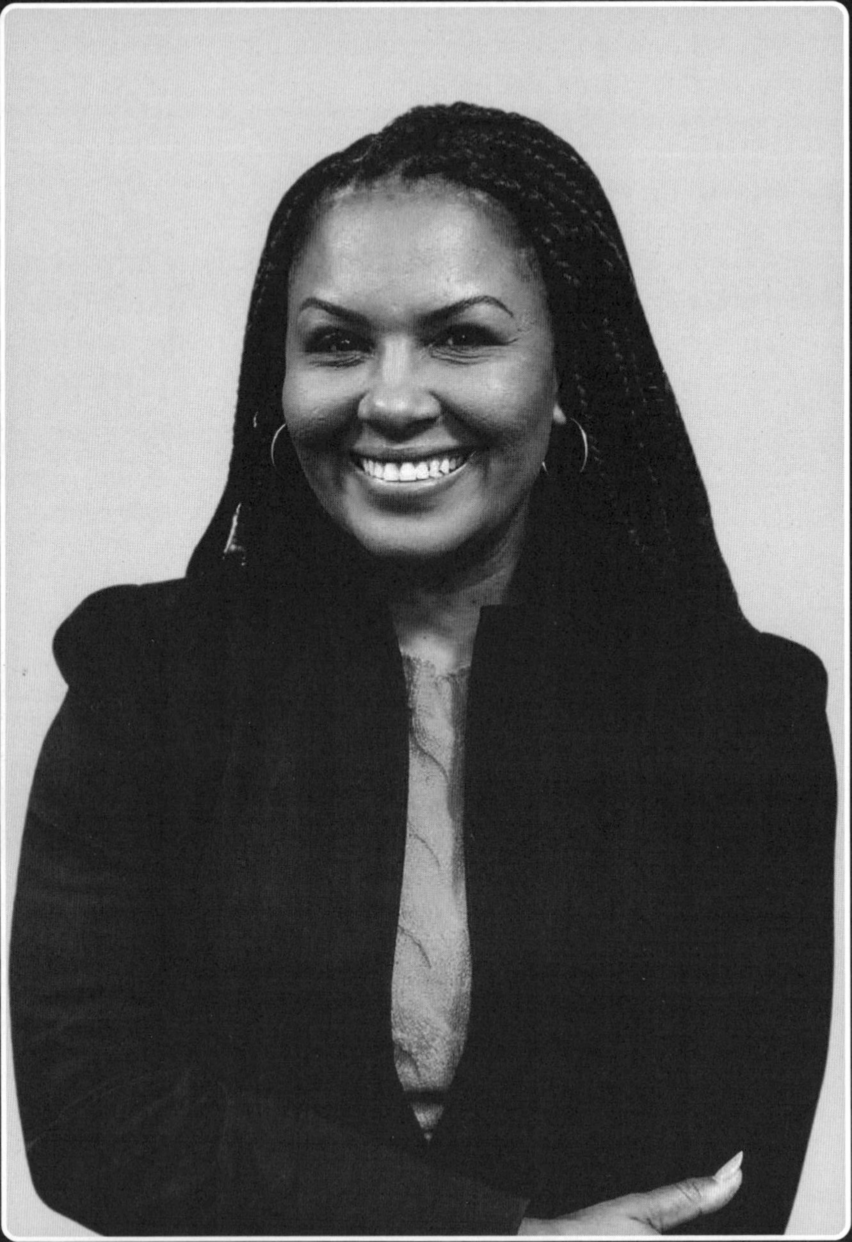

Quem disse que seria fácil? Trilhando caminhos: do Complexo da Maré às Câmeras Nacionais

INSTAGRAM

Julie Alves

Graduada em Jornalismo. Durante seis anos, foi repórter do jornal comunitário *O Cidadão*, no Complexo da Maré, no Rio de Janeiro (RJ), no qual ganhou dois prêmios de mídia livre do Ministério da Cultura. Estagiou no Departamento de Comunicação da Defensoria Pública do Rio de Janeiro por 2 anos. Escreveu para o *site Comunitas*, da saudosa primeira-dama Ruth Cardoso. Desde 2011, atua como repórter na Rede TV, realizando reportagens para diversos programas, mas há oito anos faz parte da equipe carioca do programa "A Tarde é Sua", apresentado por Sônia Abrão. Fez *freelas* para o SBT Rio e, desde 2019, faz a cobertura dos bastidores do Carnaval da Rede TV, e, em 2019, foi premiada como a melhor repórter do sambódromo do carioca.

Antes de começar a contar minha história profissional, preciso esboçar todo o caminho que percorri até me tornar uma jornalista.

Sou a caçula de três irmãos (Janine, Joyce e Janilson [*in memoriam*]) e fomos criados por nossa mãezinha, Isaura Oliveira (*in menoriam*) dentro da favela do Parque União, que fica no Complexo da Maré, zona norte do Rio de Janeiro.

Ali, aprendemos valores que tenho certeza que não aprenderíamos em lugar algum. Aprendemos que nada é fácil, principalmente para nós, favelados e pretos, que temos de provar a todo instante que somos capazes. Aprendemos que dinheiro é muito bom, mas precisa vir do nosso suor. Aprendemos que o crime não leva o ser humano a nada, a não ser à cadeia ou à morte. Aprendemos que as mazelas da vida não podem nos parar e que pela frente apenas dois caminhos nos aguardavam: fazer a diferença ou ser apenas mais um!

Foi aí que aquela menina que assistia à Glória Maria (a única referência de jornalista preta que tínhamos na TV) começou a sonhar que um dia poderia se tornar uma interlocutora daquele povo, e que um dia poderia ligar a televisão e se sentir incluída em suas programações jornalísticas. Mas a condição financeira da minha mãe não lhe permitia pagar uma faculdade para seus quatro filhos. O pouco que nosso pai dava de pensão era apenas para comer.

O tempo foi passando e, como todo jovem que não tem

estímulo para prosseguir com os estudos, fui deixando aquele sonho adormecido, pois venho de uma época que não tinha os programas do governo para inserir o estudante de escola pública em uma faculdade. A gente concorria com aqueles que estudaram a vida toda em uma escola com uma base de ensino excelente. Tudo Isso me fez parar no tempo, e em 2001, fiquei grávida do meu primeiro filho. Foi aí que a ficha caiu sobre o que ofereceria para ele no futuro. Fui em busca de uma bolsa de estudos, com quase 30 anos, e encontrei Jorginho da SOS (*in memoriam*), a quem serei eternamente grata. Esse homem ajudava moradores de comunidades a se inserirem nas universidades por meio de bolsas de estudo. Lembro perfeitamente o dia em que tivemos nosso primeiro contato. Ele me ofereceu uma bolsa de 70%, mas eu disse que não teria nem 30% para pagar e que realmente precisava de uma de 100%. Ele disse que eu era sincera e que confiaria em mim nessa jornada. Foi aí que comecei a minha faculdade de Comunicação Social – Jornalismo.

Foram anos de muitas dificuldades. Eu não tinha dinheiro para passagem, livros, cópias de materiais de estudo, enfim, não tinha recursos para nada! Mas lembro que minha mãe sempre dizia que eu iria vencer, que era apenas uma fase que passaria.

Nesse período, meu filho Juan Victor tinha três anos e minha mãe ficava com ele para que eu pudesse estudar. Em dias que minha mãe tinha algum compromisso, eu levava meu filho comigo para as aulas. Em 2007, no segundo período do curso, peguei meu filho nos braços e bati na porta do jornal *O Cidadão* – um meio de comunicação alternativo que circulava por todas as comunidades que compõem o Complexo da Maré. Fiquei por ali como estagiária durante quatro anos. Andava por todas as comunidades conhecendo histórias e aprendendo a comunicação comunitária. Aprendi muito com aquelas pessoas que tinham sede de levar informações para aqueles que tinham pouquíssimo acesso. Durante esse tempo, passei em um processo seletivo para integrar o time da Comunitas, uma ONG que pertencia à saudosa ex-primeira dama dona Ruth Cardoso. Ali fiquei como responsável por abastecer o *site* e fazer a integração com os moradores da Maré, fazendo a inserção deles nos programas oferecidos pela ONG.

Com cada vez mais sede de aprender, fazia faculdade no período da manhã e procurava estar inserida em diversas vertentes da comunicação para ganhar uma grana a mais, mas principalmente para agregar conhecimento.

Foi aí que, em 2008, passei em um processo seletivo para ser estagiária na assessoria de imprensa da Defensoria Pública do Estado do Rio de Janeiro. Eram duas vagas, em que 16 jovens buscavam uma oportunidade de experiência em uma instituição pública. Visitei presídios com os defensores, os acompanhei em matérias para TV, aprendi a fazer *clipping* (garimpar as matérias sobre a instituição que saíam na mídia). Lembro de dois momentos marcantes em minha passagem por lá: quando fiz uma ação social em minha comunidade, em que a Defensoria e outras instituições públicas e privadas levaram serviços e ajuda para os moradores; e a outra foi quando conheci uma família que fui visitar com uma defensora chamada Leila Chidid, de São Gonçalo – município da região metropolitana do Rio de Janeiro. Essa família estava na 5ª geração que ninguém tinha certidão de nascimento. Me recordo perfeitamente o dia em que, em uma ação social, essa família pode obter sua cidadania. Nossa, parecia que eram da minha família! Foi uma alegria tão grande para mim que até hoje me recordo daquele momento.

Em 2009 chegou a minha tão sonhada formatura. Me tornei jornalista diplomada! Naquele momento, estavam reunidos todos os que amo. Foi uma realização muito grande. Eu venci!

Mas uma fatalidade me deixou completamente sem estrutura. Durante esse período, no início do ano de 2010, meu irmão Janilson cometeu suicídio aos 35 anos. Foi um choque muito grande para todos nós que crescemos juntos com nossa mãezinha e tínhamos vários planos em família. Preciso dizer que meu pai não tinha tanta preocupação com nossas escolhas, pois foi um pai que se separou da minha mãe e deixou um pouco os filhos de lado. Mas eu tinha nove anos quando isso aconteceu.

Durante esse tempo, foram muitas brigas para que ele me ajudasse com minha formação. Porém, vencemos essas mazelas e consegui perdoá-lo. Hoje, meu paizinho, Agnaldo Alves, é um dos meus maiores tesouros. Ele mora em Salvador, na Bahia.

Voltando à minha trajetória logo após minha formação, aceitei iniciar um trabalho na Rede TV como *web* repórter. Fazia vídeos e entrevistas na maior correria para entregar o material solicitado pelas produções ou que até eu mesma pautava. Lembro-me que, quando a Polícia Militar fazia ações, eu ficava no meio dos tiroteios. Lembro o quanto eu chorava, porque não aparecia nas matérias, apenas as executava, e meu sonho era ser repórter.

Me recordo que um dia ouvi de um produtor que poderiam me colocar somente para fazer matérias de tiros, pois eu morava na favela e já convivia com isso. Um outro me perguntou se eu era jornalista mesmo.

Em 2013, perdi minha amada mãe para um câncer. Dentro do meu carro, a caminho do hospital, ela me deixou. Que dor, pois ela era daquelas pessoas que dizia "Vai, você irá vencer. Um dia todos irão te conhecer pelo seu nome". Ela fazia questão de me acompanhar nas pautas para que eu não ficasse nervosa. Uma vez, a levei a um enterro de uma das vítimas de um voo da Air France que havia caído. Pedi para que ela ficasse quietinha, não se aproximasse de ninguém e não ficasse me chamando, senão as pessoas diriam: "Olha, a repórter que traz a mãe". Passou um tempo e, quando fui procurar minha mãe, ela estava de braços dados com a tia do falecido acompanhando o cortejo. Apareceu em todos os veículos consolando a família. Essa era ela. Uma mulher amável, forte e sensível à dor dos outros. E assim fiquei cinco anos nessa luta, gravando sem tampouco saber quando teria uma oportunidade, até que um dia, no velório do apresentador Mauricio Torres, que estava no auge da sua carreira na Record TV, o diretor do programa *"A Tarde é Sua"*, Elias Abrão, a quem sou muito grata, e mais ainda à apresentadora Sônia Abrão, que me permitiu fazer parte da família *"Câmera 5"*, me disse que eu poderia aparecer em todas as matérias que fizesse para o programa. E aí aconteceu minha grande estreia em rede nacional. A partir dali, fui dando meus passos de formiguinha. Me tornei a repórter carioca do programa. As pessoas que não me enxergavam nas festas dos famosos, que me deixavam na porta e colocavam outros coleguinhas da imprensa para dentro passaram a me enxergar.

Lembro que não tinha roupa para aparecer no vídeo e minhas amigas Francilene Perez e Eliane, da "JelFight", criaram vários *looks* para mim. Mas, mesmo assim, ainda havia aqueles que não acreditavam que eu poderia fazer com excelência. Durante o carnaval o máximo que me ofereciam era um trabalho de produção, que fazia junto com minha irmãzinha Joyce, que sempre fez questão de estar ao meu lado como uma mãezona depois que nossa mãezinha partiu. Ficava próxima à grade do sambódromo do Rio e, dali, pegava os *cards* dos cinegrafistas que ficavam dentro dos camarotes fazendo aos famosos com os repórteres e eu, sentada na calçada aguardando. Ficava triste, mas tinha uma certeza dentro de mim que tudo era aprendizado. Não me recordo o ano exatamente, mas quando o apresentador Rogério Forcolen chegou à Rede TV, ele me deu a oportunidade de ter um quadro que se chamava "*Na Boca do Povo*", em que eu fazia matérias sobre o descaso do Poder Público com a população. Logo, ele também me chamou para fazer um quadro de carnaval chamado "*No Batuque do Carnaval*", em que eu visitava as escolas, os barracões e mostrava os bastidores da grande festa do momo. Até que em 2018 pedi uma oportunidade para ser repórter dos Bastidores do Carnaval da Rede TV, e nessa estreia lembro que uma escola de samba estava homenageando o querido Miguel Falabella. Logo que o encontrei no meio daquela multidão, ele me abraçou e entramos ao vivo para o Brasil. Ele me levou para entrevistar todos os seus amigos: Claudia Raia, Aracy Balabanian (*in menoriam*), Marisa Orth, Cissa Guimarães e outros que estavam prontos para adentrar na avenida para o desfile. Foi aí que arrebentei na minha estreia e ganhei um prêmio como a melhor repórter do carnaval de 2018. Depois disso, não parei mais. Foram diversas coberturas, até mesmo para outros veículos, como a coluna da Fabia Oliveira e o extinto *site* Sambarazzo.

Hoje, me sinto consolidada em minha trajetória. Sei que preciso avançar mais, ir em busca do meu espaço e não ficar esperando somente as coisas acontecerem. Mas, na realidade, para aquela menina da favela que já tinha ouvido tantas coisas, dentre elas que Jornalismo não era para preto e tampouco para morador de favela, avancei demais! E vou avançar mais ainda!

Há oito anos estou como a repórter carioca do programa *"A Tarde é Sua"*, exibido nas tardes na Rede TV e apresentado por Sônia Abrão; apresento o *podcast "Pod Que Tudo Pode"* ao lado de um irmão que Jesus me deu, o colunista Thiago Sodré; e tenho uma coluna no Gazeta Web há quase quatro anos. Fiz a apresentação do *podcast* comemorativo de 10 anos da Rede d1000, fui apresentadora das redes sociais da Prefeitura de Duque de Caxias, município do Rio de Janeiro. Apresentei, ainda, na TV, a campanha do governador do Rio de Janeiro, Cláudio Castro. Sem contar as assessorias que a pandemia me fez enxergar de outra maneira, e comecei a fazer durante esse período.

Enfim, foram muitas conquistas, que não tenho o que reclamar, mas confesso que ainda quero avançar mais, conquistar meu espaço de direito, quem sabe até ser uma apresentadora preta de um programa de entretenimento na TV.

Meus sonhos não são meus, eles são escritos por Deus! Quero agradecer ao meu esposo, Sérgio Marcos, que sempre esteve ao meu lado em todos os momentos bons e difíceis da minha caminhada. E, principalmente, ao meu primeiro amor, Juan Victor, que passou juntinho comigo pelo arado, mas eu dizia que só bastava Deus me dar saúde e trabalho que venceríamos. E o meu "acarajezinjo", que chegou mudando completamente minha visão de mundo. João Gabriel, a mamãe ama demais você e seu irmão Juan!

E claro, em especial a Deus todo poderoso, que nunca falha!

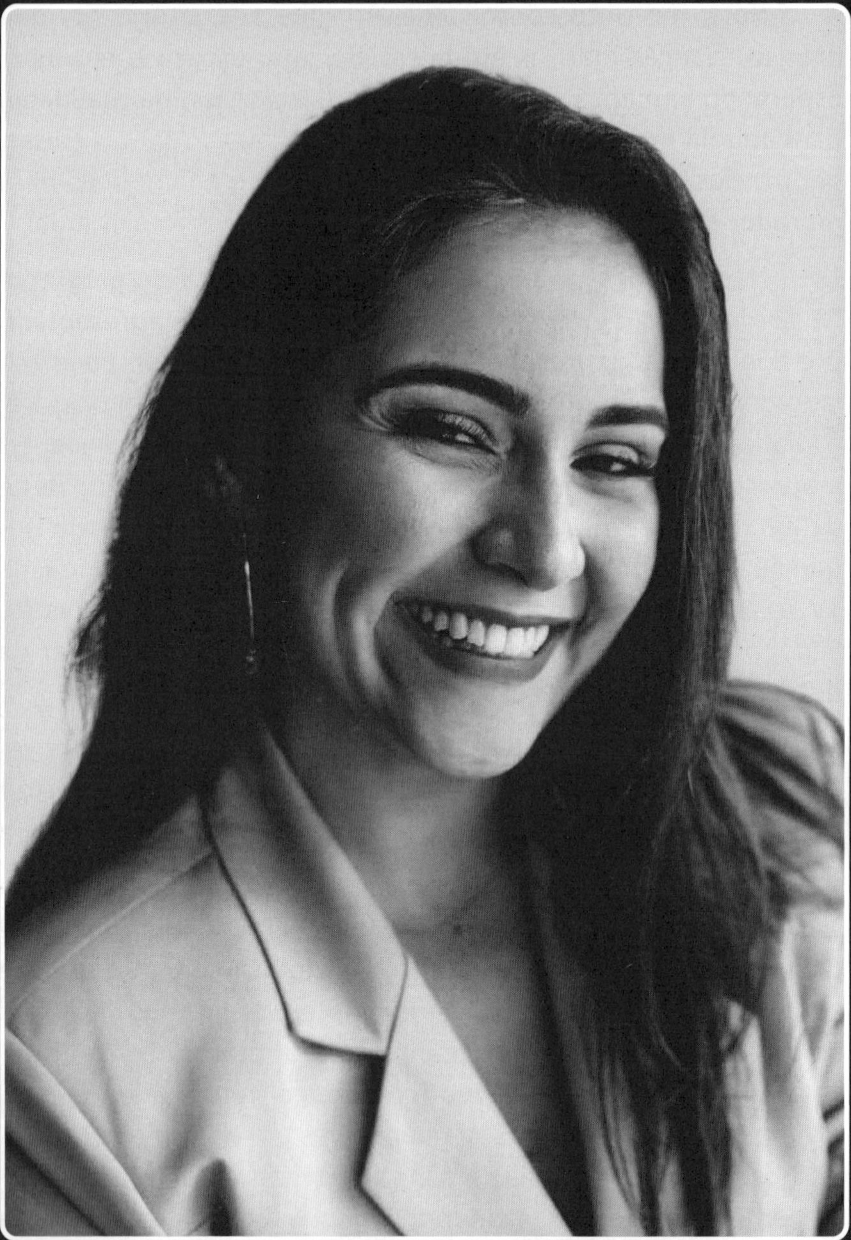

A coragem para viver um sonho

Letycia Cardoso

Editora do Núcleo Audiovisual do portal NeoFeed. Graduada em Jornalismo pela Universidade Federal de Juiz de Fora (UFJF), com pós-graduação em Influência Digital pela Pontifícia Universidade Católica do Rio Grande do Sul (PUC-RS) e formação em Mercado de Capitais pela Saint Paul Escola de Negócios. Premiada como uma das 10 jornalistas de Economia mais admiradas de 2023 pelo Jornalistas&Cia. Passou pelos jornais O GLOBO, Extra, Bom Dia Brasil, além do site de entretenimento Gshow e do canal de TV Esporte Interativo.

Além das palavras: uma jornada de resiliência e descoberta no Jornalismo

Qual foi o meu ponto de partida? Me questionei, tentando encontrar por onde começar a narrativa sobre a minha história nesta profissão. Foi logo no Ensino Fundamental, quando uma professora de Português chamada Fátima exigiu a leitura de jornais impressos e me fez tomar gosto por eles? Ou foi quando, no início da faculdade, me apaixonei pela câmera e percebi que o que eu queria mesmo era fazer Jornalismo em vez de Publicidade? Ou ainda quando, ao examinar a falta de oportunidades na minha cidade natal (Juiz de Fora, em Minas Gerais), decidi me lançar no Rio de Janeiro, com apenas 20 anos e no meio do curso? Não sei bem. Talvez um bocado disso tudo. Parafraseando a filósofa e escritora Simone de Beauvoir, que dizia que "não se nasce mulher, torna-se mulher", acredito que o mesmo ocorra no Jornalismo: não se vira jornalista na colação de grau — até porque isso nem é mais exigido. Esse profissional é construído, dia após dia, na prática da escuta atenta, na agilidade das anotações, na manutenção da ética e da responsabilidade e no cultivo da curiosidade.

Apesar disso, chego a duvidar que exista alguma formanda em Jornalismo que nunca tenha ouvido a clássica frase de tiozão: "vai ser a próxima Fátima Bernardes, hein!" (ou William

Bonner, no caso dos homens). A realidade é que serão realmente poucos os que vão chegar tão alto nessa carreira. O Jornalismo, no entanto, não seria nada sem a grande massa presente nas redações, em cargos infinitos que não se limitam à apresentação, como produtores, operadores de gerenciador de caracteres (GC), coordenadores de vivo, editores de vídeo, editores de texto, repórteres, diagramadores, revisores, entre tantas outras funções. Em comum a todos, a rotina intensa composta de jornadas longas e muitos feriados de plantão longe da família.

Todo esse preâmbulo para dizer que, embora glamourizada, a profissão é extremamente desafiadora, na qual, acredito, só se permanece por amor. Há um amigo que compara o jornalismo ao sacerdócio. De certa forma, concordo. A fama de "quarto poder" (depois do Executivo, Legislativo e Judiciário) nos faz quase acreditar que ele é uma missão, uma vocação dada por algo maior para que possamos tornar este mundo melhor. E, em vez de vestirmos nossas capas como os super-heróis fazem, diariamente acordamos, lemos o noticiário, ouvimos *podcasts*, assistimos à TV — tudo isso antes de o expediente começar.

O que me fez chegar até aqui

Sempre fui intensa e tive pressa. Desde nova, eu tinha consciência da finitude da vida e, por isso, queria deixar algum legado. Talvez, o diagnóstico de câncer da minha mãe, no auge do meu terceiro ano do Ensino Médio, tenha reforçado ainda mais essa percepção. Construí sonhos audaciosos e, mesmo apreciando a estabilidade, me arrisquei diversas vezes, tendo em mente que daria sempre o meu melhor para alcançar meus objetivos, de forma justa, honesta e, se possível, deixando um rastro de alegria na vida de quem cruzasse o meu caminho.

Tive muitos sucessos: passei em 1º lugar na Universidade Federal de Juiz de Fora (UFJF), consegui mudar de cidade quando me propus a fazer isso pela minha carreira, além de trabalhar num dos maiores grupos de comunicação da América Latina, o Grupo Globo. Eu acreditei tanto em cada uma dessas conquistas, antes mesmo de acontecerem, que elas se concretizaram.

Não vou me furtar, porém, de ser honesta com quem me lê, seja você um universitário, um profissional em início de carreira ou só alguém interessado em saber os bastidores da vida de quem reporta notícias. É fato que já tomei algumas rasteiras da vida e tive planos desmontados. Nessas horas, eu acolho a minha frustração e durmo para depois poder redesenhar a rota. Ainda que eu seja a pessoa que goste de ter metas claras e estratégias muito bem traçadas para chegar lá — e culpe o meu signo (virgem) por ser assim —, venho aprendendo a ser mais flexível, a aproveitar as oportunidades que a vida oferece e as portas inesperadas que se abrem. Foi assim, por exemplo, quando eu não passei para o estágio em uma agência de publicidade no primeiro período da faculdade e, logo depois, percebi a minha paixão pela apresentação de vídeos ao começar a trabalhar numa produtora. Ou, ainda, quando topei ir para o Rio de Janeiro por causa de uma vaga de produção do *Esporte Interativo* para trabalhar em um programa sobre futebol nordestino, sendo que nem os campeonatos cariocas eu acompanhava.

Sem coragem, não há chance de sucesso

Existem dois modos de operar na vida: o primeiro é pisar apenas em territórios conhecidos, não correr o risco de errar, mas também, talvez, deixar passar a chance de alcançar espaços maiores, de sair da mediocridade. A segunda forma é aceitar desafios mesmo sentindo frio na barriga, abraçar o desconhecido e encarar a possibilidade de quebrar a cara ou de chegar a lugares antes inimagináveis. Eu sempre prefiro a segunda opção.

Após o fim do meu estágio no *Bom Dia Brasil*, na TV Globo, consegui um contrato de prazo determinado no Projac para gravar e editar vídeos para o *Gshow*. Terminado esse período, fiquei desempregada e, com apenas 23 anos, me tornei professora em uma escola pública do Rio de Janeiro. Tratava-se de uma parceria entre uma empresa privada e o Estado, na qual fui contratada para dar aulas no curso técnico de Multimídia. A primeira coisa que eu pensei ao ser aprovada na seleção foi: "Meu Deus, os alunos têm quase a minha idade. Será que vão me respeitar?". Os boletos me fizeram decidir que iria arrumar uma forma de fazer dar certo e lá fui eu. Lecionar é uma experiência incrível, na qual mais se aprende do que se ensina. Foi muito valioso poder contribuir para a formação de adolescentes tão diversos entre si, cada um com as suas potencialidades. Essa fase também permitiu que eu desenvolvesse a minha didática, algo que uso diariamente nas minhas matérias jornalísticas sobre assuntos complexos.

Apesar disso, lá no fundo, eu aguardava ansiosamente uma oportunidade de voltar para o jornalismo, até que recebi uma proposta de trabalhar no *Extra*, jornal popular do Grupo Globo veiculado no Rio de Janeiro, com vídeos de Economia. Topei. Fui contar para um amigo, que rebateu: "Você é maluca? Você não sabe nada de Economia". Respondi que isso não importava, pois eu iria aprender. Cresci muito desde então... Passei do vídeo para o impresso, de Macroeconomia para Finanças e Negócios, do *Extra* para o *Globo*.

E foi esse emprego que me abriu a porta para a posição que ocupo hoje no Neofeed.

Houve duas características pessoais que me ajudaram muito naquele momento inicial: a curiosidade e a vontade de aprender. Assistia a muitos vídeos, estudava sobre assuntos que não dominava e perguntava até as coisas mais óbvias para as minhas fontes (obrigada aos entrevistados gabaritados pela paciência).

Para entender mais sobre investimentos, fiz algo que não recomendo fazer: peguei meu dinheiro e investi nos mais diferentes tipos de ativos, até mesmo aqueles que não eram indicados ao meu perfil. Aloquei recursos no Tesouro Direto, claro, mas também em debêntures, fundos de ações e até em Bitcoins. A quem não sabe, a regra é formar primeiro uma reserva de emergência, num produto de renda fixa com liquidez diária, equivalente a pelo menos seis salários seus para, depois, começar a diversificar.

Também usei a estratégia de "aprender fazendo" para o Imposto de Renda. No ano seguinte em que cheguei ao jornal O GLOBO, sugeri um passo a passo do IRPF em vídeo — ideia prontamente aceita e adorada pela chefia. O único empecilho era que.... eu nunca tinha feito o meu próprio Imposto de Renda. Liguei para um experiente auditor da Receita Federal que me explicou o beabá da declaração anual para que eu fosse a minha própria cobaia. Depois, sempre que eu tinha dúvidas ao escrever sobre isso, ligava para ele, que me atendia a qualquer hora do dia.

Seja na vida pessoal ou na profissional, sempre vão aparecer pessoas para nos impulsionar e outras que podem brecar nossos passos. Acredito que esse segundo grupo não o faça por mal. Talvez seja um mero problema individual que acabam descontando nos outros. A sorte é que a proporção de pessoas incríveis com as quais cruzei foi muito maior. Para além de fontes generosas, convivi com profissionais que admirei muito e que me ensinaram bastante. Hoje, tento fazer o mesmo pelos jovens com quem cruzo nas redações.

No fim das contas, uma grande parte do trabalho de jornalista tem a ver com relações interpessoais, seja no cafezinho com uma pessoa em cargo estratégico para construir uma fonte que irá te passar aquela informação exclusiva no futuro; seja no *networking* com colegas de profissão que podem indicar para uma vaga perfeita para seu perfil; ou na escuta atenta ao que qualquer pessoa que cruza o seu caminho tem a dizer. Pode acreditar: as pautas surgem dos lugares em que você menos espera!

É necessário sair da bolha

Uma das coisas que mais aprecio na minha profissão é a oportunidade de circular por lugares diversos e conversar com pessoas de diferentes estratos sociais. Não existe a possibilidade de ficar preso à própria bolha. Dentre as milhares de pautas que fiz na rua, tive experiências impactantes as quais quem não é da área sequer imagina.

Nos meus muitos plantões na editoria Geral, no Rio de Janeiro, já cobri de incêndio em hospital a enterros de miliciano, de policial do BOPE e de criança que morreu de bala perdida. Já fui parar no IML para conversar com famílias de pescadores que morreram em um naufrágio, assim como para entrevistar o filho de uma idosa arremessada de um ônibus que trafegava com a porta aberta. Também fiz coberturas que vão desde uma enchente em Realengo, na Zona Norte, que fez moradores perderem tudo e arrastou carros para o rio, até blocos de carnaval da Anitta e da Preta Gil e desfiles na Sapucaí.

Penso que a facilidade em me conectar com as pessoas é algo inerente, o que me levou a apreciar pautas em que pudesse contar histórias reais, inclusive em Economia. Mas, na pandemia, isso se tornou desafiador não só por restrições de deslocamento, mas também pelo peso que os relatos depositavam em mim.

Enquanto muitos trabalhadores foram forçados a ficar de férias, o tempo de isolamento social foi a fase em que nós, jornalistas, mais trabalhamos. Além da contagem de mortes por covid-19, diariamente eu ouvia relatos tristíssimos de pessoas que estavam sem renda, dependendo do auxílio emergencial para viver. Me lembro até hoje de uma família que estava com problemas para receber o benefício: uma jovem, de 19 anos, que trabalhava sem carteira assinada num restaurante e tinha sido demitida quando descobriu uma gravidez; a mãe dela, cuidadora de idosos, dispensada por medo dos empregadores de contaminação pelo coronavírus; e o namorado, *motoboy*, que estava sem sustento após ter tido a moto roubada. Quando conversei com a jovem, ela estava com oito meses de gestação e não tinha sequer uma peça para o enxoval do bebê. Esse drama e tantos outros que escutei nesse contexto me levaram às lágrimas. Não tem como ser indiferente, mesmo sendo profissional.

Outra matéria, escrita em parceria com a experiente repórter Maiá Menezes e com a fotógrafa Márcia Foletto, à qual demos o nome de "a pandemia da fome", também me marcou muito pelos relatos de pessoas que estavam com a dispensa vazia ou que tinham perdido até o teto naquele período.

A produção de uma matéria sobre o uso de lenha ter voltado a superar o uso de gás de cozinha no Brasil também me deixou aprendizados. Depois de todas as entrevistas feitas, me sentei num canto, próxima às crianças, e puxei papo: "O que você quer ser quando crescer?", falei para uma menina que devia ter uns sete anos. "Nada", ela respondeu. A resposta me intrigou. "Mas você não sonha em ser nada?", interpelei. Recebi um "não" acompanhado de ponto final. Onde não há gás para cozinhar e não há certeza de comida no prato no dia seguinte, não há espaço também para sonhos. Que arrogância a minha como jornalista fazer uma pergunta pautada na minha realidade. Que lição!

O mais recente capítulo da minha carreira

Depois de muitas vivências como essas, decidi que era a hora de partir para uma nova etapa da minha carreira. Fui selecionada pela B3 para um curso de Mercado de Capitais, na Escola de Negócios Saint Paul. Logo quando terminei, surgiu uma vaga no jornal O GLOBO para cobrir Finanças. Era a hora certa, e eu estava no lugar certo.

O começo não foi sem sentir um frio na espinha. Passei a falar diariamente com assessores de investimentos, gestores, CEOs de empresas, políticos, tendo que demonstrar amplo domínio sobre os assuntos questionados. Com tantos eventos e almoços de negócios na rotina, até meu guarda-roupa mudou e foi inundado de *blazers*. Um ano e meio depois de embarcar nessa nova jornada, uma surpresa: fui premiada como uma das jornalistas mais admiradas de Economia, Negócios e Finanças de 2023 pelo Portal *Jornalistas&Cia*. Esses pequenos reconhecimentos fazem a gente ter certeza de que está no caminho certo.

E a quem pensa que cobrir esses assuntos não é divertido, eu rebato: não faltaram coberturas marcantes. Certa vez, fui convidada para fazer uma entrevista com o prêmio Nobel de Economia, Paul Krugman, em um evento Barra da Tijuca, no Rio de Janeiro, no qual ele iria palestrar. Seria a minha primeira entrevista em inglês e, para conter a ansiedade, me preparei bastante na véspera.

Antes da hora agendada, a assessora me avisa que Krugman havia confundido o horário do seu voo e teria que retornar mais cedo. No primeiro momento, pensei que a entrevista estava sendo antecipada. Quando ele passou com pressa por mim no corredor dizendo que estava atrasado, eu entendi que ele tinha era cancelado com a imprensa. Perguntei para o meu colega: "Você quer correr atrás dele?". Ele sequer teve tempo de responder. Quando vi, já estava correndo de salto alto atrás do americano.

Parei ao seu lado na escada rolante, me apresentei como jornalista e perguntei se ele poderia responder algumas perguntas enquanto caminhava. Contrariado, ele concordou, e eu disparei a falar até que entramos em um elevador — eu, ele, seu assessor e meu colega jornalista. O Nobel começou a responder e, preocupada em gravar o que ele dizia, só o segui. Foi quando percebi que estava no corredor do hotel onde ele estava hospedado. Para conseguir a declaração, eu persegui um renomado economista até quase seu quarto de hotel. Ri muito depois de tudo.

Nesses quase dez anos de profissão, eu pude entender que a Letycia jornalista é muito versátil: ama escrever, mas também adora apresentar conteúdos em vídeo, gosta de Macroeconomia, mas também é fã de Finanças. O caminho é plural, e eu estou animada para todos os desafios que a vida me reservar. Recentemente, fui convidada a assumir a posição de Editora do Núcleo Audiovisual Neofeed. Era a oportunidade perfeita por unir Economia e apresentação de vídeos, duas coisas que eu amo. A proposta, porém, englobava uma nova mudança de cidade: agora para São Paulo. Não pensei duas vezes. Eu sei bem aonde quero chegar.

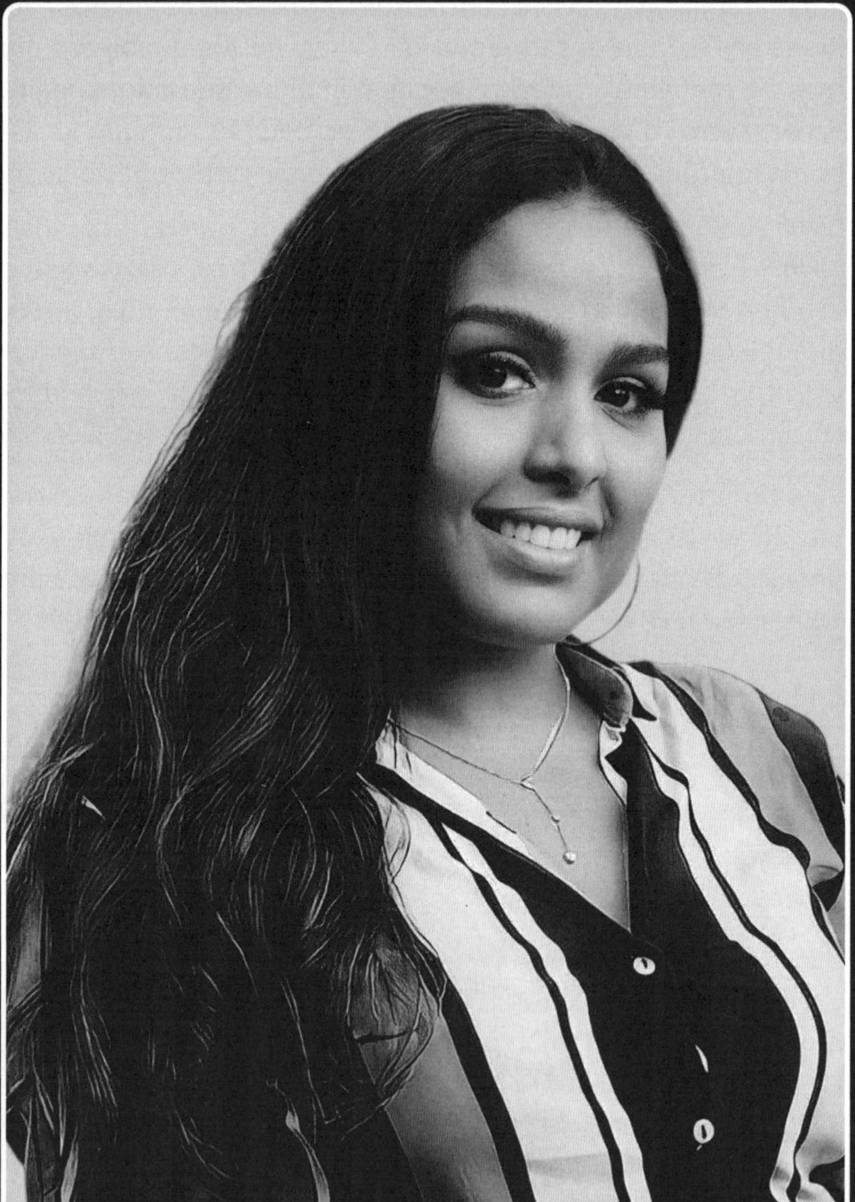

Sobre encarar a própria história

LINKEDIN

Lívia Bonard

Mãe da Lavínia, curiosa, sonhadora e eterna aprendiz. Jornalista com 17 anos de experiência em produção de TV focados em *hardnews* e jornalismo local. Ex-coordenadora de pauta da Record TV Rio. Com passagens pela FM O Dia e TV Brasil, e atualmente é produtora na GloboNews. Foi repórter da Super Rádio Tupi (2016 a 2014) e da Record TV, em 2020, no início da pandemia. Graduada em Jornalismo pela Universidade Estácio de Sá. Finalista do Troféu Mulher Imprensa 2023, na categoria sudeste do Prêmio Regionalidade. Recebeu, em 2015, moção de congratulações, concedida pela Câmara Municipal do Rio de Janeiro, pela colaboração no aniversário de 80 anos da Super Rádio Tupi. *Host* do *podcast* 'Papo pra Aliviar', de sua autoria.

Ao receber o convite para participar deste projeto, aceitei de cara. Foi uma honra poder estar nesta edição em meio a jornalistas tão potentes. Mas logo veio um "frio na barriga". Transcrever meus passos profissionais de forma narrativa, para que todos lessem além de um mero currículo, foi desafiador. Foi preciso me perder dentro de minhas próprias memórias e reconhecer o valor das minhas experiências. As madrugadas me acolheram, me dando a paz necessária para que eu pudesse trazer aqui este breve relato sobre meus caminhos no jornalismo.

Em vários momentos me peguei diante do que hoje chamam de *síndrome do impostor*. "Será que sou boa o suficiente?", "O que tenho de verdade a oferecer?", "Como posso inspirar alguém se ainda não conquistei tudo o que eu gostaria?". Estes e diversos outros questionamentos começaram a surgir. Mas logo cheguei à conclusão de que todos temos nossas próprias trajetórias, com altos e baixos. O que diferencia um vencedor é o fato de continuar a lutar, firme no que acredita. Na reta final da entrega deste capítulo, fui pega de surpresa com uma mudança brusca na minha carreira, e quase desisti, mas segui em frente.

Costumo dizer que na vida não temos escolha a não ser continuarmos em movimento. É questão de sobrevivência mental e física. Assim, venho trilhando. E que bom que este capítulo não tem um fim.

Descobrindo o amor por comunicação

Meu contato com o rádio e a TV vem de berço, assim como para a maioria das crianças da minha geração. A comunicação fazia (e faz!) parte do nosso dia a dia, meio que "por osmose". Cresci acompanhando de Silvio Santos a Gugu Liberato. De Xuxa a Mara Maravilha. De *Aqui Agora* a *Jornal Nacional*. As memórias que tenho desses programas se misturam a momentos vividos em família. Momentos que desencadearam festas, brincadeiras e debates. A televisão é algo mágico e de muita relevância cultural e social. E, de certa forma, posso dizer que trabalhar na TV foi algo que sempre esteve em meu imaginário.

Além dessa curiosidade pelos bastidores da TV em si, o rádio também foi uma grande paixão, desde muito pequena. Eu ouvia meus pais falarem de forma saudosa sobre a extinta *Mundial 860 AM* e o programa do *Big Boy*, como parte de momentos importantes na própria formação da identidade deles, dois jovens nascidos e criados em Madureira, no subúrbio carioca nos anos 1960 e 1970. Ao ouvirmos vinis, eles contavam que era comum os jovens da época se reunirem simplesmente para "curtir um som" e que muitos desses discos eram descobertos exclusivamente por intermédio dos programas da *Rádio Mundial*. Eu sempre visualizei esse momento como algo muito sublime, que mostrava esse poder do rádio, não só de entreter e informar, mas, de fato, unir as pessoas. Sou parte da última geração que pôde viver uma infância totalmente analógica. Um mundo absolutamente sem internet no qual a cabeça das pessoas funcionava de forma diferente. Sem saudosismos, mas só quem viveu tem a dimensão do que esse mundo um dia foi e de como era bom não ser "preso" a um aparelho celular, simplesmente porque isso não existia.

O rádio foi um dos melhores "brinquedos" da minha infância. Eu ficava imaginando os rostos dos locutores. Achava sensacional a possibilidade de poder ligar para interagir com eles.

Minha maior diversão era passar tardes montando fitas cassete com minhas músicas prediletas. Isso só era possível ligando o rádio pontualmente no horário dos meus programas favoritos. Meu *dial* transitava sempre entre RPC, Imprensa FM, Transamérica, 98 FM e Rádio Cidade, rádios famosas no Rio de Janeiro nos anos 1990. Época boa em que a gente tinha tempo de realmente **parar** e **ouvir**.

No período do vestibular, todos os meus testes vocacionais apontavam para a área da Comunicação. Eu já tinha a convicção de que gostaria de trilhar um caminho como comunicadora ou ter a possibilidade de estar nos bastidores da notícia (apesar de, naquela época, eu não ter a menor ideia de como faria para conseguir alcançar estes objetivos). Acabei conseguindo nota no Enem para cursar Turismo na UniRio, mas optei por fazer Jornalismo na Universidade Estácio de Sá. Hoje, olho para trás e vejo que nada foi por acaso. Iniciei o curso no *campus* do Centro de Niterói e depois pedi transferência para o Rio Comprido, na zona norte do Rio de Janeiro, pela proximidade com meu local de estágio. E foi nas salas de aula ali da Rua do Bispo que conheci Alexandre, meu marido, melhor amigo e companheiro. Tenho apenas boas lembranças da época da faculdade de Jornalismo e de tudo o que esse período acabou me proporcionando, incluindo a existência da minha própria filha, Lavínia.

Primeiras experiências profissionais

Meu primeiro estágio (e primeiro emprego) foi aos 19 anos como auxiliar de assessoria de imprensa, na Secretaria Municipal de Assistência Social de Niterói (RJ). Foi um período importante em que aprendi sobre a própria vivência em um ambiente de trabalho. O *clipping* era feito, literalmente, com tesoura e cola, checando as divulgações sobre a Secretaria nos jornais diários. O que mais me marcou nessa época foi a possibilidade de visitar alguns dos projetos e poder ver e ouvir histórias de pessoas em situação de vulnerabilidade. Passei a enxergar o mundo a partir de uma outra esfera, o que me fez ter vontade de querer denunciar problemas e tentar mudar o mundo de alguma forma, por mais utópico que isso pudesse parecer.

Após a experiência com assessoria, tive a chance de trabalhar na FM O Dia, atualmente uma das rádios de maior audiência do Brasil. Lembro-me da emoção que senti ao entrar pela primeira vez em um estúdio da rádio. Isso sem falar da experiência na rua e do contato com ouvintes reais. Eu era uma garota criada em Niterói, que não conhecia bem o Rio de Janeiro e pude desbravar os quatro cantos da cidade, da zona norte à zona sul, além da Baixada Fluminense, e outros municípios da região metropolitana, diariamente, com as equipes de promoção. Foram dois anos de amizade e histórias que ficarão para sempre na minha lembrança.

Quando o estágio na rádio acabou, eu fiquei meio que "a ver navios" durante um período. O ano era 2007. Eu precisava me recolocar profissionalmente, ter meu dinheiro e seguir minha carreira. Até que surgiu uma chance temporária de recepcionista na Rádio Globo, no famoso endereço da Rua do Russel, nº 434, no bairro da Glória. Confesso que, diante do que eu sonhava para mim, foi difícil encarar o fato de que eu precisaria me distanciar temporariamente do sonho de atuar em uma redação, mas precisei ser paciente e trabalhar a resiliência e a capacidade de aprender com as pequenas coisas. Conheci gente muito boa nessa época, como a Ana, a recepcionista a qual substituí durante o período de licença-maternidade. Ela me deixou, dentre outros afazeres, a incumbência diária de separar os papéis com as receitas e simpatias da Pudica, do programa do Antônio Carlos, as quais eu distribuía diariamente para ouvintes, na maioria idosas, que iam pessoalmente à rádio buscá-las impressas, após ouvi-las no programa. A cada visita, uma conversa sobre a vida e sobre como a cidade estava movimentada com os Jogos Pan-Americanos, realizados no Rio naquele ano. Foi uma época em que eu dava bom-dia para grandes nomes do rádio como os locutores Antônio Carlos e

José Carlos Araújo, além de uma equipe de peso da rádio CBN. E, de vez em quando, eu almoçava com a galera da 98 FM.

Às vezes, eu fugia da recepção para "fuçar" na rádio. Certo dia, eu fui à sala do Corello DJ, pai dos bailes Charme do Rio para entregar um envelope e aproveitei para contar que eu era fã dele desde o programa *Seis & Dance*, da extinta rádio RPC. Disse também que herdei do meu pai um CD chamado "100% CHARME" com vários *hits*. Um compilado de sucessos escolhidos a dedo por ele que influenciou demais na minha vida. A primeira faixa, *"You Gotta Be"*, da cantora Des'Ree, é, até hoje, o "hino", meu e da minha irmã. Aliás, a letra dessa música me representa muito e já me levantou em muitos momentos difíceis. É engraçado como esses pequenos momentos acabam marcando tanto.

O começo na TV e no rádio

Após alguns meses na recepção da Rádio Globo, veio a surpresa que mudaria minha carreira: consegui meu primeiro estágio em uma televisão. Fui contratada pela então TVE (TV Educativa), atual TV Brasil, para atuar no jornalismo local da emissora. Era um sonho concretizado. A TVE foi de extrema importância para a formação cultural e afetiva da minha geração com programas como *Castelo Rá-tim-bum*, *Sem Censura*, *Stadium*, entre outros. Ao longo dos dois anos em que lá fiquei, pude atuar em apoio à edição das notícias internacionais do *Repórter Brasil*, noticiário de rede apresentado à época no Rio pela brilhante Luciana Barreto, uma grande inspiração para mim e com quem tive a honra de trabalhar.

Em 2008, comecei a buscar oportunidades em outras grandes emissoras, com o objetivo de avançar na carreira. Foi quando iniciei o estágio na Record, paralelamente ao da TVE. Estar na Record foi entrar em contato com uma nova forma de fazer jornalismo, à qual eu não estava acostumada na TV Educativa. Briga real por audiência, maior contato com denúncias do público, o "jornalismo em tempo real", ao vivo. Por meses, minha rotina foi acordar às 4h15 da manhã, pegar o ônibus das 5h, em Niterói, saltar na Central do Brasil e pegar o metrô da Linha 2, até a estação de Triagem. Eu chegava na Record com o dia raiando, às 6h da manhã, para imprimir as laudas e o espelho do jornal *RJ no Ar*, entregar para o apresentador William Travassos e para os editores. Em seguida, eu ia para o *switcher*, auxiliar na escolha das câmeras da CET-Rio que seriam exibidas. Depois do programa, eu ficava na apuração ou na produção até o fim do horário. À tarde, eu ia para a faculdade e, à noite, seguia para o estágio na TV Brasil. Ao fim do dia, sentada na pequena ilha de edição da TV Brasil, onde eu decupava o material que chegava pela agência Reuters, por muitas vezes pensei em desistir, tamanho era o cansaço.

Em 2009, meu período de estágio de dois anos se encerrou na TV Brasil e segui na Record até o final da faculdade, até ser contratada em 2010 como coordenadora de *switcher*, a "nave-mãe" de um telejornal. A adrenalina diária era gigante. Por muitos anos estive à frente da função no programa *Balanço Geral*, então apresentado por Wagner Montes. Tive a oportunidade de fazer alguns testes para reportagem e produção de rua na Record TV. Subi o Morro das Palmeiras, no Complexo do Alemão, pouco antes da histórica ocupação de 2011, para falar de falta d'água e conhecer de perto a realidade da região. Participei de coberturas como a do deslizamento do Morro do Bumba, em Niterói, e da tragédia das chuvas da região serrana, entre 2010 e 2011. Foram anos de muito aprendizado e trabalho intenso.

Em 2014, pouco tempo após ter sido promovida a produtora de reportagens na Record, encarei um novo desafio na carreira: fui contratada como repórter da Super Rádio Tupi, um momento de grande realização pessoal. Nunca esqueço do "frio na barriga" ao fazer minha primeira entrada ao vivo, no lendário quadro "*Sentinelas da Tupi*". De 2014 a 2016, eu trabalhei cerca de 12 a 13 horas por dia, conciliando TV e rádio. A bagagem de aprendizado que tive durante esse período foi enriquecedora. A rádio me ensinou a me expressar, a perder o medo do "ao vivo", a traduzir momentos e fatos da maneira mais clara possível para o ouvinte, além de me trazer diversos amigos.

Foi durante essa época louca de trabalho que me casei, em 2015. E, em 2016, poucos meses após sair da rádio, engravidei da minha filha Lavínia. Ali começava a maior missão de toda minha vida. Me entender como mãe, num universo cheio de dúvidas e desafios, mas, ainda assim, manter meus sonhos profissionais. Um malabarismo que, assim como eu, milhares de mulheres vivenciam diariamente. Tudo muda depois que a gente se torna mãe. Eu fui trabalhar "barriguda" até as 39 semanas de gestação. O retorno ao trabalho após a licença-maternidade, no início de 2018, foi um período difícil. Uma nova realidade de vida. Ter que virar a chave, todos os dias, entre universos tão diferentes, de ambiente doméstico e maternal para o frenesi da redação é um desafio constante. E, na verdade, sigo assim até hoje.

Em 2020, veio a pandemia. Em meio a tantas incertezas e medo, diante da possibilidade de morte com a doença, tive a chance de atuar temporariamente como repórter na Record. As redações passaram a funcionar em esquema de revezamento para evitar aglomerações e muitos colegas ficaram doentes. Foi o momento em que fui chamada para o *front*. Em meio ao caos, tive uma das maiores experiências profissionais em minha carreira. Nesse mesmo ano, vivi também o período de maior apreensão e medo da minha vida, quando minha filha realizou, aos dois anos de idade, uma cirurgia cardíaca para correção de uma cardiopatia congênita. Consegui me organizar para que o procedimento fosse realizado no meu período de férias e não fiquei afastada do trabalho. Até mesmo nessas horas, eu sempre tentei "não deixar a peteca cair".

Foi também em 2020, quando as *lives* nas redes sociais caíram no gosto do povo, que dei início a um projeto pessoal. O que em um primeiro momento seria apenas um Instagram motivacional, acabou se tornando o *podcast* "*Papo pra Aliviar*". Para além de um *hobby*, o 'Papo' tem sido um sonho em construção. De lá para cá, foram 12 entrevistados, todos com muita relevância, cujas profissões ou projetos agregam de forma positiva na sociedade.

Em 2021, passei a coordenar a pauta na Record TV, no período da chegada da vacina contra a covid-19. Tive o privilégio, junto com diversos colegas, de fazer parte de uma das coberturas jornalísticas mais longas da história, que culminou em um momento emblemático, de esperança. Além de abordar a luta contra a doença, seguimos cobrindo as mazelas sociais e casos de violência que assolam o estado. Foram dois anos à frente da produção local da Record até o encerramento do meu ciclo na empresa, em setembro de 2023, depois de 15 anos.

Um novo momento

O mês de setembro de 2023 teve um peso grande na minha trajetória profissional. Foram dias de altos e baixos, que trouxeram surpresas. Algumas semanas após sair da Record, fui selecionada para atuar como produtora na GloboNews. Recebi a ligação no dia de São Cosme e Damião. Um filme passou na minha cabeça naquele momento.

O que me aguarda a partir de agora? Impossível saber. A única certeza que tenho é a de que inicio este novo capítulo da minha história profissional com enorme alegria, vivendo sempre um dia de cada vez e fazendo minha parte. Se eu pudesse dar um conselho, apesar de clichê, seria exatamente este: persiga seus sonhos SEMPRE! Mesmo diante de "nãos". Mesmo diante de "não é o seu momento agora". Mesmo que as circunstâncias o façam pensar o contrário. Apenas vá e ofereça o seu melhor ao mundo.

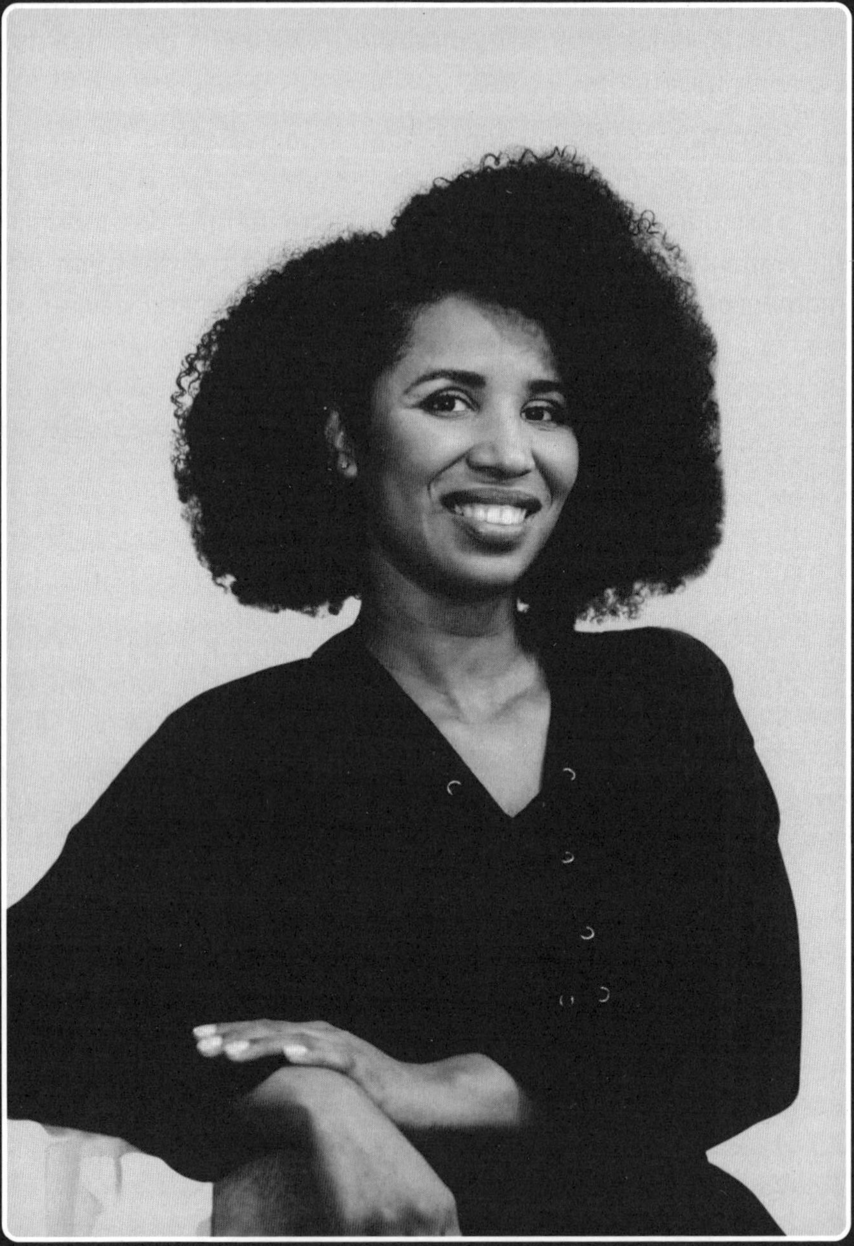

Árvore de sonhos

Louise Freire

Jornalista, apresentadora, escritora e *podcaster*. Apaixonada pela arte de comunicar! Atuante em veículos impressos, portais de notícia on-line e textos para redes sociais. Produtora e diretora na TV Brasil e no Canal Futura. No *Notícia Preta*, foi redatora e editora. Trabalha com pautas ligadas à inclusão de pessoas com deficiência, antirracismo, direitos humanos, juventudes, territórios, meio ambiente, defesa dos povos indígenas e da comunidade LGBTQIAP+. Em 2022, se aventurou como escritora ao publicar dois poemas na coletânea Prêmio Conceição Evaristo de literatura da mulher negra.

Tinha oito anos quando abri meu primeiro livro de literatura. Os vizinhos, que vez ou outra lançavam olhares de suas janelas para meu quintal, viam uma menina preta, sentada debaixo de uma mangueira, absorta nas páginas, enquanto eu não via nada ao redor. A história de Pollyanna, menina pobre e desventurada como eu, me prendia. Eu não sabia que aquele era o primeiro passo para a pequena Gicele Louise Freire dos Santos se tornar a jornalista Louise Freire.

Desde então, os livros se transformaram em um lugar seguro para o qual eu poderia fugir sempre que as coisas ficavam difíceis. Eles me mostravam novos mundos, vidas e possibilidades. Assim começou minha história de amor com a literatura e as palavras. Livro após livro, a menina se tornava cada vez mais sensível, curiosa e criativa. Na escola, recebi o título de inteligente, tirava notas acima da média, comandava trabalhos em equipe e passava horas na biblioteca.

Já em casa, não me sentia tão especial, embora meus pais reconhecessem meu bom desempenho escolar. Eles viviam ocupados demais tentando manter uma família com quatro crianças. Filha de um homem preto retinto e de uma mulher de origem indígena que perdeu a identidade, eu dividia o pouco que tinha com dois irmãos mais novos e uma irmã três anos mais velha. A proximidade com as palavras me fez desenvolver, por volta dos nove anos, o costume de escrever.

Comecei a colocar no papel letras de músicas que eu gostava, em seguida vieram os diários improvisados em cadernos escolares, depois os poemas. Quando tinha 11 anos, ganhei meu primeiro concurso de redação, na Escola Municipal Paulo Reglus Neves Freire. Na época, eu não sabia quem era Paulo Freire, mas me orgulhava de carregar o mesmo sobrenome da escola recém-inaugurada em São Gonçalo.

Por motivos que prefiro não citar para preservar minha família, passei a maior parte da vida mudando. Cresci entre Rio de Janeiro e São Gonçalo, região metropolitana do estado. As moradias variavam entre quartos provisórios, casas de amigos ou familiares dos meus pais e imóveis pequenos alugados. Com as mudanças contínuas, os registros das minhas primeiras escritas se perderam, mas o fascínio pelas palavras me acompanhou ao longo da vida.

A menina se transformava na adolescente que subia na laje da primeira casa própria da família para conversar com as estrelas. Casa essa que ajudei meu pai a levantar carregando entulho para aterrar. Quando mudamos, tinha apenas um quarto com banheiro. O casebre ficava a poucos passos de um manguezal; caranguejos brincavam em nosso quintal lamacento. Na primeira noite, não conseguimos dormir por causa dos mosquitos borrachudos (chamávamos de maruí).

O ataque dos mosquitos deixou bolhas por todo o meu corpo. Minha mãe passou meses me banhando com permanganato e chá de aroeira. As bolhas deram lugar a manchas escuras por todo o corpo, principalmente nas pernas. Isso me fez ter vergonha de mostrar as pernas por muitos anos. Após alguns tratamentos, as marcas clarearam, mas nunca sumiram completamente. Algumas ainda estão aqui. Meses depois de mudarmos, aconteceu uma cheia na lagoa que ficava atrás do manguezal, que cercava nossa casa.

As águas invadiram o pequeno quarto, eu e meus irmãos ficamos apavorados em cima da cama enquanto nossos pais tentavam suspender a geladeira. Minha mãe pesava pouco mais de 40 quilos, meu pai tinha acabado de ser atropelado e usava pinos na perna, após fraturar o tíbio. Ou foi o perônio? Não me recordo com exatidão. Mas lembro dos vizinhos acenando de longe, perguntando se precisávamos de ajuda. Segundo eles, a maré subia de tempos em tempos. Minha família não presenciou outra cheia durante os dez anos que viveu no local.

Digo minha família porque saí de casa aos 16 anos, após uma briga com meu pai. Antes disso, minha irmã mais velha já havia saído pelo mesmo motivo. Fiquei encarregada de tomar conta dos meus irmãos caçulas e cuidar da casa enquanto meus pais trabalhavam. Minha mãe era, e ainda é, trabalhadora doméstica. Desde o acidente, meu pai passou a viver de bicos (trabalhos temporários mal remunerados e sem assistência). Quando sobrava algum tempo, eu gostava de ler em nossa pequena varanda.

Costumava ler para meus irmãos Rodnei e Roger, respectivamente quatro e cinco anos mais novos. Foi comigo que o Dinei aprendeu a ler a primeira palavra, cuíca. Àquela altura, meus pais tinham conseguido ampliar a casa. Minha mãe trabalhava arduamente para comprar cimento, areia e pedra. Muitas vezes, ela precisava dormir nas casas das famílias. Meu pai levantou as paredes com as próprias mãos, embora não tivesse experiência em construção. Eu e os meninos dividíamos um único quarto.

Não demorei a perceber que minha dificuldade para dormir não era normal.

Passava noites vendo o dia raiar do pequeno basculante do nosso quarto. O tamanho da janela foi pensado para não termos chance de escapar. Mal sabiam que eu não precisaria passar por ela para fugir. Tinha medo de dizer a minha mãe que eu não dormia.

Isso acontecia desde que eu comecei a falar, fingia dormir com medo de ser castigada. Recentemente contei isso a ela, que afirmou ser bobagem minha. Não tenho tanta certeza.

Insônia e ansiedade eram termos que até então eu desconhecia, mas sentia que tinha algo diferente comigo. Os colegas da escola não pareciam constantemente preocupados, em estado de alerta como eu. Eles eram apenas crianças, eu não. Eu era responsável por duas crianças, uma casa, por mim e por tentar consertar uma família disfuncional. Apesar das dificuldades, guardo boas lembranças da última casa em que morei com toda minha família reunida.

Houve noites de pizzas feitas pelo meu pai, tardes de leitura na varanda, vento uivando ao passar pela torre de uma antiga cerâmica, a poucos metros. Tudo ao redor era cercado de história e misticismo que aguçavam minha curiosidade. As argilas coloridas que achávamos escavando o quintal e usávamos para fazer esculturas. A estação de rádio de onde carregávamos água quando o abastecimento ficava interrompido por dias, até semanas. Destroços de barcos antigos à beira da lagoa.

Todo fim de tarde um boiadeiro baixo, magro, de camiseta verde, *short* jeans, chapéu e botas de couro conduzia uma boiada. Mesmo antes de vê-los, sabíamos que estavam se aproximando pelos gritos indecifráveis do homem, ouvidos ao longe. Um odor forte invadia nossa casa, junto com nuvens de moscas. Bois e vacas pastavam em volta do quintal. Eu e meus irmãos gostávamos de ver os bezerrinhos saltitantes. Diziam que a região foi porto de chegada de uma família portuguesa. Daí o nome Porto do Rosa, originalmente Porto dos Rosas.

Após sair da escola Paulo Freire, fui transferida para um CIEP, popularmente conhecido como Brizolão. De segunda a sexta, eu caminhava cerca de 40 minutos para estudar, depois de deixar meus irmãos na escola. Essa cena se repetiu por anos. No

CIEP, recebi o prêmio de aluna que mais frequentava a biblioteca. A essa altura isso não deve ser surpresa para vocês. Talvez se espantem ao saber que no Brizolão aconteceu minha primeira, e única, briga escolar, ao defender uma amiga mais nova de uma colega de sala mais velha do que nós duas.

Minha presença constante na biblioteca tinha um motivo, a fuga. Lá eu me sentia segura, protegida e livre. O tempo passou, eu cresci, saí do CIEP para frequentar o que chamávamos de ginásio, atualmente conhecido como Ensino Fundamental II. O Colégio José Augusto Domingues era o mais concorrido da região, e meus pais conseguiram uma vaga. Ficava a cerca de uma hora de ônibus da minha casa. Apesar de os meus pais cronometrarem meu horário de saída e chegada, a distância me dava uma sensação de liberdade.

Às vezes, eu pensava em pegar um ônibus para qualquer lugar e não voltar mais. Isso não aconteceu, mas confesso que "matei" algumas aulas para ir à casa de uma tia próxima ou para passear no centro de São Gonçalo com minha melhor amiga Suzyelle, para mim apenas Suzy. Em uma dessas fugas, me deparei com meu pai no centro da cidade. Falei que tinha saído cedo naquele dia. Obviamente, ele não acreditou. Nunca fui boa em mentir.

Os conflitos em casa se intensificavam e eu tinha mais consciência sobre eles. Tornei-me uma adolescente inconformada com injustiças, impaciente e defensiva, à medida que ganhava mais entendimento sobre mim e sobre o mundo. Questionava as regras rigorosas impostas pelos meus pais, que respondiam com surras e castigos. A situação culminou em uma tentativa de suicídio aos 14 anos. Recordo pouco daquela noite; lembro de me levantar, pegar uma cartela de remédios para dormir, do meu pai, e tomar com um licor caseiro que eles faziam.

Eu não tinha pensado no conceito de suicídio, sentia tanta dor e angústia, queria apenas dormir e nunca mais acordar. Para mim, não havia outra maneira de escapar do ambiente de opressão e violência no qual eu vivia. No dia seguinte, senti uma dor enorme ao abrir os olhos. Eu não queria acordar. Estava grogue, vomitava muito, mal conseguia me levantar da cama. Meus pais não entenderam aquele gesto de desespero. Disseram que era uma tentativa de chamar atenção e me deixaram lá. Segundo meu pai, "para me recuperar sozinha, já que eu tinha feito aquilo sozinha".

Levantei sozinha e segui minhas tarefas como se nada tivesse acontecido. O assunto nunca mais foi comentado até este momento em que o divido com vocês. Ali, eu entendi que não podia cair porque não teria ninguém ao meu lado para me ajudar a levantar. Saí de casa aos 16 anos com a roupa do corpo e dez reais no bolso. Fui morar com uma tia materna na zona oeste do Rio. Eu, ela e minha prima, então com 13 anos, vivíamos em um quarto com banheiro.

No início, minha rotina era dividida entre trabalho e escola. Logo, precisei trabalhar durante o Ensino Médio para ajudar a pagar as despesas da casa. Comecei tomando conta de uma barraca de caldos, em um forró ao lado da casa da minha tia. Depois, consegui meu primeiro emprego de carteira assinada em uma rede de *fast food*. No colégio, liderava o grupinho das estudiosas, encabeçava a lista de alunos com melhores notas. Fui representante de turma, fiz parte do grêmio.

Apresentava bandas como Legião Urbana, Capital Inicial e Titãs aos colegas de sala. Também gostava das bandas de *rock* clássicas, frequentava pequenas casas de *shows* alternativas. Adotei um visual que oscilava entre o gótico e o *punk*, dependendo do meu humor. Não colecionava amigos, mas faria qualquer coisa pelos poucos que tinha. Ganhei fama de durona; embora não fosse de brigas, defendia o que acreditava com unhas e dentes.

Os olhos baixos e tímidos deram lugar a um olhar penetrante, cabeça erguida e sorriso largo. Eu não tinha medo de ser quem era, nem de dizer o que pensava. Passei a usar somente meu segundo nome, que seria o único se minha mãe não tivesse conhecido minha tia paterna Gissele (sim, com dois ss), pouco antes de eu nascer. Jamais me identifiquei com esse nome, por isso o retirei da certidão de nascimento, sob protestos da minha mãe.

No Ensino Médio, a ideia de faculdade ou curso técnico ficava mais próxima. Antes eu não tinha sequer imaginado a possibilidade de entrar em uma universidade. O desejo ficou mais forte quando conheci a professora Alcineia Amâncio. Durante as aulas de História, eu ficava completamente fascinada com a presença daquela mulher negra, de tranças, turbantes e acessórios coloridos. Totalmente consciente e orgulhosa da negritude. Nascia ali uma Louise que passaria a reconhecer e honrar as próprias raízes.

Sempre soube que era preta, mas comecei a entender as complexidades que envolve ser uma mulher negra no Brasil. A influência da professora Alcineia foi tamanha que prestei vestibular para estudar História na Universidade Federal do Rio de Janeiro (UFRJ). Não consegui cursar porque eu já morava sozinha e era a única responsável pelo meu sustento. A grade da universidade pública não me permitia conciliar os estudos com um trabalho integral. Optei por garantir primeiro minha sobrevivência; foi uma escolha difícil da qual não me arrependo.

Passei quatro anos sem saber ao certo o que queria fazer. Tentei cursos de administração, faculdade de Letras. Não sei dizer o momento exato em que pensei no Jornalismo. Recordo de ter feito algumas pesquisas antes de fazer o vestibular em uma faculdade particular. Eu não tinha certeza se aquele seria o melhor caminho, mas segui. Aos poucos, fui me identificando com o mundo da comunicação, mas não gostava de aparecer. Meu plano inicial era trabalhar apenas nos bastidores.

Durante a graduação, tive períodos de muitas dificuldades financeiras para me manter sozinha e pagar faculdade.

Nem sempre eu tinha o dinheiro da passagem. Às vezes, os colegas se solidarizavam e pagavam meu café da manhã. Precisei trancar a faculdade por dois semestres até pagar as mensalidades atrasadas. Na época, eu já havia feito as pazes com meus pais, mas eles não tinham condições de me ajudar. O salário de operadora de *telemarketing* não era suficiente. Fiz horas extras e trabalhei no turno da noite para ganhar adicional e conseguir me organizar.

Além da falta de dinheiro, minha graduação foi marcada por um dos momentos mais difíceis da minha vida, a perda do meu irmão caçula, assassinado aos 20 anos pela milícia de Jacarepaguá. Estava em período de provas finais. Meus colegas me viram definhar aos poucos, mergulhada em uma apatia que parecia não ter fim. Logo eu, antes sempre tão engajada, ajudando a todos, fazendo resumão para estudarmos em grupo. Toda minha vivacidade sumiu. Eles acharam que eu não ia aguentar.

Eu achava que não aguentaria. Ainda assim, concluí o semestre com notas acima da média. Fui a única aluna da instituição a gabaritar a prova de Língua Portuguesa. Fiz isso pelo meu irmão; prometi cuidar da nossa família e deixá-los orgulhosos. De fato, três anos depois, eles estavam radiantes na minha formatura. Meus pais, já separados, minha irmã mais velha, meu irmão, minha sobrinha, cunhado e cunhada, todos celebraram comigo naquela noite.

Meu pai dizia que só estava esperando me ver diplomada para encontrar o filho. Ele faleceu oito meses após eu me formar.

Minha jornada profissional começou de forma inesperada. No dia seguinte à formatura, recebi a resposta de uma entrevista que havia feito um ano antes, ainda para estágio. Fui chamada para produzir o *Programa Especial*, da TV Brasil. O primeiro programa 100% acessível da TV brasileira. Voltado para inclusão de pessoas com deficiência, sem reforçar estereótipos de superação e capacitismo.

Confesso que tive medo de não estar preparada. A necessidade de sustento me impossibilitou de estagiar na área por causa da baixa remuneração dos estágios. O trabalho fluiu de maneira orgânica, parecia que eu tinha feito aquilo a vida toda. Eu me envolvia com as pautas, com as histórias e os personagens. Assim começou meu interesse pelo jornalismo social. Em 2018, participei da criação do jornal antirracista *Notícia Preta*, fundado por minha amiga Thais Bernardes. Ela tinha apenas uma ideia e cinco jornalistas pretos dispostos a encarar o desafio.

A maior parte da minha carreira acontecia nos bastidores até eu entrar para o Canal Futura e aceitar o desafio de ir para frente das câmeras, em plena pandemia. Comecei a roteirizar, gravar e editar de casa. Uma experiência extremamente difícil para mim, pois eu não tinha imaginado trabalhar como apresentadora. Principalmente em um momento tão desafiador. Não gostava da minha voz, nem da minha imagem. Sentia que eu não conseguia ser eu mesma.

Tentei ter uma dicção perfeita, uma postura perfeita, mas com o passar do tempo percebi que não se tratava de perfeição. É sobre encontrar o equilíbrio entre a Louise pessoa e a Louise jornalista. Aprendi a usar minha voz grave ao meu favor e entendi que conseguia passar credibilidade sendo eu mesma. Às vezes, pensamos que determinado caminho não é para nós porque nunca será possível ocuparmos determinados espaços. E não seria se não nos arriscássemos a fazer coisas que nos dão frio na barriga.

Foi com esse espírito que me lancei na direção e na apresentação do primeiro *videocast* do Canal Futura. Único do Brasil protagonizado exclusivamente por mulheres negras e indígenas.

Um espaço de reflexão, troca e acolhimento. Em novembro de 2023, fui listada entre os 50 jornalistas negros e negras mais admirados do Brasil, pelo Prêmio *Jornalismos & Cia*. Dediquei aquele momento às minhas ancestrais. Negras e indígenas que precisaram correr para que mulheres como eu pudessem sonhar em voar.

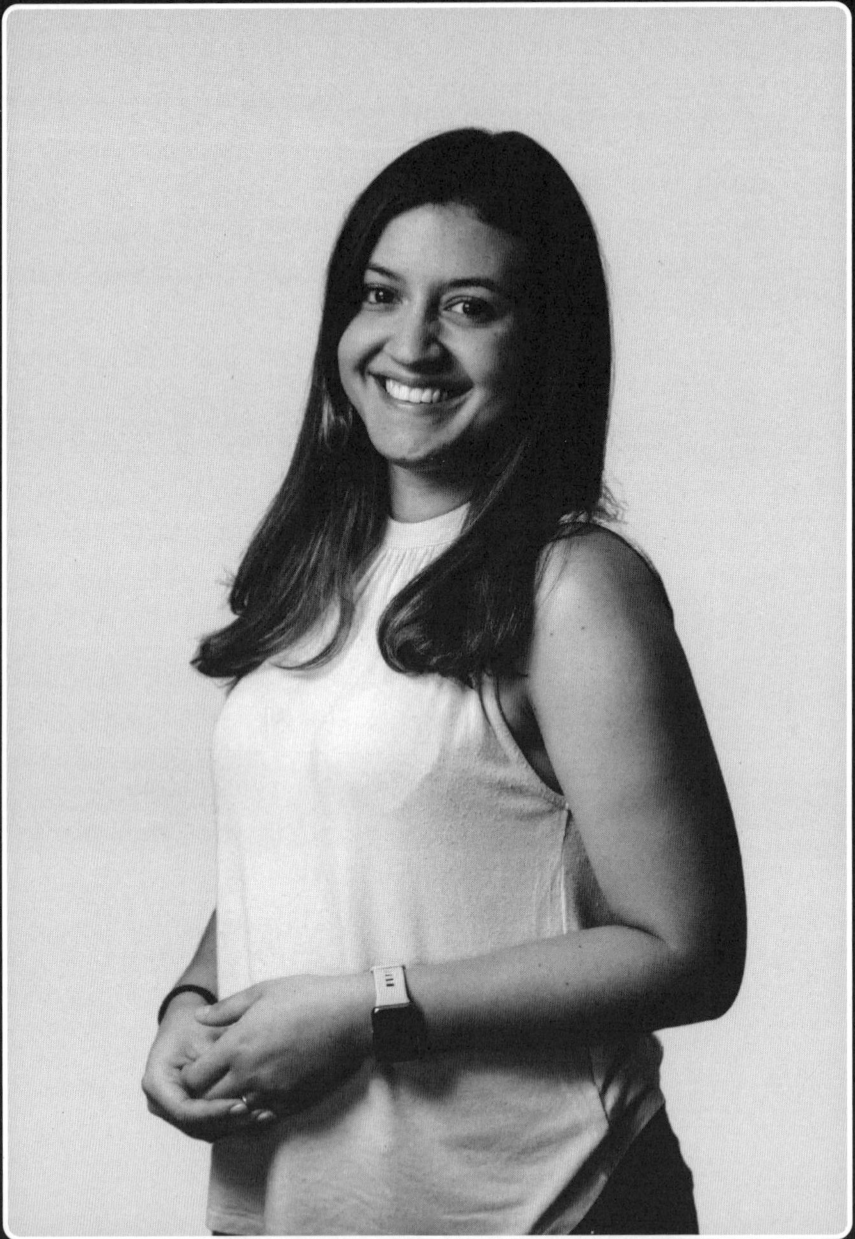

Escrevendo a própria história

Maria Clara Dias

LINKEDIN

Comunicadora social e jornalista. Formada pelo Centro Universitário FIAM-FAAM e pós-graduada em Gestão Empresarial e Marketing pela ESPM. Há sete anos se dedica à cobertura de negócios, empreendedorismo e tecnologia. Passou por publicações como *Exame*, *Época Negócios* e *Autoesporte*, além de colaborar com reportagens especiais para a *Gazeta do Povo*. É vencedora do Prêmio de Destaque em *Franchising* na categoria Jornalismo de Revista pela Associação Brasileira de Franchising (ABF) em 2022. Atualmente, lidera a área de Relações Públicas da Zoho Corporation, multinacional de tecnologia. Leitora, fã de séries, filmes e dos Beatles, é também esposa, mãe do pequeno Lucas e do vira-latinha Tapioca.

Falar de si próprio não é algo trivial. Tampouco rascunhar um discurso em primeira pessoa. Para quem escolheu trabalhar com comunicação, essa deveria ser supostamente uma tarefa simples. Engano; é um esforço colossal. Contrariando toda a lógica de alguém que escolheu exercer o jornalismo, um ofício que tipicamente nos coloca em frente às câmeras, há muito de mim que nunca foi exposto. Uma parte gigantesca que nunca veio a público para contar de si e dos altos e baixos de uma trajetória curta, mas célebre. Estar do outro lado dos microfones e entrevistas é um grato desafio que aceitei logo de cara, assim que recebi o convite para participar deste projeto tão inspirador.

Mas me deixe começar do início. Nasci e cresci em São Paulo, em um bairro periférico da zona sul da cidade. Filha única de um casal de pais divorciados, mas que com muita dignidade (e uma maturidade absurda) sempre estiveram lado a lado em tomadas de decisão com impacto direto em minha vida. Em casa, cresci numa família composta majoritariamente por mulheres, algo que hoje reconheço como um fator de influência drástica em quem sou e tudo o que conquistei. Desde sempre, lembro de minha mãe reforçando a importância de se correr atrás da independência e de se conquistar o mundo, um dia de cada vez, a partir do esforço próprio. Ela validava o argumento por si só. Trabalhando em dois empregos, com pouco tempo livre, ainda mantinha essa determinação que tanto pregava.

A ela devo muito do que sou. Memórias vívidas da minha infância são, vez ou outra, relacionadas aos momentos de lazer, às bijuterias que ela tanto se alegrava em confeccionar, aos origamis que aprendeu a fazer. Tudo em meio à rotina corrida. Dela também puxei o gosto pelos estudos, em um nível bem inferior, confesso, mas a incontável quantidade de diplomas no currículo dela sempre me fez crer que há algo novo a aprender todos os dias.

O tom pessoal dado a essas páginas aqui logo vai se justificar, prometo. Para começar a rascunhar algumas linhas, busquei me inspirar pela leitura de outros títulos da Série Mulheres®, como o *"Mulheres no Conselho®"*. Sem dúvida, fui impactada pelos relatos de mulheres inspiradoras, com carreiras longevas e trajetórias profissionais de se admirar. Mas logo me indaguei sobre como seria capaz de redigir palavras de tanto peso inspiracional, tendo eu uma carreira bem mais enxuta com meus tímidos 25 anos de idade?

Bem, daí o tom pessoal do meu discurso. Minha escolha pelo jornalismo foi motivada por pura paixão e uma dose de risco. Explico: desde criança, tinha a convicção de que seria psicóloga, seguindo os passos de minha mãe. Simulava, quando pequena, meus atendimentos em consultório e o agendamento de sessões. Lia os livros que, por muito tempo, estiveram na estante de casa. Mas logo percebi que, além da teoria e das linhas da psicanálise, o que me encantava era ouvir pessoas — e poder reproduzir o que ouvia. Contar histórias. Com certeza, algo que estava bem distante da realidade imposta pelo sigilo médico. Na mesma época, com 10 ou 11 anos, a internet e as redes sociais ganhavam força (aqui, não se espante, mas realmente sou uma jovem nascida na virada do século), e pesquisar uma quantidade imensurável de informações na *web* era cada vez mais fácil. Ponto para a curiosidade — que eu logo descobriria que no Jornalismo chamamos apenas de "boa apuração".

Apaixonada pelo ato de contar histórias, passei a ver o trabalho jornalístico com outros olhos. A achar incrível o ofício de um repórter que ia às ruas para colher relatos sobre um ocorrido, resumir e repassar isso ao público. O tempo passou e, no Ensino

Médio, já estava decidida a seguir pela Comunicação, embora a ideia de ser psicóloga ou até mesmo docente (aqui, também seguindo os passos da minha mãe) continuasse comigo.

O tom acalorado ao falar da paixão pela minha futura profissão, aqui, ganha uma pausa dramática. Ainda no Ensino Médio, entrei para a famigerada estatística de gravidez na adolescência. Um soco no estômago, não posso mentir. O maior desafio que já enfrentei. Com muito apoio, pé no chão e o típico senso de dever que pendia aos estudos como máxima prioridade, segui em frente. Fui mãe jovem, carreguei meu grande amor em meu ventre, e isso me motivou a correr atrás de tudo que viria a construir dali em diante. Mas em um ritmo muito mais acelerado do que imaginei. Não sou de romantizar uma situação que requer cautela. O Brasil carrega hoje taxas gritantes de natalidade na adolescência, com 44 bebês nascidos de mães adolescentes a cada hora, de acordo com dados do Ministério da Saúde. Reconheço que sou a exceção. Desde o dia número 1 tive apoio moral, financeiro e psicológico. A escola em que estudava, onde cresci e me tornei uma jovem adulta, se prontificou a auxiliar mesmo diante de uma possível licença. Minha família esteve ao meu lado e o pai do meu filho (meu atual marido) decidiu, ao meu lado, correr essa maratona. Fato é que, diante de uma situação inesperada, nossas crenças não saem ilesas. Ficam abaladas. Deveria eu seguir mesmo uma profissão cada vez mais fragmentada? Afinal, a realidade das redações menores, com times enxutos, já era uma velha conhecida por todo e qualquer aspirante a jornalista. Assim como aquela velha discussão sobre a remuneração da profissão. Havia mesmo espaço para se lançar em uma carreira para a qual saber um pouco de tudo não era mais o bastante, e que exigiria uma especialização? Não tinha tempo. Dentro de mim, uma ansiedade gritante e uma vontade de conquistar o mundo "para ontem". Mesmo sem resposta para boa parte dessas perguntas, escolhi cursar Jornalismo. Um novo capítulo que resume bem porque, para mim, a escolha foi um misto de paixão e incerteza.

Ao longo da graduação, tive a confirmação de que escolhi corretamente. Cada minuto em estúdio, bancando a apresentadora de radiojornalismo, ou gravando para um telejornal que jamais iria ao ar aumentava minha convicção de que havia nascido para aquilo. Logo, passei a estagiar na área e tive o privilégio de ter contato direto com as redações jornalísticas, ainda que por um prazo já determinado, dada a relação com o período letivo da universidade. Minha primeira experiência foi no Canal Rural, como estagiária de Jornalismo e Redes Sociais. Da minha mesa, que ficava ao lado do estúdio de onde era gravado e transmitido o principal telejornal da emissora, acompanhava a rotina de produção dos programas e cuidava da interação do público telespectador com os apresentadores na bancada.

Nos anos seguintes, trabalhei como repórter estagiária na Editora Globo. Sem dúvida, aquele foi meu passaporte para a carreira que construí desde então. O programa de estágio era dos mais disputados que já vi. Durante o processo seletivo, múltiplas etapas até o desejado "sim". Testes e mais testes, e dinâmicas lotadas de jovens com ambições que mal cabiam nas pequenas salas de reunião. Segui pelo caminho do jornalismo de nicho, trabalhando pelos dois anos seguintes nas redações das revistas *Autoesporte* e *Época Negócios*. Não me canso de reconhecer o privilégio que tive ao conseguir fazer parte de uma pequena parcela de recém-formados na área que já conseguiram ter acesso ao dia a dia das redações.

Embora a conexão imediata com o curso e com a profissão fosse um grande alívio, é preciso destacar o lado nem tão atraente da história: conviver com uma intensa cobrança por equilíbrio entre os estudos, o trabalho e a maternidade. A autocobrança é implacável. Despedaça o coração. Sentia que devia isso ao meu filho, pelo nosso futuro e nossa estabilidade. Mas onde eu estaria enquanto ele crescia e fazia suas primeiras descobertas? Bem, na época, certamente na rua — onde passava cerca de 15 horas por dia. Cada lágrima me motivaria a ser protagonista da minha própria história. Há uma razão para sempre ter dosado com cautela o quanto falo deste assunto. Não era incomum, inclusive, ter reações espantadas de colegas de equipe ao descobrirem que sou mãe. Achava divertida a reação, embora guardasse para mim essa parte de minha vida. Pensava que já destoava e muito de outros profissionais de minha idade, seja pela minha origem, seja pela universidade em que me formei (bem longe da tríade elitista de São Paulo) ou pela ausência de um intercâmbio escolar tão comum aos jovens com quem dividi meu período de estágio ao longo daqueles anos. Expor a maternidade aos 19 ou 20 e poucos anos não parecia ser algo que me colocasse na dianteira em nenhuma perspectiva.

Nesse momento, contar isso não é apenas uma maneira de revisitar minha própria história, mas também um convite a toda mulher profissional e mãe. A maternidade não deve ser mais vista como um "porém", mas como um fato agregador a todas nós. É fato que muitas habilidades são desenvolvidas a partir do momento em que, nas suas mãos, é dada a missão de ajudar na construção do caráter de um ser humano. Resiliência, paciência e empatia são apenas algumas delas.

Por essa (e muitas outras) razão vejo os meus primeiros anos profissionais como um grande divisor de águas em minha vida. Considero hoje aquele período como uma escola. Daquelas em que passar de ano é missão árdua. Enquanto lutava para manter o equilíbrio entre carreira e vida profissional, tive muitas experiências em outras empresas que me ajudaram a montar o complexo quebra-cabeças profissional que tenho hoje. Trabalhei em agências de comunicação e também em uma produtora de conteúdo, conhecendo na prática o outro lado do jornalismo. Aprendi a elaborar roteiros, atuar na produção por trás das câmeras e apoiar a comunicação de pequenas empresas em busca de visibilidade na imprensa. Um período de muito aprendizado, dosado com uma cobrança surreal e incertezas diante de uma pandemia que forçava a testar novos modelos de trabalho. Em 2020, voltei às redações após um convite para fazer parte do time de jornalistas da revista *Exame*. Por quase um ano fui repórter de ESG (sigla para social, ambiental e governança), cobrindo temas ligados à sustentabilidade e à nova economia. Algumas mudanças internas depois, passei a cobrir negócios e *startups*. Ali estava na minha zona de conforto, falando novamente de empresas, de inovação e da força motriz da nossa economia: o empreendedorismo. Foram anos incríveis, de múltiplas coberturas nacionais e internacionais. A cada fechamento de revista, uma sensação de missão cumprida. Fiz mais do que colegas de profissão, mas amigos que com sua paciência e competência, contribuíram para que eu exercesse um jornalismo de qualidade e que me levou a ter reportagens memoráveis e até mesmo conquistar prêmios.

Tudo isso aconteceu enquanto eu tentava anular a palavra "estagnação" do meu vocabulário. Tentei equilibrar mil pratinhos ao mesmo tempo, fazendo jus (mais uma vez) às estatísticas que mostram que mulheres têm jornadas duplas, e até triplas em sua rotina. Enquanto construía a tal da autoridade profissional que tanto buscava, conciliava o maternar e uma vida doméstica tranquila e estável. Aprendi a ser o melhor que podia em todos os papéis que desempenhava. Na mesma época, influenciada pelo universo de negócios que estava acostumada a cobrir, decidi voltar às salas de aula e iniciei uma pós-graduação em Gestão de Empresas e Marketing na ESPM. O marketing, confesso, foi uma grata surpresa.

Quando olho para trás, vejo que seria incapaz de imaginar que ocuparia as posições que ocupei e ainda ocupo hoje. Jamais pensaria que contornaria as estatísticas e teria a chance de deixar a periferia de São Paulo para pisar, por exemplo, no *campus* da universidade de Stanford, frequentada por algumas das mentes mais brilhantes do mundo dos negócios. Fazer do limão que a vida lhe dá uma limonada não é nenhum conto de fadas. E se me permitem estender a leitura aqui para também endereçar um certo "manual" de dicas, diria que ninguém chega a lugar algum sozinho. Podemos até ser resilientes e determinados, mas, no final do dia, queremos alguém com quem podemos compartilhar dores, preocupações e celebrar conquistas. Eu certamente não teria tido a chance de me arriscar nesta profissão, nos inúmeros estágios, nas redações, a cada viagem internacional e até mesmo a cada matéria de capa sem pessoas ao meu lado apostando em meu potencial e, aos poucos, fazendo cair por terra a síndrome da impostora que me fazia desacreditar da qualidade de um texto ou da capacidade de uma cobertura. Meu marido foi essencial nisso tudo. Um ombro direito e parceiro que me ajudou a chegar até aqui, sendo um porto seguro para onde posso retornar e com quem sei que meu filho estaria seguro em minha ausência. Estendo a mesma gratidão às mulheres da minha vida. Minha mãe, avó e tia, que são uma rede de apoio ímpar. Por isso, digo: tenham pessoas com quem se possa contar nos dias bons e ruins.

De volta ao âmbito profissional, percebi que o jornalismo é muito mais vasto do que geralmente supomos. O contato com tantas pessoas, a rotina variável, a capacidade de adaptação e flexibilização são adicionais que surgem ao desempenhar esse ofício tão nobre. Tudo isso abre um leque infinito de possibilidades em comunicação, algo que descobri recentemente também no universo das empresas, dessa vez olhando para a comunicação corporativa. Hoje, além da reportagem (já disse que contar histórias é o que mais adoro, não?), uma zona de conforto que me ajuda a manter os laços, relacionamentos e contatos que criei ao longo dos anos (além, é claro, do dom da escrita), me aventuro a liderar os esforços de relações públicas de uma multinacional de tecnologia no Brasil. Mais uma vez: jamais imaginaria chegar aonde cheguei. Fato é que, para qualquer nova aventura, é preciso uma dose de ousadia. Uma nova formação acadêmica. Um novo desafio profissional. A estreia como escritora. Como mulher, tudo isso se soma ao dever constante de reforçarmos a importância da igualdade de gênero, e a certeza de que há espaço para a participação ativa de mulheres em múltiplas áreas do mercado.

O Jornalismo luta hoje para abandonar padrões arcaicos. A

digitalização dos meios de comunicação, a maneira com que assuntos se tornam relevantes e irrelevantes em velocidade similar e a influência dos mais jovens no consumo de produtos midiáticos estão causando uma revolução. Isso não é de hoje. Mas, dos bastidores, o ofício também se esforça para acompanhar mudanças relevantes. Reportagens buscam estampar personagens múltiplos, em respeito à diversidade racial e de gênero. Termos mudam e alguns são deixados de lado. As redações estão mais femininas. Acredite: até pouco tempo atrás, isso não era uma realidade. Em alguns segmentos, ainda há muito a se conquistar. Palavra de uma jovem repórter que foi, muitas vezes, a única mulher em eventos e cerimônias em épocas de jornalismo automotivo. Estamos no caminho.

Espero que a liquidez da minha carreira prove que nossas carreiras não são lineares. Aprendemos algo novo a cada dia. Também espero que os erros e acertos e a minha busca por afastar o tom de impessoalidade nestas páginas ao contar minha própria história (ao menos uma parte dela) possa inspirar outras mulheres.

Nosso legado está naquilo que conseguimos deixar para a posteridade. No meu caso, fazer serem vistas as histórias inspiradoras de quem movimenta a nossa economia: os empreendedores que encaram contextos desafiadores e alcançam o sucesso. Nesse sentido, me sinto até um pouco empreendedora, abraçada pela familiaridade das nossas histórias de resiliência. Meu legado é provar também, ao meu filho e a todos, que é possível ir além das estatísticas e do que podem concluir sobre você. Ser autor da própria história.

Ainda há muito a se percorrer, e afasto de mim a presunção de assumir que o sucesso já foi alcançado. Sucesso é, de fato, um conceito muito particular. Mutável. Mas manter a ética, que pauta a atuação profissional no Jornalismo, e a coragem de encarar os desafios que virão com certeza me ajudarão a escrever novas páginas dessa história. Encerro fazendo um convite à reflexão: qual é o legado que você está construindo hoje?

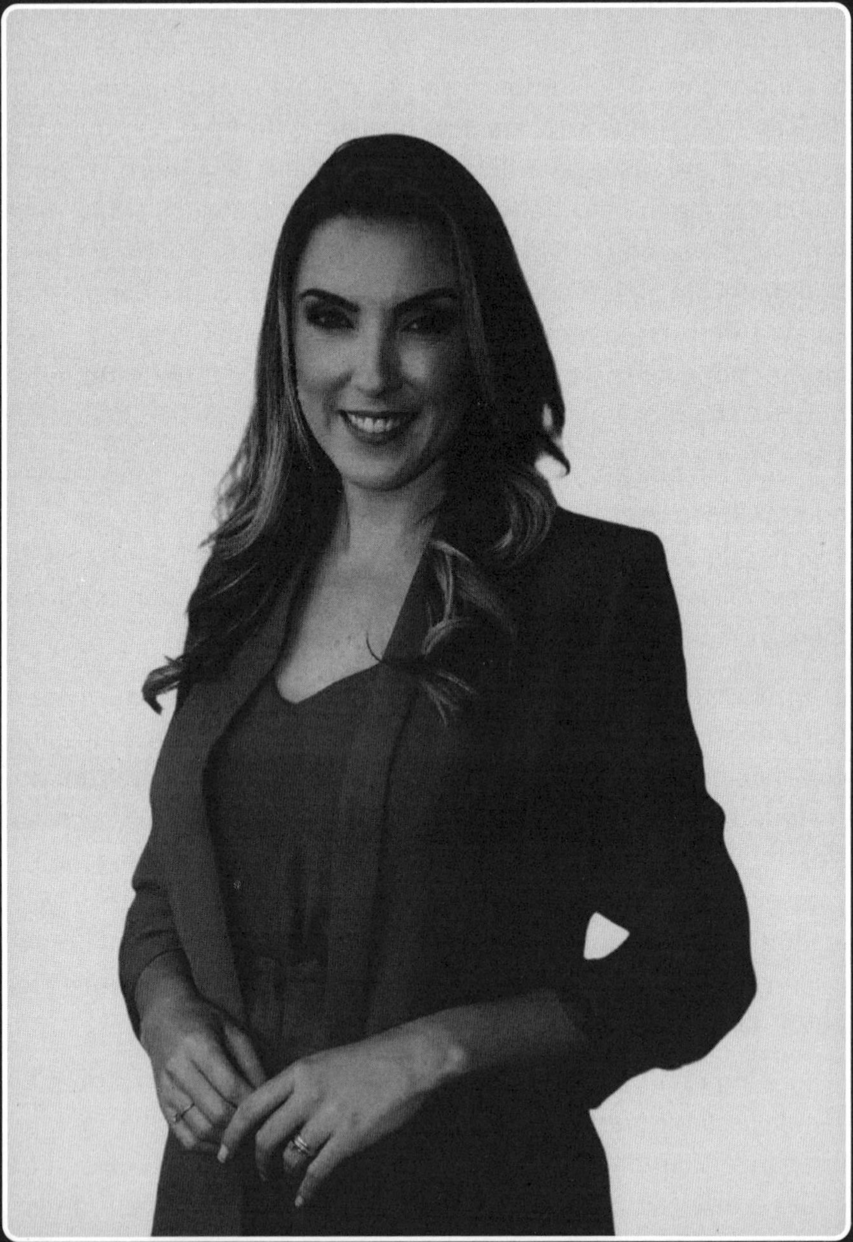

Para além de um (Belo) Horizonte: desafiando limites em uma jornada de determinação e fé no Jornalismo

INSTAGRAM

Michelle Maia

Jornalista mineira, casada há 15 anos e mãe do Arthur, de 9 anos. Formada há mais de 17 anos, dos quais há mais de 10 anos atua como repórter na Record Rio. Com passagens em todos os programas da casa, atualmente faz coberturas diárias com *links* ao vivo e reportagens para os jornais locais e de rede nacional. Também apresenta o programa de entrevistas "*R7 Fala Comigo*", no formato *podcast*, para o *Portal R7*, no qual recebe autoridades, personalidades e empresários de vários segmentos. Preparada para coberturas diversas, Michelle Maia tem experiência em coberturas de factuais e casos de grande repercussão, além de *expertise* voltada às reportagens de entretenimento, comportamento e esportes radicais.

Minha primeira grande entrevista

No almoxarifado da emissora, encontro a equipe. Enquanto os colegas conferem o equipamento, experimento o colete à prova de balas e me preparo, pela primeira vez, para cobrir uma operação policial no Rio de Janeiro. Antes de refletir sobre os perigos que a rotina envolve, já penso na reportagem, em como levar as informações ao telespectador da melhor maneira. Entre tantas dúvidas, uma certeza: estou onde queria estar.

Quem? O quê? Quando? Por quê? Onde? Como?

Quem é curiosa, como eu, tem uma relação íntima com essas perguntas básicas do Jornalismo. Aquelas dúvidas que ecoam na mente da gente, que começam ainda na infância, e que em algum momento da vida surgem todas ao mesmo tempo.

Para mim, os questionamentos vieram espontaneamente quando ainda cursava o Ensino Médio. *O que você quer ser quando crescer?* Arquiteta, secretária, advogada, professora, médica. Aos 16 anos, era EU a personagem da minha primeira grande entrevista.

A personagem mais importante da minha vida

O tal friozinho na barriga é inevitável. Ainda mais quando percebi que uma decisão poderia direcionar o rumo da minha história. O que me motiva, então? A certeza de que noticiar os fatos pode ajudar a transformar uma sociedade, tornando-a mais consciente e justa. Decisão tomada.

Minha meta sempre foi sair do Ensino Médio direto para a faculdade. Aos 17 anos, fiz vestibular e passei.

Apesar de a universidade federal ter sido sempre uma referência de qualidade, comecei minha trajetória acadêmica em uma faculdade particular. E deu tudo muito certo. Universidade Newton Paiva. Como esquecer?

Na época, essa faculdade estava entre as melhores da cidade. A concorrência era pesada. A maioria dos estudantes vinha bem-preparada, alunos de escolas renomadas... E eu ali! Vinda de colégios públicos e, no máximo, com um cursinho básico, que meus pais conseguiram pagar com muito esforço. Me dediquei. Passei no primeiro e único vestibular prestado.

O ano era 2003. A nova universitária finalmente começaria a colocar as teorias em prática. Tudo ia bem, até que no terceiro período de curso perdi meu pai, que era o esteio e provedor da minha casa. E agora, como faria para continuar minha caminhada sem ele? Como minha mãe era autônoma e não tinha salário fixo, tive que mudar para o turno da noite. Pela manhã e à tarde, trabalhei para honrar as mensalidades. Sempre finalizava o semestre devendo parcelas, já que minha mãe também precisava de dinheiro para ajudar a sustentar a casa. Como filha e irmã mais velha, nunca questionei. Até me formar, minha mãe vendia coisas pessoais para negociar as dívidas semestre por semestre. Nessa época, foi quando mais exercitei a minha fé. Precisava de força para enfrentar a jornada. E Deus esteve comigo. Com o amor de pessoas muito especiais, como minha mãe e irmãos, meu namorado (hoje, marido), minha sogra e meu sogro, que virou meu segundo pai, superamos os problemas e honramos as mensalidades. Em dezembro de 2006, com dedicação e sacrifício, concluí meu curso de Jornalismo.

Me formei. E agora?

Quem nunca se fez essa pergunta logo após concluir um curso de graduação? Competir com tanta gente experiente disponível no mercado de trabalho é algo desafiador.

Até então, meu único estágio havia sido em uma TV fechada, parceira da universidade onde estudei. Me encantei por aquele mundo. Mas não era suficiente para tornar um currículo atraente e conseguir um emprego na área.

Para piorar, o escritório onde eu trabalhava fechou. De uma hora para a outra, passei de recém-formada, com pouca experiência, a desempregada.

A jornalista que vendia jornais

Na época, meu namorado era *office-boy* em um grande jornal da cidade. Ele me avisou sobre um vaga de "vendedora externa". A função era oferecer assinaturas do jornal em pontos estratégicos e movimentados. Consegui a vaga. "Ah, mas jornalista vai vender jornal?" ou "Você vai se submeter a isso?", muitos me perguntaram. Meu pensamento era um só: "Eu preciso começar de alguma forma."

A rotina era desgastante. Na chuva ou sob um sol escaldante, cumpria minha função determinada. "Era para eu estar do lado de lá, na redação". E essa certeza era meu combustível.

Finalmente, jornalismo

Depois de um tempo, surgiu minha primeira oportunidade como assistente de produção na TV da Igreja Universal de Belo Horizonte. Uma amiga de faculdade trabalhava lá como produtora e depois se tornou repórter. Ela já havia me contado sobre a experiência no local e o quanto ela aprendia ali. Passei por entrevista e fui chamada. Mais uma vez, tive que renunciar às comissões altas que recebia na venda externa, para entrar finalmente na área profissional na qual me formei.

Naquele lugar encontrei pessoas que me ajudaram e ensinaram tanto! Um tempo depois, fui promovida a produtora e, aos poucos, ia conhecendo mais a rotina de uma TV. Ajudava nos roteiros dos programas, selecionava os conteúdos, produzia reportagens, acompanhava as gravações no *switcher* e fui entendendo mais sobre o quão fundamental era cada função que faz aquela "grande máquina" da comunicação funcionar. Me apaixonava cada vez mais por aquela rotina.

Eu, repórter?

Alguns colegas me perguntavam se eu queria ser repórter. Eu dizia que era envergonhada demais para aparecer no vídeo.

O Pr. Eduardo, coodenador da TV, que apesar de jovem, conhecia tudo de todas as funções, foi um dos meus grandes incentivadores. Lembro que pedi para acompanhar a rotina da reportagem para aprender e me familiarizar com a função. Mas não havia tempo para isso. Meu diretor negou.

Foi aí que o Pr. Eduardo entrou em ação mais uma vez. Esperou o diretor ir embora e pediu para que um cinegrafista fosse para a rua comigo para gravar um teste de última hora.

Naquela mesma semana, os gestores do local participaram da escolha da nova repórter. O diretor da emissora e o Pr. Eduardo também estiveram no processo de seleção. Foram apresentadas as fitas de várias candidatas, até que chegou a minha... Soube que o diretor não entendeu nada. Mas não houve nem tempo para alguém questionar. O responsável pela escolha gostou do meu teste.

"Eu? Como assim?", recebi a notícia com espanto e alegria. "Sim, você", disse o Pr. Eduardo. Deus te escolheu. Você não orou pedindo para que a vontade d'Ele fosse feita?".

A partir daí, os cinegrafistas foram verdadeiros professores. Alguns trabalhavam na Record Minas e sabiam, na prática, tudo que era pra ser feito. Grandes parceiros!

Trocando o certo pelo duvidoso

Foram quase quatro anos de muito aprendizado e evolução. Consegui me estabilizar financeiramente, me casei, estava bem feliz. Mas ainda tinha planos maiores.

Soube de uma vaga para cobrir férias de um repórter na Record Minas e consegui a oportunidade de fazer o teste. Naquele dia, pude vivenciar os desafios de uma equipe do chamado jornalismo diário, *hardnews*.

Lembro que no meio do caminho surgiu um "factual" e a nossa era a equipe mais próxima da avenida onde uma van escolar, cheia de crianças, havia tombado. A adrenalina subiu. Já no local do acidente, apurei os fatos, escrevi o texto, gravei entrevistas (sonoras) e a minha participação no vídeo (passagem). Me senti confiante.

No dia seguinte, o diretor de Jornalismo da Record me ligou, elogiou meu desempenho e perguntou se eu tinha disponibilidade para cobrir um mês de férias. O apoio do meu marido me encorajou a aceitar o desafio, apesar do curto tempo. "Vai dar tudo certo. Confie em Deus." Era a minha chance de ouro e eu decidi correr os riscos.

Finalmente, *hardnews*

Desde o primeiro dia, a loucura que é fazer jornalismo diário me cativou e me fez evoluir profissionalmente. Todos os dias saía de casa sem saber o que faria e, muito menos, como terminaria. Ali aprendi a improvisar, entender a forma certa para escrever um texto, avaliar cada movimento e agir sem ter muito tempo para pensar. Me dediquei e os 30 dias oferecidos inicialmente viraram 330.

Só que, depois de cumprir os dez meses de contrato, recebi uma ligação do meu chefe. Ele agradeceu pelo trabalho, elogiou meu desempenho, mas disse que, infelizmente, minha contratação não havia sido autorizada pela matriz da emissora, em São Paulo. Encerrei o ciclo muito grata. E se me permitem um clichê: saí deixando a porta aberta.

Temporada no impresso

Foi quando soube de uma vaga para ser repórter de jornal impresso. Justamente naquele em que eu havia trabalhado vendendo assinaturas. O munda dá voltas, não?!

Foi lá que aprendi formas bem diferentes de contar histórias. Nunca vou me esquecer de uma frase dita por um experiente jornalista que trabalhava lá: "Michelle, aqui um palhaço não é apenas um palhaço. É um palhaço com roupas coloridas por bolinhas azuis, de cabelo vermelho espetado para cima e sapatos pretos gigantes". Eis a grande diferença entre o impresso e a TV. Entendi que eu deveria mexer com a imaginação do leitor. Escrevi matérias de cotidiano, além de trabalhar nas editorias de Moda e Decoração. Novas paixões.

Permaneci ali durante pouco mais de um ano, até que uma ligação inesperada mudou tudo novamente.

Retorno para a TV

O novo diretor de Jornalismo da Record Minas disse que haviam passado para ele boas referências sobre o meu trabalho. Contou que sabia que eu havia sido repórter, e me ofereceu uma vaga na produção. Disse, ainda, que assim que tivesse oportunidade me colocaria na reportagem de novo. Topei.

Tive oportunidade de produzir matérias e séries incríveis, algumas até fora do Brasil. Para não perder a prática da reportagem, muitas vezes, escrevia a pauta como se fosse o texto da reportagem.

Na telinha, de novo!

Alguns meses depois, o diretor me chamou. "E aí, está pronta para voltar para a rua?". Saí dali radiante e "pronta pro batente". Imediatamente me lembrei de um conselho recebido lá atrás, de um cinegrafista quando ainda era produtora e agora repasso aqui para todos aqueles que anseiam pela reportagem de TV.

Você não faz nada sozinho. Seja amigo ou, no mínimo, tenha bom relacionamento com seu cinegrafista. Ele tem o poder de derrubar ou levantar você. E de fato, o *feeling* deles é diferenciado. Confie na sua equipe. Ainda que hoje não seja incomum os videorepórteres (aqueles que trabalham sozinhos com celular). Valorize sua equipe. Quando der, produza junto. Edite junto. Apure junto. No final, é seu rosto que estará lá, e o resultado de uma boa reportagem dependerá do empenho e "assinatura" de todos os envolvidos.

Gravidez x reportagem

Tempos depois descobri que estava grávida. A incerteza tomou conta naquele momento. Não sei explicar. Eu e meu marido estávamos muito felizes, mas, ao mesmo tempo, não sabia como seria minha rotina na rua. Meu diretor e colegas me tranquilizaram e apoiaram o tempo todo, e isso foi fundamental para seguir firme nos meus propósitos: ser mãe, contar histórias e levar notícias.

Mudança drástica

Como se não bastassem as mudanças naturais inerentes à gravidez, me mudei de Estado.

Naquela altura do campeonato, meu marido, que já trabalhava em outra empresa do grupo, participou de uma reunião no Rio de Janeiro e recebeu uma proposta para trabalhar na Record Rio. O convite também se estendeu a mim, que já estava na emissora mineira.

Tivemos que tomar uma decisão rápida e difícil. Minha família sempre esteve por perto. Estava no início da gravidez. Havíamos acabado de comprar nossa casa. Coração bateu forte. Oramos. Choramos. Agradecemos a oportunidade e... decidimos arriscar. Sabíamos que não seria fácil, mas tínhamos um ao outro, nosso filho que estava a caminho e confiamos em Deus. Decidimos "plantar". A colheita que ansiávamos dependia disso. Aprendemos que o caminho do sacrifício sempre vale a pena.

Enfim, Rio

Setembro de 2014. Esse foi o início da jornada na Cidade Maravilhosa. Confesso que as primeiras semanas foram, digamos, assustadoras. Rotina bem diferente da anterior, apesar da mesma função. Me assustava ver policiais com fuzis, operações policiais quase diariamente, mal sabia o que era milícia. Era ano eleitoral. A adaptação, como já esperava, foi bem difícil. Mas que escola o Rio de Janeiro tem sido até hoje!

Coberturas incontáveis

De lá para cá, fiz todos os tipos de coberturas imagináveis. Participei de todos os jornais da casa com reportagens e entradas ao vivo. Sem exceção. Fiz coberturas históricas e de grande repercussão. Entre elas, a semana caótica das prisões dos ex-governadores do Estado. Não paramos e ficamos na linha de frente durante toda a pandemia de covid-19 e até entramos em hospitais, período em que o cansaço físico e mental pareciam tirar todas as nossas forças. Entrei em favelas durante operações. Convivemos com a guerra urbana todos os dias. Acompanhei todas as eleições seguintes. Incêndios em grandes hospitais e empresas. Protestos. Casos trágicos de deslizamentos por conta das chuvas, prédios que desabaram na Muzema. Como esquecer todo imbróglio do caso do menino Henry e o desenrolar do caso Flordelis e o assassinato do Pastor Anderson?

Aprendi que não deveria me envolver com a notícia e até consigo separar bem o sentimento no momento da reportagem. Porém, confesso, em alguns momentos a emoção fala mais alto. Foi assim que aprendi a humanizar cada vez mais as reportagens. Descobri que me colocar no lugar do outro também é entender o sofrimento alheio.

Também chorei de alegria inúmeras vezes. Como é bom acompanhar pessoas sendo salvas. Falar de solidariedade e gentileza, de pessoas que dividem o pouco que têm.

Pessoas tiveram suas vidas transformadas depois de uma reportagem. Isso é enriquecedor.

Também me realizei. Com o quadro "O Rio de Janeiro continua lindo", fiz aventuras radicais e me joguei, literalmente: saltei de parapente, asa-delta e paraquedas, algumas vezes. Fiz *rafting*, *stand up*, canoagem, motoaquática, *flyboard*, mergulho, escalada, rapel na montanha, rapel na cachoeira, voei de balão e tantos outros que literalmente tiravam meu fôlego de satisfação.

E assim conheci os lugares mais lindos do Rio de Janeiro, bem como visitei quase todos os museus e tantos lugares que fazem parte da história e cultura do Rio e do Brasil.

Na reportagem "Idosos conectados", conheci histórias de vida maravilhosas. Mostramos a forma como a melhor idade estava cada vez mais conectada sem perder a essência e os valores trazidos ao longo dos anos. O resultado disso foi muito além de uma matéria incrível. Isso também me rendeu meu primeiro prêmio nacional de jornalismo, o Prêmio Longevidade Bradesco.

Também tive a oportunidade de apresentar um programa durante as férias de uma colega. Estar num estúdio e comandar uma atração, ainda que temporariamente, me fez conhecer um lado que nem eu mesma conhecia. Baita experiência!

Além disso, também tenho apresentado semanalmente o "R7 Fala Comigo", um programa de entrevistas no formato *podcast* para o portal de notícias da emissora. Quanto aprendizado!

Seguindo em frente

A rotina do repórter de TV é não ter rotina. É não ter hora certa de trabalho. É estar pronto. É estar ligado em tudo, mesmo nas horas vagas. É botar o pé na lama, sentar no chão batido quando preciso. É ter fome e sede de vivenciar situações inesquecíveis, boas ou ruins. É ter orgulho de ver um resultado e não ter vergonha de se emocionar. É abrir mão de muitas coisas pessoais em prol de um bem coletivo. Não é fácil! Mas é fascinante! Tanto quanto saber que os próximos capítulos desta biografia já estão sendo escritos. E eu, a protagonista da história. Gratidão.

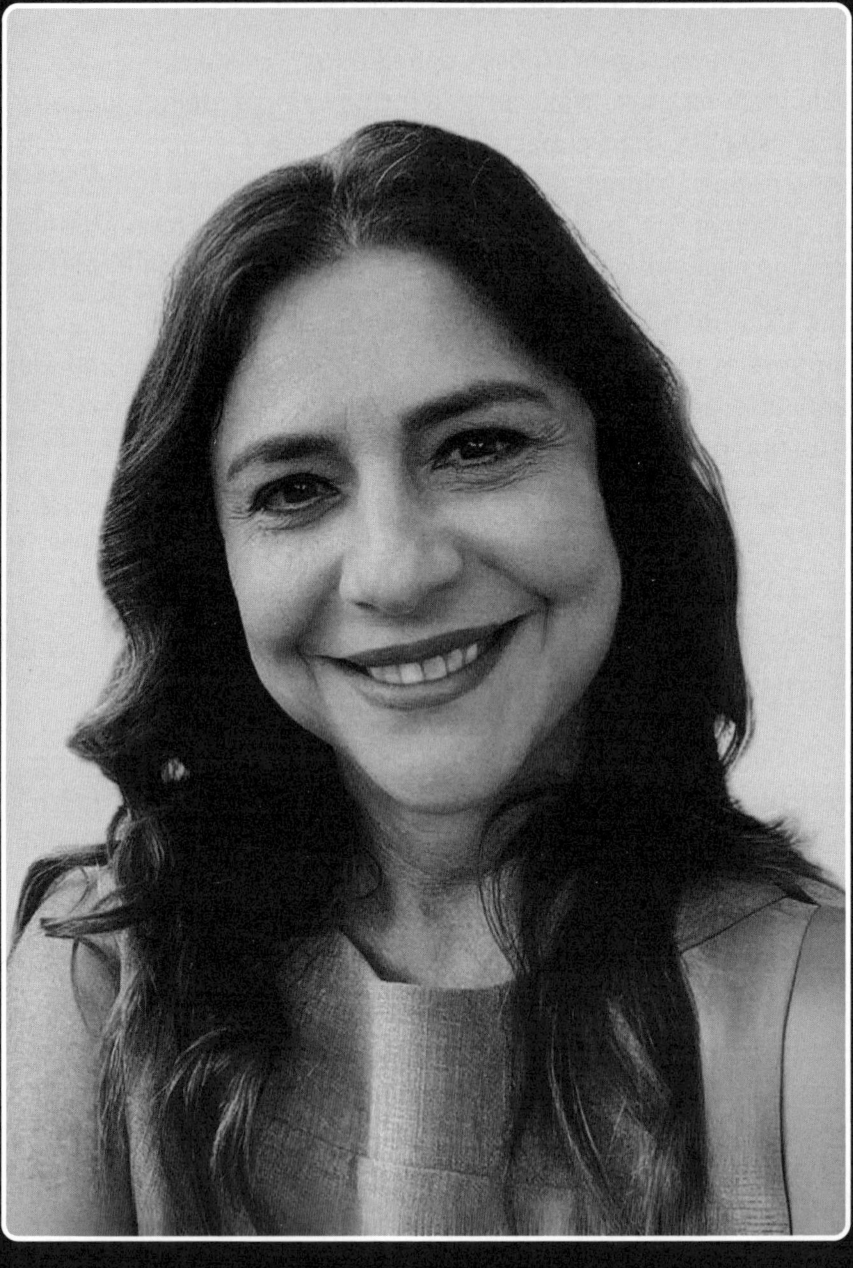

Testemunha da História

INSTAGRAM

Mônica Sanches

Formada em Jornalismo na Universidade de São Paulo (USP), foi repórter especial da TV Globo durante 31 anos, assinando trabalhos reconhecidos por várias premiações, como o Grande Prêmio Ayrton Senna, categoria Destaque, em 1999, e o Prêmio Imprensa Embratel de Jornalismo, em 2008. Fez parte da equipe vencedora do Emmy Internacional 2011, com as reportagens sobre a ocupação do Complexo do Alemão. Outra vez foi indicada ao Emmy em 2022 pela novela "Nos Tempos do Imperador", na qual atuou como consultora histórica. Também participou da premiada série "Brasil em Constituição" e comandou as séries sobre o Bicentenário da Independência no *Fantástico*, no *Jornal Nacional*, no *Jornal Hoje* e no *Bom Dia Brasil*, destacando a participação de negros, mulheres e indígenas nesse processo.

"Para conseguir o concorrido espaço nos principais telejornais da Rede Globo e emplacar o que produzia sobre as investigações da Comissão Nacional da Verdade, Mônica Sanches disse que investia na produção das suas reportagens, com utilização de gráficos, documentos e material de acervo da emissora. O único propósito em transformar tudo em algo tão atraente e claro é que as pessoas tomem conhecimento do que aconteceu e do que qualquer extremismo ou falta de democracia nos leva em última análise, porque só o conhecimento vai nos redimir."

Pensando em como abrir as memórias de 37 anos de jornalismo, escolhi o trecho acima extraído da tese de doutorado da Fernanda Sanglard,[1] aprovada na Universidade Estadual do Estado do Rio (UERJ), em 2017, um ano após a nossa conversa, quando dei este depoimento. Ela analisou quase oito mil registros da cobertura da imprensa brasileira durante o funcionamento da Comissão Nacional da Verdade, entre maio de 2012 e dezembro de 2014.

No estudo, fui incluída na lista dos principais autores, com mais de vinte reportagens, e sou a única profissional de televisão entre repórteres de jornal, rádio e agências de notícias. A Globo também é a única emissora de televisão na lista dos dez veículos

---

[1] A tese está disponível no link https://www.bdtd.uerj.br:8443/bitstream/1/8863/1/Tesse_FernandaSanglard.pdf.

que deram mais espaço para o tema e ocupa o primeiro lugar disparado entre todos no número de falas de personagens e/ou parentes de vítimas da ditadura nas reportagens. Mérito de uma equipe gigante com profissionais em várias cidades brasileiras.

A pesquisadora também ouviu os participantes da Comissão Nacional da Verdade e descobriu que eles me incluem em outro seleto grupo, o dos "missionários", como definiu o jurista Cláudio Fonteles:

> *"Eu sentia nesses profissionais um envolvimento, não era simplesmente cobrir para eles. Muito além disso, se doaram numa missão jornalística. Você pode ser um burocrata, ir cobrir um fato, ou transcender, o bom profissional é um missionário."*

Eu tive a sorte de sentir um chamado vocacional. Cresci na Lapa de Baixo, zona oeste de São Paulo, filha de um alfaiate e de uma dona de casa. Sou cem por cento ensino público, do fundamental à Universidade de São Paulo (USP), onde me formei em Jornalismo, em 1989.

Durante a adolescência, participei da Pastoral do Menor na Freguesia do Ó, quando surgiu a percepção do imenso papel da imprensa na sociedade. Quando se fala no tal sentido de missão jornalística, é comum que se visualizem os correspondentes atuando. Na minha experiência, era também sobre sair de casa em tantos domingos e feriados, por tantos anos. Dinheiro e desejo de sucesso não teriam sido motivos suficientes nesta longa jornada. Eu sabia que podia ajudar a tirar um inocente da cadeia, denunciar a falta de médicos nas emergências dos hospitais ou fazer o perfil de João Gilberto às pressas para o *Fantástico*.

Ainda no começo da faculdade, consegui meu primeiro emprego na Rádio Bandeirantes AM. A sede do Grupo Bandeirantes, no Morumbi, foi uma grande escola onde passei por todos os departamentos, da apuração à apresentação do *Programa Dia a Dia*, exibido ao vivo na TV Bandeirantes das dez da manhã ao meio-dia. A experiência durou pouco, porque eu logo pedi para sair, louca para fazer reportagens.

Em 1989, recebi um convite para integrar o time de reportagem do *TJ Brasil*, do SBT. Um ano depois, transferida para o Rio de Janeiro, não consegui me adaptar à cidade e voltei para a Bandeirantes em São Paulo. Em 1991, morei seis meses na cidade de Campo Grande, no Mato Grosso do Sul.

Asa-delta, parapente, ultraleve, hidroavião, avião da Força Aérea Brasileira (FAB), bimotor, monomotor, helicóptero. Já voei em quase tudo, porque era necessário para a reportagem. E os voos mais inesquecíveis foram sobre a região do Pantanal, quando trabalhei na TV Morena, afilhada da Globo no Mato Grosso do Sul. Foi lindo ver o amanhecer no ultraleve, na altura dos ninhos dos pássaros, sobre as partes alagadas, cheias de jacarés! Foi um pesadelo cobrir os incêndios na mesma região, a bordo de um monomotor da FAB com porta aberta para o cinegrafista filmar. A cada lufada gigante de ar quente, o aviãozinho subia e depois descia, saltos e mergulhos na fumaça que nos cegava. Num avião pequeno, embarquei também na pauta que me levou para o *Fantástico*. Era sobre um censo de jacarés, seguindo um método australiano de observação e contagem. A matéria fez sucesso e acabei recebendo o convite para uma vaga na reportagem da Globo no Rio, onde comecei em janeiro de 1992, com 26 anos.

No mesmo ano, participei do retorno do telejornal *RJ1*, que havia ficado fora do ar por cerca de três anos. Desde a estreia, fiz as entradas ao vivo no sol a pino do Rio 40 graus com uma estrutura grande, envolvendo o veículo-geradora e sua antena parabólica no teto. Comecei na máquina de escrever e o último curso foi sobre entrar ao vivo sozinha com um *smartphone*. Imenso orgulho de fazer parte dessa geração.

Logo, fiquei marcada por grandes casos de violência, como repórter e testemunha de crimes famosos. Na noite de 28 de dezembro de 1992, chegou à redação a informação de um corpo encontrado num matagal e corri com a equipe para a Barra da Tijuca. Chegamos junto com dois bombeiros e entramos no mato até que vimos o corpo da atriz Daniela Perez, com as marcas das dezoito facadas. Eu já estava lá quando começaram a chegar as primeiras pessoas, os amigos, vi a expressão da Glória Perez quando se deparou com a cena, anunciei a morte ao vivo no *Jornal da Globo*.

Sete meses depois, na manhã de 24 de julho de 1993, conheci a educadora Yvonne Bezerra de Mello. Quando cheguei na Candelária, Yvonne permanecia na escada, abraçando crianças assustadas, naquela imagem depois eternizada como um dos símbolos da Chacina da Candelária. Fiz a reportagem para o *RJ1*.

Estava de plantão numa delegacia, cerca de um mês depois, no domingo, 29 de agosto, em busca de novidades na investigação sobre quatro policiais militares assassinados numa emboscada por um grupo de traficantes. Durante toda a tarde, após os enterros, era grande a movimentação de policiais na delegacia e a agitação se intensificou à noite, quando correu entre os repórteres a informação de que um grupo de policiais se preparava para invadir a comunidade de Vigário Geral em busca de vingança. Liguei para a redação e o chefe tentou me convencer a ir atrás dos policiais nessa "operação". Respondi que já havia chegado aos jornalistas o aviso para não registrar a ação dos policiais, não queriam nossa companhia, nem se responsabilizavam pela nossa segurança. Lembro-me de dividir com a chefia as minhas suspeitas de que os policiais pretendiam "barbarizar". Também me ofereci para chegar cedo na redação no outro dia, fui para Vigário Geral e me deparei com mais uma cena de horror, que foi para as capas de jornais.

Cobri também os julgamentos desses casos, com entradas ao vivo no *Jornal Nacional*. Nas audiências sobre o massacre em Vigário Geral, recordo-me de ter reconhecido no banco dos réus alguns policiais que vi saindo da delegacia naquele domingo.

Participei da cobertura que rendeu o prêmio Emmy, o Oscar da televisão, para o *Jornal Nacional*. Ao longo de 32 anos, acompanhei várias operações no Complexo de Favelas do Alemão e em várias outras comunidades cariocas. Usei colete à prova de balas, capacete, já me vi no meio de um tiroteio e já me deparei com bandidos armados, passei mal após ter sido atingida por bomba de gás lacrimogêneo, consegui dar "furos" em várias investigações. Mas essas nunca foram as minhas pautas favoritas.

O programa *Almanaque*, na Globonews, proporcionou mergulhos em temas que me atraíam muito mais. Foram 15 anos produzindo, gravando e editando cerca de três mil (o programa era diário e eu cheguei a fazer três por semana!) programas sobre cultura, comportamento, saúde, história etc. Uma coleção de entrevistas com astros como Roman Polanski, Samuel L. Jackson, Alanis Morissette, Buena Vista Social Club, Antonio Bandeiras, Ozzy Osbourne, a bailarina russa Natalia Makarova, entre outros.

Os projetos mais ambiciosos que consegui realizar foram sobre a História do Brasil. No final de 2006, percebendo a importância dos fatos que ocorreram no início do século XIX, com a transferência da corte portuguesa para o Rio de Janeiro em 1808, e a proximidade do bicentenário dessa data, propus uma série de reportagens para os telejornais da Globo. A GloboNews tinha um projeto semelhante da diretora do canal na época, Rosa Magalhães, e da repórter Sandra Moreyra. Formamos um time e conseguimos realizar 19 programas de cerca de vinte minutos cada um sobre o tema, além das matérias para todos os telejornais da Globo!

O Instituto Histórico e Geográfico do Brasil (IHGB) estava oferecendo um curso sobre o tema. As aulas eram diárias, durante oito meses, ocupando toda a tarde. Trabalhava pela manhã na reportagem, almoçava no carro a caminho do IHGB e chegava de noite em casa, com um filho de sete anos. Valeu muito a pena! Entrevistamos cerca de 40 historiadores em viagens por quatro países – Portugal, França, Inglaterra e várias partes do Brasil. O resultado virou depois um DVD com uma revista que rapidamente esgotou nas bancas de jornais. Ganhamos o Prêmio Imprensa Embratel de Jornalismo Cultural de 2008.

Em 2010, passei duas semanas na base da Funai no Vale do Javari, Amazonas, fazendo uma reportagem sobre um grupo da etnia Korubo. A causa dos povos indígenas e o direito ao isolamento garantido na nossa Constituição viraram temas que nunca abandonei. Anos depois, entrevistei o indigenista Bruno Pereira pelo telefone para uma reportagem sobre um levantamento do Observatório dos Povos Indígenas Isolados. Foi quando ele me contou que a mesma base da Funai onde eu havia ficado hospedada tinha sido desativada, após oito ataques a tiros registrados nos primeiros meses de 2019. Mantive contato com Bruno, que forneceu material para outra reportagem, enviando fotos de peixes e de outros animais retirados do território indígena por caçadores e pescadores que agiam na ilegalidade. Um ano após nossa última troca de mensagens, Bruno Pereira e o jornalista britânico Dom Philips foram covardemente assassinados no mesmo Vale do Javari que tanto me impressionou com sua beleza monumental.

Colômbia, México, Estados Unidos, Rússia, Portugal e Inglaterra estão entre os países onde gravei várias reportagens. Para a Noruega, fui duas vezes e nunca vou esquecer o sufoco dentro dos navios que enfrentaram tempestades e ondas gigantes na pesca do bacalhau, nem do deslumbre das luzes dançantes da Aurora Boreal.

A paixão pela história do Brasil rendeu um trabalho de grande repercussão: uma série de reportagens sobre os 50 anos do golpe militar, em 2014. Acredito que, pela primeira vez no *Jornal Nacional*, falamos com clareza sobre a participação dos Estados Unidos por meio da Operação Brother Sam. Divulgamos as pesquisas do historiador Carlos Fico, da Universidade Federal do Rio de Janeiro (UFRJ). Mostramos documentos inéditos e desenhamos as embarcações estacionadas no mar, prontas para invadir o Brasil.

O destino de outra viagem no tempo foi o Rio de Janeiro de Dom Pedro II. Uma experiência maravilhosa unindo a pesquisa histórica à ficção: uma novela! Thereza Falcão e Alessandro Marson, autores de "Nos Tempos do Imperador", me deram a chance participar da consultoria histórica desde o início do projeto, no começo de 2018. A obra ganhou o prêmio de melhor novela da Associação Paulista dos Críticos de Arte (APCA) e foi finalista do prêmio Emmy, em 2022.

Logo nas primeiras conversas, pensamos em criar cópias de peças das coleções do Museu Nacional, no Rio de Janeiro, que também foi a casa de Dom Pedro II. Sugeri algumas peças relevantes para a nossa história que ganharam cópias na fábrica de cenários dos Estúdios Globo. A tarefa teria sido impossível sem os pesquisadores que nos ajudaram a levar características das peças originais para as cópias. Quando começamos esse trabalho, o Museu Nacional ainda não tinha sofrido o incêndio que destruiu cerca de 80% do seu acervo.

No fatídico domingo, 2 de setembro de 2018, estava em casa e corri para a redação ao saber do incêndio. As minhas memórias sobre o Museu Nacional ajudaram na produção de ilustrações para as reportagens, mostrando a localização das coleções perdidas. Chorei muito quando voltei para gravar nos escombros. Nunca vou me conformar com o que aconteceu e tenho profunda admiração pela equipe que luta pela reabertura do museu. O que me consola é que conseguimos doar as cópias feitas para a novela para o acervo do Museu Nacional!

A maior reportagem da minha vida começou em janeiro de 1996 e continua até hoje. A descoberta do Cemitério dos Pretos Novos, na Gamboa, zona portuária do Rio, despertou minha curiosidade sobre a região conhecida hoje como Pequena África. Desde então, há quase três décadas, acompanho as pesquisas históricas e arqueológicas na região, documento as transformações e cobro as autoridades sobre os cuidados necessários com as peças encontradas nas escavações. No dia 9 de julho de 2017, quando o Cais do Valongo ganhou o título de Patrimônio da Humanidade, recebi o diploma de sócia benemérita do Instituto Pretos Novos, no qual pretendo continuar atuando de várias formas.

Foi com o objetivo de ressaltar a importância dos negros, dos indígenas e das mulheres na construção da nação brasileira que propus as séries sobre o Bicentenário da Independência. Mais uma vez, tive apoio dos historiadores e de uma equipe enorme na realização desse sonho: mostrar que a separação de Portugal foi uma conquista do povo brasileiro e não apenas do príncipe que deu o grito às margens do Ipiranga. Conseguimos criar 17 reportagens para as séries do *Fantástico*, do *Jornal Nacional*, do *Bom Dia Brasil* e do *Jornal Hoje* que somaram quase duas horas de produção no ar.

Aqui ficaram faltando várias histórias e muitos agradecimentos, mas o espaço é curto. Acho que basta dizer que nunca fiz nada sozinha e que sigo com a certeza de que um projeto só vale a pena quando realizado em equipe.

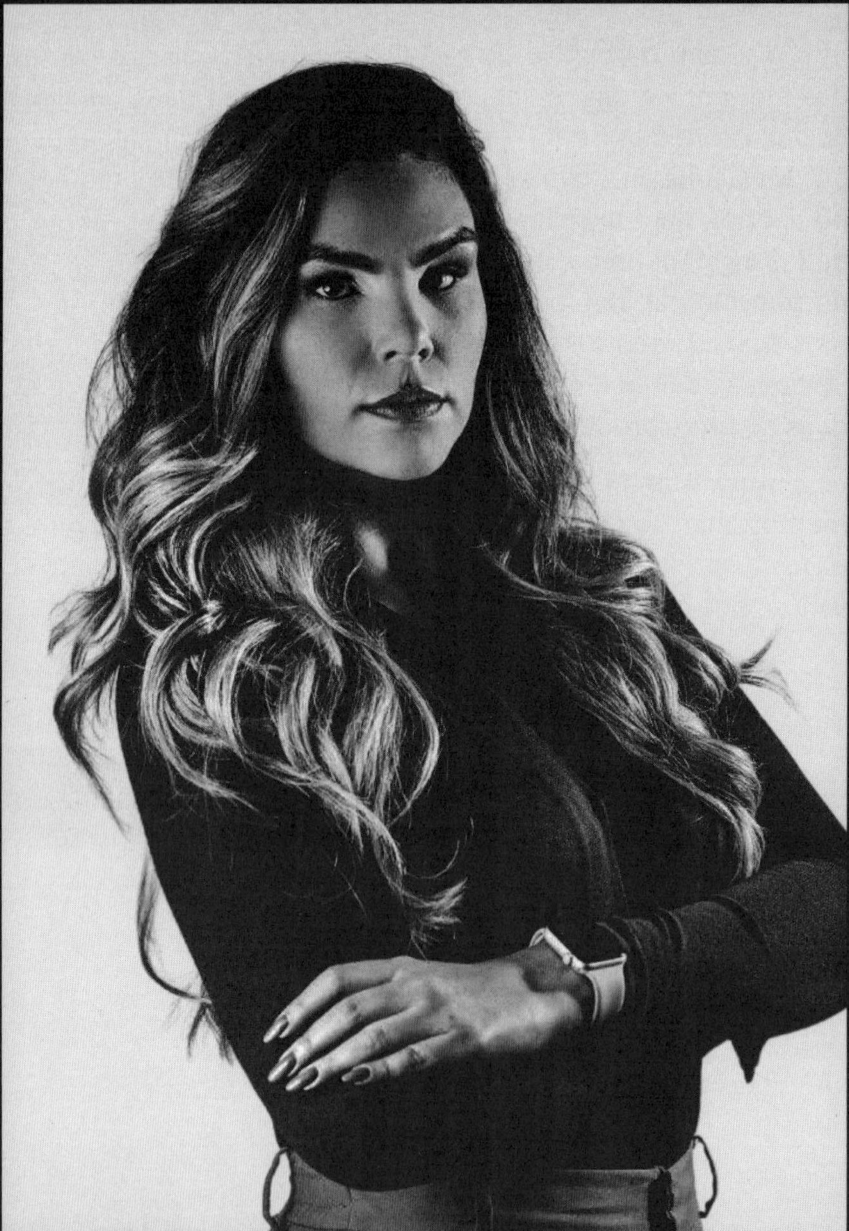

A montanha-russa da vida e da informação

Rafaela Cascardo

Jornalista carioca nascida em 1993. Com 13 anos de carreira, a profissional passou pela reportagem dos maiores conglomerados de comunicação do país: *Lance!*, Grupo Bandeirantes de Comunicação, Grupo Globo, Record e CNN Brasil, entre outros. Graduada pela Faculdades Integradas Hélio Alonso (FACHA), também estudou Jornalismo Cultural na Universidade do Estado do Rio de Janeiro (UERJ). Atualmente, se especializa em Comunicação Eleitoral e Marketing Político. Curiosa e polivalente, a repórter atuou nas editorias de Esportes, Política, Cidade, Segurança Pública, Economia, Meteorologia, Saúde e Cultura. Mãe dos *pets* Derek Luiz, um maltês de quatro anos, e Dom Vlad, um chihuahua de dois, a jornalista se prepara para viver a experiência mais desafiadora da vida: se tornar mãe da pequena Rubi e conciliar a maternidade com a vida profissional.

É impossível falar sobre a minha carreira sem falar sobre a minha família. Aliás, famílias: a de origem e a que está sendo (literalmente) gerada no exato momento em que escrevo, emocionada, estas palavras, na 31ª semana de gestação da Rubi, minha primeira filha.

Não tem como negar: o ambiente familiar sempre influenciou muito em todas as minhas decisões, inclusive e, principalmente, nas escolhas profissionais. Felizmente, cresci com liberdade para fluir e investir na área que desejasse. Estudei Teatro e fiquei completamente apaixonada. Até cogitei seguir a profissão de atriz. Achava que levava jeito, mas, ao mesmo tempo, acho que não acreditava em mim o suficiente. Também achava arriscado. Mal sabia eu que tudo que viria pela frente seria. Em outro momento, sonhei em aproveitar meu 1,82 metro de altura para ser jogadora de vôlei, mas, reconheço: nesse caso, faltava talento. A altura só foi usada mesmo em alguns trabalhos que realizei como modelo.

A vida acabou me levando para outro esporte, menos difundido no Brasil, mas igualmente apaixonante: o remo, que durante cerca de quatro anos teve a minha dedicação quase que integral. Fui federada, participei de competições profissionais, chegando a ser campeã carioca e vice-campeã brasileira. Treinei com a Seleção e desejei competir a Olimpíada do Rio. Mas, num momento crucial da minha vida, as lesões chegaram e o investimento no esporte, não. Continuou precário. Aos 16 anos, quando estava prestando vestibular, decidi que cursaria Direito ou Jornalismo. As duas opções eram acolhidas pela minha família. Escolhi a segunda. Confesso que achei difícil ter que, tão nova, tomar a decisão do que fazer para o resto da vida (embora hoje eu saiba que não é bem assim. Sempre é possível mudar a rota e nunca é tarde para trocar de ideia). Mas abandonei o esporte e decidi que era hora de destinar todos os meus esforços em fazer o Jornalismo dar certo. E se ao longo desses 13 anos de carreira eu consegui fazer algo bom, todo mérito, com certeza, é de dona Malu Cascardo, minha mãe.

Antes de começar a falar, de fato, sobre a minha trajetória no Jornalismo, eu preciso falar um pouco sobre a história de vida dela, afinal, a força, a coragem e a garra de Malu são o que, até hoje, me inspiram a tentar crescer.

Meu pai, Rildo, faleceu em um acidente de carro na Rodovia Presidente Dutra quando eu tinha apenas dois anos de idade, em 1995, ano em que o nosso Botafogo foi campeão brasileiro. Aliás, ser alvinegra foi a principal herança deixada e uma das poucas lembranças que tenho dele. A partir daí, a minha vida foi cercada, predominantemente, por mulheres sábias e fascinantes. Minha mãe contou com o apoio de minha avó materna, Francisca (ou Teresa, como ela gostava de ser chamada), falecida em 2022. Eu era completamente apaixonada por ela. Eu sou.

Oriunda de uma família simples, mas muito trabalhadora, minha mãe lutou para me proporcionar as melhores condições para que eu pudesse me desenvolver profissionalmente. Eu tentei aproveitar todas as oportunidades que foram surgindo. Minha mãe sempre acreditou tanto em mim, eu precisava acreditar também. Mas a autoconfiança foi algo adquirido ao longo do tempo.

Iniciei na faculdade aos 17 anos, dona de uma ingenuidade que acredito ainda fazer parte de mim, mesmo que parcialmente.

Depois de já estar matriculada para começar os estudos de nível superior na tradicional Pontifícia Universidade Católica do Rio de Janeiro (PUC-Rio), tive a oportunidade de conhecer e ser aconselhada por profissionais renomados do Jornalismo Esportivo, área que até então eu sonhava em seguir. Influenciada por pessoas que eu tanto admirava, troquei as instalações dos prédios da Gávea pelo charmoso pátio das Faculdades Integradas Hélio Alonso (Facha), em Botafogo. A FACHA é conceituada pela formação de jornalistas reconhecidos. O *slogan* da faculdade é "em todo lugar tem alguém da Facha". E tem mesmo. O mercado de comunicação no Rio de Janeiro recebe muito bem os profissionais que são formados lá.

Lembro bem que, logo na primeira semana de aula, um dos professores perguntou quem na turma desejava seguir no jornalismo esportivo. De repente, a sala, completamente abarrotada de alunos no início de semestre, ficou cheia de mãos entusiasmadas e sonhadoras para o alto. Inclusive a minha. Apesar de a comunicação ser uma área com tantas possibilidades, aquela era a realidade em 2011. Todos queriam trabalhar com esporte. E não duvido que ainda seja hoje. Olhei para os lados e pensei: "Meu Deus, todo mundo aqui quer a mesma coisa? Vai ter espaço para todo mundo no mercado? E agora?". Naquele momento eu não deixei de sonhar. Mas logo de cara pensei que seria bom ter a mente aberta e outras alternativas para explorar.

Mesmo assim, ainda no primeiro ano de faculdade, me envolvi em um projeto voluntário chamado Jogada Ensaiada. Tratava-se de um *site* feito por alunos da instituição para cobrir notícias do esporte, principalmente futebol, que sempre foi uma grande paixão. Inclusive, esse é um conselho que geralmente dou para quem está iniciando na universidade: é importante se envolver em projetos ou estágios logo de cara, mesmo que não haja retorno financeiro nesse primeiro momento. O caminho é árduo e quanto mais experiência você adquirir, melhor.

A partir daí, não parei. Estagiei em alguns lugares, inclusive no principal jornal esportivo da época. Mas foi em 2013 que comecei, de fato, a aprender aquilo que até hoje faz diferença na minha carreira. Aquilo que mais coloquei em prática ao longo dos anos. Incentivada (mais uma vez) pela minha mãe, então ouvinte assídua da rádio BandNews FM, tentei uma vaga de estágio na emissora. Eu já havia feito uma visita à redação antes, localizada em Botafogo. Mas foi na segunda tentativa que a minha contratação deu certo. Entrei como estagiária e, cerca de três anos depois, saí profissional.

Olhando a minha trajetória hoje, entendo como foi essencial ter tido o rádio como base do meu aprendizado no Jornalismo. O rádio é mágico. Após a chegada da TV, falou-se tanto sobre o fim do rádio. Depois do surgimento da internet, mais ainda. Mas a verdade é que nada substitui esse veículo. É incrível poder ser os olhos de quem não está vendo a notícia. Relatar por meio da voz a imagem que o outro vai imaginar. A rapidez com a qual você pode entrar no ar e passar a informação também me encanta. No rádio, você pode ser repórter a qualquer momento, basta ter um celular. Atualmente, a TV já flexibilizou muito a cobertura e também trabalha assim. Mas essa sempre foi uma característica do rádio.

Foi no rádio que eu realmente me apaixonei pelo que passei a entender ser jornalismo. Foi onde aprendi a apurar. Onde entendi a urgência da notícia, mas, ao mesmo tempo, como é importante que ela seja transmitida de forma precisa. Foi onde eu percebi que meu trabalho podia fazer a diferença na vida das pessoas, que eu prestava um serviço à sociedade. Foi no rádio que eu nasci.

Ainda tive oportunidades incríveis, como a de ser uma das poucas mulheres a fazer reportagem de campo. Sim, infelizmente uma repórter mulher cobrindo uma partida de futebol na beira do campo ainda era algo não tão comum há poucos anos. E o machismo, bem perceptível quando um homem se aproximava fazendo perguntas que demonstravam que ele parecia não acreditar que você realmente entendesse de futebol. Participei também da cobertura de grandes eventos como a Copa do Mundo 2014, Olimpíada de 2016, eleições presidenciais e estaduais de 2014 e das eleições municipais de 2016. Como comentarista de futebol, pude compor a equipe do Batom Futebol Clube, projeto da extinta rádio Bradesco Esportes FM, que também funcionava nas instalações do Grupo Bandeirantes de Comunicação. O programa reunia uma mulherada incrível para falar sobre futebol. Cada clube tinha uma comentarista que também era torcedora. O clubismo era liberado, mas não faltava bom senso. Eu, como não poderia ser diferente, era a comentarista do Botafogo. Além disso, na integração entre a rádio e a TV Band, dei pequenos passos que me fizeram sentir um pouco do gostinho de estar também nas telinhas.

Saí dessa experiência para outra que parecia um pouco loucura, principalmente para minha mãe. Mas eu não tive medo, em nenhum aspecto. Pelo menos não dessa vez. Me aventurei nas alturas e fui repórter aéreo para algumas emissoras de rádio. Minha função era participar de sobrevoos de um helicóptero que levava repórteres para monitorar a cidade. O trânsito, o tempo, os transportes, e qualquer movimentação que pudesse chamar a atenção do olhar atento de um repórter. Eram emissoras com perfis diferentes. Num intervalo de poucos minutos, eu precisava "vestir um personagem" diferente e me adaptar para fazer as inserções nas programações. Entrava para rádio gospel, rádio popular, rádio de notícia, rádio musical. Aprendi a ser versátil.

Minha história com o rádio seguiu. Quando decidi encerrar meu tempo nos céus do Rio e pousar em solo firme (mas nunca tão firme nessa caminhada do Jornalismo), tive a oportunidade de integrar o time de repórteres da rádio CBN. Foi um tempo incrível, do qual me orgulho muito. Eu gostava do ambiente, dos colegas e da história da emissora. Tive a honra de avançar e crescer ao lado de gente que eu admirava muito, como a lendária Ermelinda Rita, repórter símbolo do rádio brasileiro. Uma das maiores apuradoras que eu já vi em ação. Era lindo vê-la trabalhar com tanta paixão e afinco. E mais lindo ainda ter o prazer de chamá-la de amiga.

Foi na CBN que tive a chance de fazer ancoragem, tanto da programação local, como em rede nacional. Também lembro bem do gostoso frio na barriga quando recebi a incumbência de apresentar o tradicional *Repórter CBN*, que sempre era lido por repórteres ou apresentadores estimados na casa. Participei, como repórter, das eleições presidenciais de 2018, incêndio no Ninho do Urubu, incêndio no Museu Nacional, desabamento dos prédios na comunidade da Muzema, na zona oeste do Rio, entre outros acontecimentos marcantes. Muito feliz na rádio, não imaginava que um dos maiores desafios da carreira viria a seguir.

Com o desejo ardente no coração de ter uma oportunidade na TV, ela surgiu. A minha passagem pela Record TV veio para sacudir a minha vida e me levar a outro nível de maturidade (pessoal e profissional). Recebi a missão de ser a primeira garota do tempo da emissora no Rio de Janeiro. Quando eu pensei em trabalhar na TV, poderia cogitar fazer qualquer coisa, menos isso. Eu nem acreditava que tinha esse perfil. Mas a verdade é que, na minha carreira, sempre fiz assim: dizia sim para toda e qualquer oportunidade que julgava ser útil para o meu crescimento, mesmo quando achava que era algo difícil demais para ser feito. Depois, eu dava um jeito de "matar no peito" e conseguir realizar a tarefa. Até hoje, sempre deu certo.

Aliás, um parêntese. Antes mesmo de entrar na CBN, eu tive a ideia de cursar uma segunda faculdade, a de Nutrição. Me interessava muito pelo assunto e estava um pouco desanimada com o Jornalismo. Ao mesmo tempo, teria que encarar matérias de Exatas, que nunca foram meu ponto forte ao longo da vida acadêmica. No entanto, consegui superar as minhas próprias expectativas e, durante o único período que cursei, tive um desempenho exemplar. Daí descobri que, na verdade, eu posso fazer qualquer coisa, desde que eu saiba o que realmente quero. E o que eu sempre quis, de verdade, foi o Jornalismo.

Entrei na Record com o desafio principal de trabalhar no estúdio. Editar meu texto (até aí, tudo bem), ler o *teleprompter*, lidar com o jogo de câmeras, ter desenvoltura, carisma e graça que se esperava de uma garota do tempo. Não foi nada fácil. Eu me dediquei muito para começar a sentir orgulho do meu desempenho. Busquei profissionais especialistas em TV, estudei e passei a cuidar mais da minha saúde e da minha aparência. Os resultados foram percebidos por colegas, chefia e público. Aliás, o reconhecimento dos telespectadores de uma emissora tão popular e a interação com eles era a parte mais especial do que eu fazia.

Também foi durante a minha passagem pelos estúdios de Vargem Grande, na zona oeste do Rio, que eclodiu a pandemia de covid-19. Além da previsão do tempo, apresentei então um quadro que informava sobre a situação da doença no Rio de Janeiro. Eram atualizações diárias e tristes naquele momento. Também fui para as ruas, fiz reportagens, produzi, cresci. Depois dessa vivência, precisei retornar a um antigo lugar que ainda tinha muito a me ensinar.

Em abril de 2021, voltei a Band para uma rápida passagem. Entendo que foi para realizar, no lugar que reconheci como lar, o que ainda não tinha feito. Muito mais madura e resiliente, ganhei novas chances de evoluir meu trabalho atuando na rádio Band News FM, na TV Band, no BandNews TV e na rádio Bandeirantes.

Saí pronta para alçar voos na maior emissora de notícias do mundo, a CNN, no ar no Brasil desde 2020. Na CNN, minha casa desde janeiro de 2022, segui colocando em prática aquilo que felizmente assimilei cedo. Ser um profissional multimídia é mais do que importante, é essencial. Na CNN, além de atuar como repórter de TV, tenho o privilégio de estar presente em todas as plataformas: também escrevo para o *site* e faço inserções na rádio, numa parceria entre CNN Brasil e Transamérica. Além disso, exerço a função de videorrepórter, o que me possibilita, diversas vezes, ir para a rua sem a companhia de um cinegrafista ou auxiliar. Sozinha consigo montar meu equipamento e fazer os *links* para a TV com a câmera de um celular. É uma modalidade já adotada por outras emissoras de TV do Brasil e do mundo. Isso nos reforça que o jornalista que atualmente deseja trabalhar como repórter precisa ser cada vez mais multifacetado.

Também é trabalhando na CNN que vivo um dos processos mais especiais e doidos da minha vida. E agora sou obrigada a falar de novo sobre família. Um grande desafio se aproxima novamente, agora no âmbito pessoal, mas que certamente trará consequências no aspecto profissional. Minha filha Rubi chegará em pouco tempo e, enquanto isso, tudo se transforma. Por fora, mas, principalmente, dentro de mim.

Os amores da minha vida, Derek Luiz, meu maltês de quatro anos, e Dom Vlad, meu chihuahua de dois, já me ensinaram muito sobre o amor. E agora, finalmente, me sinto minimamente pronta para continuar aprendendo com Rubi. Tenho falado muito que faz todo sentido a gestação ter nove meses. Não só por causa do desenvolvimento do bebê, mas para a preparação da mãe. Ao longo das semanas são muitas emoções, sensações e medos diferentes. Um deles é em relação à vida profissional. Como vão ficar as coisas depois que ela nascer? Como vou me dedicar a uma bebê que depende 100% de mim e seguir a minha vida profissional? Vou ter tempo para fazer tudo? Olha, eu sinceramente ainda não tenho as respostas. Mas estou com o coração aberto e ávido para descobrir. E tenho certeza que, diante de toda essa transformação dos últimos meses, passei a entender o tempo certo das coisas e a dar valor ao que realmente importa.

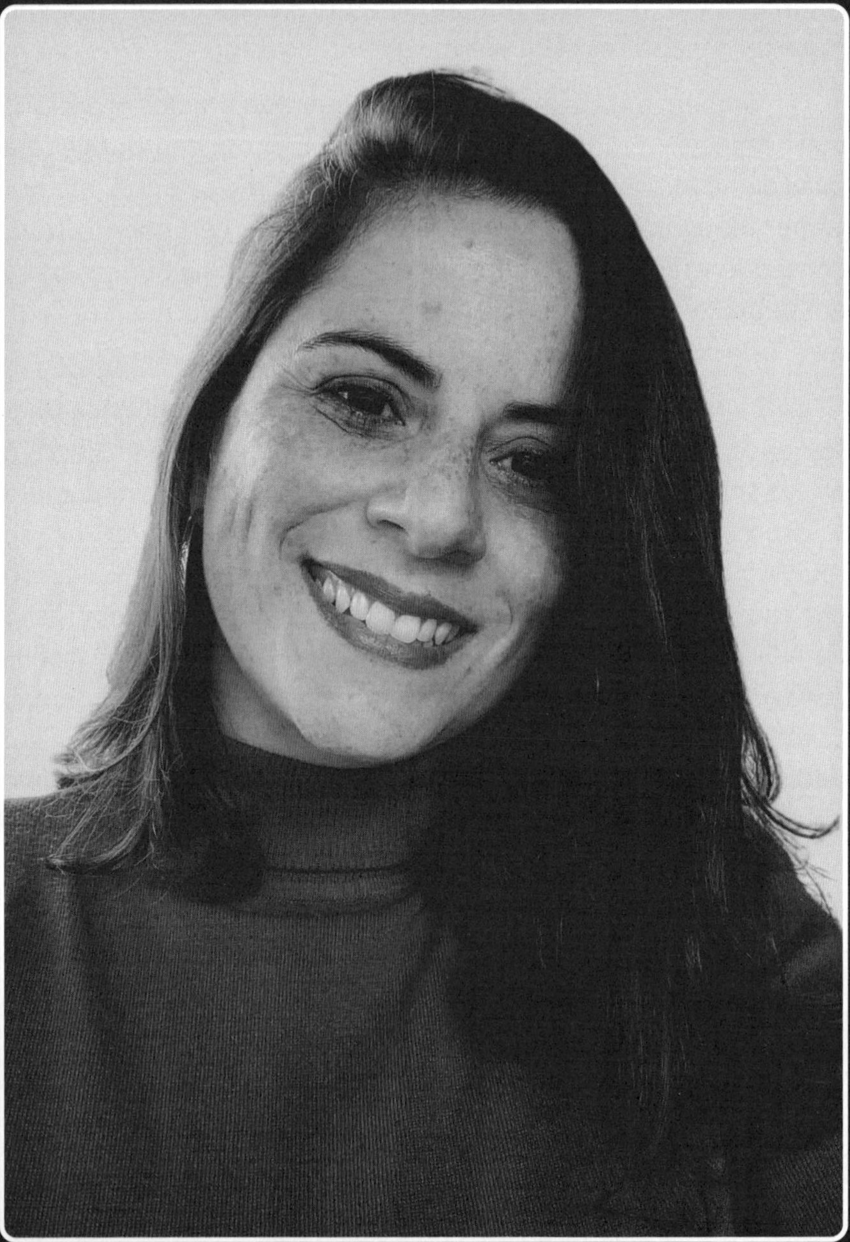

Jornalismo na redação

Raphaela Ribas

LINKEDIN

Com passagem por grandes redações, é jornalista de Economia desde 2008 e escreve sobre negócios e energia. Em 2023, esteve entre os 10 jornalistas mais premiados no Brasil, segundo o *ranking* Jornalista & Cia. Entre seus prêmios, destaque para o Prêmio Jornal Impresso da Associação Brasileira de Franchising (ABF) e o Prêmio Abecip de Jornalismo, concedido pela Associação Brasileira das Entidades de Crédito Imobiliário e Poupança, organização pela qual também foi premiada em 2016 e 2022. Em 2021, conquistou primeiro e segundo lugar na categoria Texto do Prêmio Sebrae RJ de Jornalismo 2021. É natural de Curitiba (PR) e também já morou em Vitória (ES), nos Estados Unidos, na Austrália e no Rio de Janeiro.

Eu já contei muitas histórias, mas este talvez seja o lide mais difícil de escrever. A verdade é que nunca pensei em ser jornalista. Mas meu jeito curioso e observador, somado à experiência vivida nos estágios e, claro, à busca pela orientação de Deus, foi moldando o caminho. Principalmente na reportagem, embora eu goste também da comunicação corporativa, com a qual já trabalhei e sempre flerto. Com quase 15 anos em redações, acredito que posso contar mais sobre esse universo, o que aprendi no dia a dia fazendo reportagens nas ruas, dentro dos jornais, as "furadas", os aprendizados, os erros e, os momentos felizes. Porque, sim, no Jornalismo, a gente rala e se diverte muito, conhece pessoas incríveis, histórias que mudam a nossa vida e que impactam gente que nem imaginamos. É, de fato, uma profissão muito dinâmica.

Profissão, aliás, que nunca esteve na minha lista de possibilidades na infância. Eu queria mesmo era ser médica ou professora. Mas aí, quando vi sangue pela primeira vez em uma aula de Ciências (como se chamava na época), logo percebi que seria inviável. Ao longo dos anos, descobri que essas profissões têm semelhanças. São daquelas que têm que gostar. Só dinheiro não segura um médico, porque tem que ter muita dedicação e estudo contínuo. O mesmo, à exceção da compensação financeira na maioria das vezes, se aplica aos jornalistas e aos professores. O sujeito pode estar de férias, estirado na cadeira tomando sol que, se alguém precisar de ajuda, ou houver a possibilidade de uma notícia, esses profissionais voltam à ativa em segundos. É natural, é instintivo. É uma pena que o respeito e a remuneração são inversamente proporcionais ao que jornalistas e professores merecem – especialmente os nossos mestres. Claro que tem profissional mau caráter em qualquer lugar, mas, no geral, são pessoas que se esforçam para ensinar e informar, e alguns colocam até mesmo a vida em risco para levar conhecimento às pessoas – e por elas mesmas são agredidas. Triste isso.

De toda forma, a única similaridade com as possíveis profissões da minha lista de criança é a ralação, as horas extras e a paixão.

Eu sempre fui muito curiosa, ousada, criativa e observadora. Estas características são bem comuns em jornalistas, especialmente em repórteres. Mas nunca fui excelente em Língua Portuguesa na escola. Eu gostava de História, de entender o porquê das coisas, do que levava as pessoas a tomarem tais decisões que mudavam o curso de uma cidade, de uma década. Pode soar bonito, mas, na verdade, eu suava muito para conseguir ir bem nas provas e na redação. E até como repórter depois. Eu tinha boas sacadas, mas nem sempre conseguia escrever tão rápido e de forma coesa quanto alguns colegas. Por outro lado, percebia pautas onde outros não viam e conseguia entrevistas que alguns julgavam impossíveis, como a do Eliezer Batista (notório empresário não por seu filho famoso, mas por impulsionar a Vale), Luiza Helena Trajano, Gilberto Gil e Graça Foster, então presidente da Petrobras.

Lembro que, no caso do Eliezer Batista, me disseram: "Ele não fala com ninguém, não dá entrevista, mas se quiser tentar...". Com a Graça foi parecido, porque a entrevista tinha sido marcada com bastante antecedência, mas acabou caindo no dia de um anúncio delicado da estatal. A editora disse: "Duvido que ela fale com você hoje, ela vai desmarcar". Mas Deus é bom, minha gente. Nos dois casos, fiz a minha parte e orei a Deus. eu sempre agradeço e entrego a Deus o meu trabalho, peço direção, ajuda. Com Eliezer, foram quatro meses de negociação até ele me receber em seu sítio, na região serrana do Espírito Santo, Pedra Azul. Foi em uma Sexta-feira Santa. Abri mão do feriado e topei na hora.

O que quero dizer com isso é que cada um tem suas habilidades e características, e que algumas são autênticas e outras podem ser aperfeiçoadas. Por exemplo, uma pessoa que não é naturalmente tão curiosa pode anotar as perguntas que precisa fazer para não se esquecer de nada. Já alguém que não tem um texto final pode, e deve, ler mais e escrever mais ainda para refinar sua escrita. Texto só se aprende escrevendo e lendo. Isso já dizia um editor meu muito querido e a prática comprova.

Primeira história e a escolha do Jornalismo

A primeira história que escrevi foi um incentivo do meu pai. Fui visitar Teresópolis nas férias, voltei de lá maravilhada com tanta História e ele disse: "Por que você não pesquisa mais e escreve?" Isso em uma época que não tinha internet. Fiz, gostei e nunca mais parei. Mas, calma, não foi bem assim. Aliás, quem com 16 ou 17 anos sabe o que vai ser na vida? A minha escolha foi bem peculiar...

Dadas as minhas afinidades e interesses, depois de desistir de Medicina e já conhecendo melhor meus gostos na adolescência, fiquei muito em dúvida entre Jornalismo e Direito. Cheguei a fazer teste vocacional e, adivinha? Deu empate! Pois preenchi a minha ficha de inscrição e deixei em branco apenas o curso com a esperança de que na hora da pressão desse o *insight*. E tudo isso orando e pedindo direção para Deus. Fui para a fila do banco, em Curitiba, pagar a taxa e pensando: "Socorro, Deus, que que eu faço?".

Eis que chega uma equipe de TV de um jornal local, monta o

equipamento e a repórter, sem perguntar antes se podia fazer entrevista, como é de praxe, colocou o microfone na minha cara e perguntou ao vivo: "Vai se inscrever para qual faculdade?". Do jeito que Jornalismo saiu da minha boca no susto, risquei no quadradinho da ficha. Uns dirão que foi coincidência, técnica, outros que podia ter dado errado. Depois de 20 anos, eu digo: só sei que foi assim!

Para mim, Jornalismo tem que ser útil. Particularmente, nunca quis fazer Jornalismo para contar histórias, como boa parte dos meus colegas. As histórias enriquecem a narrativa, claro, e muitas vezes conectam o leitor. Mas o que sempre me motivou foi o serviço às pessoas. Mais ou menos como quando era aluna de História: O que esse fato significa? O que muda na minha vida? O que posso fazer diante disso?

Fiz muitos estágios na época de faculdade. Fui atrás de testar impresso, TV, agência, assessoria. Só rádio que não fiz e senti falta – ainda acho a melhor escola de todas, pois é onde se adquire a melhor agilidade de escrever um texto em tempo real. No Jornalismo, você tem que ter certa dose de cara de pau. Às vezes, tem que "apertar" e fazer perguntas amargas ao prefeito ou ao presidente que seja – com respeito, claro –, afinal é alguém que foi eleito pelo povo e precisa prestar contas, então cabe ao repórter esse papel. Veja, não é ser arrogante, mas ser firme. Para isso, tem uns que são desinibidos por natureza, outros suam. Eu fiz teatro para me soltar e melhorar a concentração. Fiz na faculdade e na igreja como voluntária num grupo social para atender crianças em bairros carentes.

Depois da faculdade, morei um ano nos Estados Unidos e Unidos, onde aprendi inglês, e dois anos na Austrália, onde estudei Marketing e Business, que mais tarde contribuíram em várias pautas de Negócios e na área de Economia na qual eu viria a trabalhar.

Sempre incentivo os colegas mais novos a viverem essa experiência internacional. Seja como babá, para estudar, como bolsista... apenas vá! Ainda mais que hoje os jornais têm parcerias e também há várias bolsas de institutos voltados para jornalistas, melhor ainda!

No meu retorno ao Brasil, fui morar no Espírito Santo, onde retomei a carreira de jornalista. Comecei cobrindo Economia e Política, passei por Cidades e me especializei em Negócios e Óleo e Gás. Não era um clima fácil, muita pressão. Mas nossa equipe era muito unida e isso fez toda a diferença; jornalistas incríveis com quem tive o prazer de trabalhar e que hoje são referência no Jornalismo.

Só se aprende... errando, infelizmente

No meu primeiro dia de trabalho em uma das redações que trabalhei, o editor-chefe disse: "Faz parte errar. Vocês trabalham com informações, pessoas, palavras. Então, todos os dias vão errar, não se preocupem, mas que sejam sempre novos erros". Levei para a vida.

Duas coisas que considero importante, não só para jornalistas; primeiro, é reconhecer o erro e, segundo, entender o que houve e a responsabilidade de cada um. Todo mundo erra, gente. Não precisa ficar se martirizando, mas também não seja orgulhoso ou, pior, não jogue seus erros em cima dos outros. Seja humilde para reconhecer e, se puder, conserte, se desculpe, e vida que segue.

Agora, é essencial também saber o que aconteceu para não repetir, e aí tem um detalhe: o que é seu e o que é do outro? Em redações, uma pauta é muita dinâmica e passa por muitas mãos, então é importante repassar o que houve para não se repetir nem crucificar ninguém. Pode ter sido um erro apuração? Sim. Mas pode também ter sido problema de gestão ou de logística.

De todos os meus erros como jornalista, o que mais me dói lembrar até hoje é este: sem querer, fui a primeira pessoa a dar notícia para uma moça de que sua mãe tinha morrido. A senhora era funcionária de uma universidade e passou mal dentro do banheiro. Chamaram a polícia, a ambulância e, depois, o Instituto Médico Legal (IML). As informações eram desencontradas e, quando a família chegou, achei que já soubessem. Mas não sabiam. Foi a pior experiência que tive como repórter. E imagino que, para a filha, foi devastador.

Outros dois erros que demorei para consertar foram: duvidar de mim o tempo todo e pôr limites. O sistema de uma redação pode potencializar nossas inseguranças, como a autocrítica, o perfeccionismo, concentração etc. Isso porque estamos o tempo todo buscando levar informações precisas, corretas, com o português impecável, texto objetivo – e isso sem contar a briga pela audiência. É preciso cuidado para não se deixar levar pelos outros. Na minha trajetória, conheci pessoas duras e inflexíveis – e posso também ter sido para alguém (peço perdão) – que, na ânsia de fechar uma página, publicar uma matéria, passavam como um trator pelo repórter.

Agora, acredite ou não, na minha experiência pessoal, vi mais mulheres serem implacáveis com outras do que homens. Não sei se é a insegurança, pressão que elas também passam, mas sinto falta de apoio mútuo em alguns casos. A gestão, de forma geral, nas redações é meio arcaica, então não existe plano de carreira, fica tudo meio confuso.

Um exemplo sobre mulheres, limites e tratores ocorreu na cobertura da pandemia. A orientação do jornal era a de sempre perguntar se o repórter estava bem de saúde para ir a campo. Eu não estava. Não lembro se era febre, gripe. Eu sou bem responsável e comprometida, mas naquele dia não estava bem. Relatei para a editora do plantão, que me pressionou até eu ir. É a mesma pessoa que se queixou de outra repórter, grávida de sete meses, ter avisado que atrasaria 20 minutos para comer antes de trabalhar. O que dizer?!

Por outro lado, encontrei pessoas que enxergaram em mim qualidade e potencial que nem eu via, me conduzindo a outro patamar profissional. E confesso que esse foi um processo difícil. Mesmo com alguns prêmios nacionais e reconhecimentos de jornalistas que admiro, demorei a ter o meu próprio reconhecimento. Por isso, digo que é fundamental a gente se cercar de pessoas bacanas e ambientes de trabalho que nos incentivem e valorizem. Isso faz diferença.

Entre os aprendizados, para mim, o principal na vida de repórter é o de se relacionar. É essencial conhecer do presidente da empresa ao tiozinho que faz frete e o cara que é guia lá no Rio Grande do Norte. Tudo enriquece suas pautas – e sua vida, diga-se.

Repórter tem que circular, encontrar fonte, andar pela rua, ver gente. Que seja a abertura de um quiosque de perfumes. É da sua área? Vai, porque ali sempre haverá pessoas interessantes, histórias, conexões. É aí também a parte de que a vida do repórter é divertida. Estamos sempre conhecendo lugares, pessoas, vivendo experiências. Isso é sensacional!

Confie no seu *feeling*, mas tenha dados

Experiência é importante, técnica também, mas não se faz jornalismo sem sensibilidade. Não digo apenas o respeito ao outro, embora, valha lembrar: o repórter é a pessoa que tem acesso ao entrevistado e, muitas vezes, essa pessoa vai se abrir, contar coisas pessoais, sem ter ideia da dimensão do que é falar com a imprensa ou do peso do que está falando. É nossa responsabilidade proteger a fonte, decidir o que é relevante e ser o freio à pressão por audiência do editor ou do jornal. O repórter é a pessoa que informa, que quer vender a notícia, claro, mas é também em quem a fonte confiou. É bom não se esquecer disso.

A sensibilidade à qual me refiro aqui é a de ler as entrelinhas, sentir a "energia", enxergar a tensão entre dois ministros ou a camaradagem entre dois supostos inimigos. É perceber que tem executivo viajando de ônibus e fazer a ligação de que é porque o avião está caro, por exemplo.

Por isso, o repórter tem que circular. Por trás de estatísticas e daquele emaranhado de números estão pessoas, e isso é o que me motiva no jornalismo: destrinchar esse caminho todo e explicar o porquê das coisas, de uma forma acessível a todos. Tem as matérias que surgem de observações do cotidiano. Várias reportagens minhas foram assim: motoristas de táxis no Rio que não queriam ligar ar-condicionado, problemas de malas no aeroporto e o crescimento das marcas próprias de supermercados.

E aí é que entra também a importância dos dados. Tem que verificar se corroboram a percepção. O caminho contrário vale. Se você analisar gráficos, verá uma tendência ou comportamento também.

Para as fontes, entrevistas por telefone, assim como troca de dados por *e-mail*, facilitam muito. Mas, no geral, um *e-mail*, sem conversa, é a pior das interações (alô, assessores!). É engessada, não progride. Serve apenas para passar dados ou notas oficiais. Agora, para *cases*, é melhor ir ao local quando dá, pois há outros recursos que o ajudam a contextualizar a pauta.

Como funciona um jornal?

Essa é a pergunta que mais me fazem. É mais comum o repórter "cavar uma pauta", porque é ele que costuma ter uma área de cobertura e estar por dentro do tema, acompanhando os desdobramentos do que está rolando, em contato com as fontes. Os editores e pauteiros (produção) sugerem a partir de informações dos seus contatos. E recebemos, ainda, ideias de fora, de assessorias, agendas etc.

Uma observação importante. Na verdade, um desabafo: jornalista não dá só notícia ruim. A notícia está lá, nós informamos. Jornalismo informa, entretém, investiga e conta histórias lindas e curiosas, contudo, seu principal papel, a meu ver, é ser útil para a sociedade. Já parou para pensar que muitos problemas foram resolvidos porque a mídia deu luz ao tema? Por isso, cobramos governos, empresas e mostramos o que não está certo.

Algumas notícias nós "cavamos", vamos atrás. Podem até render os tais "furos". Já outras são mais óbvias. É o caso de agendas, como as regras do Imposto de Renda do ano. Tem todo ano e, dependendo do assunto, pode desdobrar em outras matérias. Um adendo: tenha uma listinha de fontes confiáveis, que dominem o assunto e sejam disponíveis.

A rotina de jornal online e impresso é parecida na questão do planejamento, mas no caso do papel tem a logística. No impresso, por volta de meia-noite, os jornais do dia anterior começam a ser distribuídos. Cinco a seis horas depois, uma equipe começa o novo jornal, seja com a publicação de notícias no *site* ou com os jornalistas tomando conhecimento do que rolou de madrugada. Pela manhã, costuma acontecer uma reunião geral de pauta com as apostas do dia de cada área.

Nas horas seguintes, os repórteres vão sendo pautados de suas matérias e, conforme apuram, dão retorno aos seus editores. Parece simples, mas é mais caótico do que soa. Estamos sempre contra o relógio; às vezes o chamam antes, derrubam uma pauta porque entrou outra. Normal. O repórter tem um *deadline* (prazo limite) para entregar pelo menos um resumo (lide ou título) do que tem para seu editor, que passa na reunião da tarde aos demais.

Isso tudo é para entender a dinâmica de que numa redação tudo é interligado. As informações são repassadas em várias etapas e, assim, a capa do dia vai sendo formatada ou o site vai mudando.. Mas, calma, que agora é que começa a correria contra os minutos. Até aqui foram contra as horas. Os repórteres correm para escrever todas as informações que passaram o dia apurando, enquanto os redatores correm para revisar o que já receberam – e quase sempre é ao mesmo tempo. Na prática, enquanto você escreve sobre soja, te perguntam sobre carnaval e você responde sobre petróleo. Sim, é meio caótico, mas funciona.

Lembrando que por volta de meia-noite o jornal já estará nas ruas e cada minuto conta. Conta e custa caro. Atrasos interferem diretamente nas vendas.

O básico bem-feito é sempre imbatível

Podem surgir vários modelos de conteúdo e plataformas – inclusive, que ganham milhões por *post* –, mas nada substitui o básico: dados, boa apuração, entrevistas interessantes com pontos de vista diferenciados, histórias curiosas e, tudo isso, costurado em um texto bem narrado.

Eventos recentes em que influenciadores digitais vendem coisas na internet e depois "tiram o corpo fora" sem responsabilidade alguma só corroboram a relevância do Jornalismo. A própria pandemia nos mostrou a importância de ter fontes confiáveis. Prova disso é que o online cresceu nos últimos dois anos.

Eu faço parte de uma geração que viu a câmera analógica e o auge das edições impressas, acompanhou a digitalização, o *boom* das redes sociais, assim como os desafios de agora e do futuro, incluindo inteligência artificial.

Penso que hoje a grande fragilidade, em geral, das redações é a gestão, que precisa se atualizar. O modelo de pirâmide invertida não se sustenta por muito tempo. É preciso as mudanças, porque qualidade tem, e é isso que fez até hoje todas as previsões falharem. Diziam que o rádio ia acabar, depois a TV e o jornal – e estão todos aí. Porque, no fim das contas, o que mantém uma redação ainda é a notícia que nós, repórteres, apuramos todos os dias.

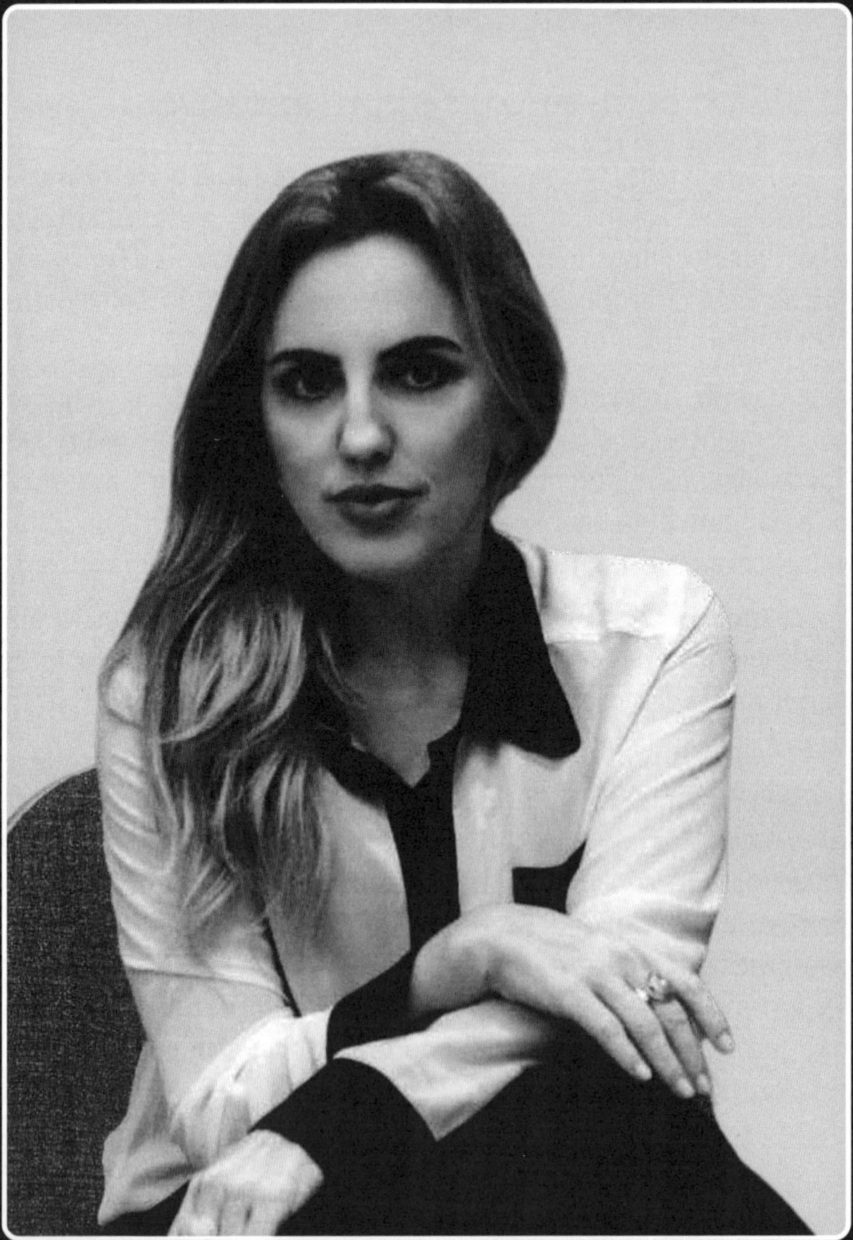

Uso a comunicação para ajudar pessoas: esse é meu propósito

Renata Rode

Jornalista de formação, escritora de coração, pesquisadora. Comunicadora e assessora de imprensa há 26 anos, também é colunista do portal *Jovem Pan*, repórter da revista digital Ana Maria UOL e editora-chefe do portal e revista Infomente, um infoproduto da Editora Leader. Aos nove anos, decidiu que seguiria no Jornalismo e, aos 11, escreveu seu primeiro livro (de ficção, não publicado). Redatora premiada pela ABEMD, ariana nata, loira, mãe leoa de uma menina de 12 anos e um *pet* de 7, também é autora de livros sobre comportamento, roteirista e *ghost writer*. Já foi repórter de celebridades na Record TV, roteirista de Luciana Gimenez na RedeTV e colunista especial do UOL; e adora falar sobre autoconhecimento, experiências e pessoas. Aos 47 anos, lançou o segundo livro sobre separação ou rompimento, "Todo mundo Erra", dessa vez em formato de *planner* emocional integrativo, sendo a primeira obra estruturada dessa forma, para que os leitores possam absorver, ultrapassar e ressignificar os lutos vivenciados quando se passa por um ciclo ou quando alguém é retirado de nossas vidas, para que possamos seguir em frente e de cabeça erguida, pela Editora Leader.

Uso a comunicação para ajudar pessoas: este é meu propósito

Desde pequena, quando me perguntavam o que eu queria ser quando crescesse, eu resolvi que seria jornalista e isso aconteceu aos nove anos de idade. Exatamente no dia em que eu, pela televisão, vi a notícia da morte do presidente Tancredo Neves. Lembro que a gente morava em um sobrado que ficava na parte de trás da pista do aeroporto de Congonhas. Estávamos eu e meus irmãos no quarto, enquanto eu assistia pela TV o noticiário e olhava a repórter cobrindo o fato histórico e, de longe, via o avião oficial na pista aguardando para o traslado do corpo. Então, decidi que queria estar ali, onde quase ninguém podia estar, e assim decidi pelo Jornalismo.

Sou da época em que as famílias iam para as ruas reverenciar heróis e nunca me esquecerei do dia em que demos adeus ao único Ayrton Senna. Essa foi a segunda vez que senti por não estar formada para poder acompanhar e informar as pessoas, e assim cresci, reparando no impacto que a comunicação tinha na vida de todos.

Na escola, eu fazia redações para os amigos que odiavam português em troca de lanchinhos (sim, aí já estava minha veia empreendedora) até uma professora desconfiar e desmembrar o esquema praticamente "ilegal" de troca de histórias. Minha mãe era chamada pela diretoria, porque sou de uma época em que pais ainda se preocupavam com filhos e professores se sentiam responsáveis por ajudar a encaminhar jovens talentos. Para minha mãe, já tinha virado rotina um docente a contatar para alertar sobre meu dom para a escrita – até hoje ela repete isso, com todo orgulho do mundo.

Nostalgia à parte, sempre fui precoce. Comecei a trabalhar aos 13 anos e entendi que, na minha vida, tudo dependeria única e exclusivamente do meu esforço. Com essa mentalidade, ingressei no curso de Comunicação da FIAM e ali começou uma trajetória repleta de altos e baixos.

Eu trabalhava e pagava minha faculdade, e olha que estudava de manhã. Morávamos nessa época na zona norte, em Santana, e eu pegava dois ônibus e um metrô para chegar ao *campus* no Morumbi. Quantas vezes não saí de casa com tudo escuro, parecendo noite? E era à noite que eu voltava, porque trabalhava até as 22 horas em uma escola de inglês, na parte de Marketing e Comunicação, depois de ter estagiado e até feito *clipping* em outras empresas menores. Está aí a primeira lição que aprendi com relação à minha profissão: se você busca algo, é preciso se esforçar, acreditar e ir além, porque a faculdade lhe dá os parâmetros, a base, mas é na prática que você realmente aprende, e é na marra.

A vida me levou a experimentar várias áreas ligadas à Comunicação. Desde o *marketing* interno feito na escola de idiomas até o estágio como "rádio escuta", passando por repórter de televisão, editora de revistas, roteirista e sempre esbarrando na propaganda, aliás, fui gerente de *marketing* de uma rede de lojas de decoração por alguns anos e desenvolvi meu trabalho com muita competência, deixando um pouco de lado o talento da escrita em prol de pagar boletos, porque essa era minha necessidade momentânea e não me arrependo. Eu aprendi que posso ser o que quiser; na verdade, basta ter esforço. E assim, depois de um tempo afastada das redações por "motivos de força maior", eu retomei com mais sede ainda o trabalho como redatora de revista na Editora Escala, uma das maiores do país. Lá passei por várias revistas, desde moda, casamento e até uma publicação de inclusão social, e aprendi demais com minhas diretoras de redação. De repórter, evoluí a editora especial e fiquei um período responsável só por matérias e capas. Ali, pude ver que o que tinha aprendido em *marketing* era usado agora para vender revista e, assim, progredi para editora-chefe, até chegar a comandar um título na também grande Editora Símbolo.

É gratificante ver seu trabalho evoluir ao longo da jornada. Aqui, apenas estou pincelando minha trajetória, porque, se for escrever sobre todos os lugares e experiências que tive, vai parecer que tenho 84 anos. A menina que se formou em 1997 sempre foi eclética, multifacetada e adora aprender até hoje. Já atuei como repórter especial de editoras como Abril, em *sites* como UOL, dentre várias outras publicações e portais, até chegar ao ponto de lançar meu próprio livro, em 2009, e ali, por ser entrevistada em mais de 40 programas de televisão, aconteceu algo que mudaria minha vida para sempre.

Lembra que eu disse no título que meu propósito é ajudar pessoas com a comunicação? Pois bem. Quando me separei do primeiro casamento, fui buscar um livro que explicasse um pouco sobre divórcio e essa nova fase e não encontrei. Arregacei as mangas e, durante dois anos, entrevistei 100 pessoas separadas, compilando as descobertas em um livro. Juro que não tinha a pretensão de ir tão longe; tudo começou com o intuito de ajudar leitores a enfrentar o "luto" após rompimento e eu fui parar no sofá do Programa do Jô. Aquilo mudou tudo para sempre, tanto pela projeção do meu trabalho, quanto por ter despertado outra paixão que tenho em minha vida como comunicadora: o bichinho da televisão me mordeu e aí não tem jeito...

Não foi de bate e pronto que fui para frente das câmeras. A pulga ficou atrás da minha orelha e eu continuei firme escrevendo.

Uma das fases que mais amei na minha vida aconteceu quando fiz parte de um time de redatores que escreviam para o universo feminino, o *Itodas*, braço do *UOL*. Por mais de três anos fui repórter especial de sexo e relacionamento e vivi experiências incríveis, porque, na verdade, lá para trás tinha deixado o sonho de ser repórter da revista *Nova*. Essa revista foi marcante, pois foi uma das primeiras publicações a falar sobre sexo para a mulher. Lembro até hoje que a parte da matéria sobre relacionamento vinha colada com adesivo, meio "lacrada" e eu achava aquilo o máximo. Sim, novamente a história de ter acesso exclusivo por meio da informação e eu "me achei" durante anos sendo a voz como repórter do maior portal da América Latina para milhares de mulheres e até homens que tinham vergonha de perguntar "certas" coisas, afinal, naquela época, falar sobre sexo e relacionamento ainda era um tabu. Mas voltando à carreira, após o lançamento do livro fui enfeitiçada pela televisão e anos depois lá estava eu, sendo entrevistada para fazer parte do elenco do *Programa da Tarde*, apresentado na época por Ana Hickman, Ticiane Pinheiro e Brito Junior na Record TV e, bingo, contratada.

Não demorou para que de roteirista eu passasse para editora de vídeos. Por ser ousada, até fiquei nos primeiros programas como apoio aos apresentadores e respondia o *chat* da atração, direto do estúdio, mas queria mais. Comecei a me dedicar a um quadro chamado "Diário das Celebridades", que existe até agora no *Hoje em Dia*, e virei editora dele, até que surgiu uma oportunidade e me joguei com apoio de amigos queridos. Por isso, digo que a faculdade vai lhe dar a base, mas é na vida real que você aprende, erra, se refaz e consegue.

Nunca tinha sido repórter televisiva na vida e, de cara, fui cobrir uma feira em um domingo, como um teste. O diretor da atração era simplesmente Vildomar Batista e eu jurei para mim que faria o meu melhor, e fiz. Minha primeira entrevista foi com Bruno Gagliasso e eu já o conhecia, porque durante as jornadas tinha atuado como assessora de imprensa do grupo Azaleia e estive presente em feiras e gravações de comerciais e por aí vai. Ou seja, pensar fora da caixa, atuar em diversos segmentos da comunicação sempre me ajudou e, agora, me ajudaria na responsabilidade de segurar o microfone de uma grande emissora de televisão. Detalhe: com celebridade você não tem como errar, são poucos minutos ali com a câmera na cara e todo mundo olhando em volta; é uma pressão danada e posso dizer que é uma sensação maravilhosa quando tudo dá certo. Gravei, editei e apresentei, no meio do quadro que eu assistia todos os dias ao lado do diretor, a minha primeira reportagem para a televisão. Nunca me esqueço das palavras dele: "Foi iniciativa sua?", eu respondi que sim, com apoio dos amigos verdadeiros Fernanda Felix e Thiago Rocha. Ele perguntou: "Quando gravou?" e eu respondi "Ontem". Detalhe: eu tinha ido gravar no domingo, que era meu dia de folga, e ele abriu um sorriso e falou: "Parabéns. Você cresce na TV. Pode continuar" e eu agradeci. Fiz história na Record, porque entrevistei de Pelé a Claudia Raia, de Antônio Fagundes a Ivete Sangalo, durante quatro anos mágicos e de muito trabalho. Aliás, passei pelas gestões de Vildomar Batista e Bruno Gomes intacta, até que a atração saiu do ar por determinação da direção...

Já que este é um livro inspirador, vou lhe contar um segredo da minha carreira: nunca larguei a assessoria de imprensa de vez ou nunca fiquei em uma função só em comunicação. Aprendi a não depositar todos os ovos de ouro em uma só cesta e essa experiência me foi concedida devido aos anos em *marketing* e na ralação. Por isso, hoje contabilizo 26 anos de *know-how* e *cases* porque aprendi a atuar dos dois lados do balcão, e isso não tem preço. Cada lugar que passei me trouxe uma lição que levo para a vida não só profissional, como pessoal. Por essas andanças, eu aprendi muita coisa. E aí eu entendi – isso eu vou deixar de lição – que a mídia escrita é uma coisa, a mídia internet é outra, a mídia on-line/redes sociais, outra. Então, cada um com suas peculiaridades, cada um com suas implicações.

Meu primeiro contato com os chamados *haters* veio após

a entrevista com Jô Soares. É claro que 85% dos comentários e mensagens que deixavam para mim eram positivas, mas aqueles 15% restantes eram, no mínimo, cruéis... No *UOL*, aprendi sentindo na pele que a opinião alheia não me interessava e comecei a desativar a leitura de comentários das minhas matérias. Até hoje acho que aquilo foi um ensaio para ter coragem de ir à frente das câmeras e entrevistar famosos. E isso não é uma tarefa fácil, e faz você aprender muita coisa, o obriga a estudar o ser humano e, por essas e outras, que eu afirmo ainda que espalhar empatia por meio da comunicação é, sim, minha missão.

Tanto que quando fiz isso, no meu primeiro livro, virei uma pesquisadora nata, uma "especialista em relacionamento", e antes de ir para a Record tive um quadro ao vivo com Claudete Troiano na TV Gazeta dando conselhos para pessoas. O que aprendi com essa trajetória? Quando descobrimos nosso propósito e o exercitamos, as conexões começam a acontecer, o *network* se faz instantâneo e organicamente e evoluímos.

Meu sonho profissional é mudar o mundo, transformar o mundo por meio da escrita, ajudar pessoas a partir dela ou da televisão. Eu ainda tenho um projeto que está na gaveta, um quadro para televisão ou canal no YouTube que eu possa produzir e ajudar as pessoas. Assim, estarei feliz e com a certeza de dever cumprido. Por enquanto, e com muita honra, sou colunista do portal *Jovem Pan* e repórter da revista digital *Ana Maria*. Além disso, por minhas andanças em diversas áreas, desenvolvi habilidades como *ghost writer* e escrevo, com emoção, as histórias das outras pessoas. Com esse propósito de ajudar, fui convidada a escrever o livro de Eduardo Sacchiero e, então, conheci a CEO da Editora Leader, Andréia Roma, e posso dizer que esse foi outro marco em minha vida profissional e pessoal. Aprendo demais com a Andréia e tenho orgulho de fazer parte de sua equipe em projetos pontuais e sua vida. Ela me ensinou de verdade a importância de deixar a marca por um legado. Com ela e nossas conversas, pude detectar meu propósito e ter mais sensibilidade, equilíbrio e decisão para fazer acontecer. Tanto que fundamos juntas a revista e portal *Infomente*, uma publicação que fala sobre a importância da saúde mental na vida de todos. Sigo firme com o propósito de ajudar e descobri isso inclusive na assessoria de imprensa que ainda exerço e que me ensina tanto. Hoje, auxilio pessoas, seja na área de um empresário que quer fomentar o seu negócio e quer aparecer mais; um médico que quer falar mais diretamente com o público, porque a área de saúde tem esse problema da fala clara, da fala didática, seja ao escrever e ajudar a produzir e concretizar um livro que conte a história de uma pessoa.

Tenho muita saudade do microfone, de fazer matérias, mas amo tudo o que faço em comunicação. Sinto falta do vídeo, da mídia audiovisual, mas, por falta de tempo, porque as pessoas precisam dormir, eu não faço. Já tive propostas de voltar, mas prefiro me dedicar porque hoje o meu tempo é dividido entre a editora, que eu também acabo atuando não só como autora deste livro, mas também em outros projetos, porque eu me apaixonei pelo legado da Andréia, essa mulher me ensinou mais do que nunca que todo sonho é possível.

Eu acho que o que importa, na verdade, é a gente estar feliz e deixar ali uma marca. Hoje, quando a minha filha enche a boca para falar "minha mãe entrevistou o Pelé", "a minha mãe escreveu um livro e está escrevendo outro", e os amiguinhos dela me perguntam como é, eu me encho de orgulho. Isso não tem preço, ainda mais para alguém como eu, mãe solo. Dessa forma, eu passo pra minha filha, primeiro, que tudo que eu conquistei foi com muita luta, dedicação, perseverança e profissionalismo, e, segundo, passo para ela que tudo é possível. Lembro que quando ela era bebê e me via na TV, se entortava para ver onde eu estava dentro daquela caixa preta. Hoje, ela entende um pouco e isso me alimenta, afinal, a nossa área não são só flores, muito pelo contrário! A gente lida com egos o tempo inteiro e isso pode levar você lá para cima ou afundar você.

No fundo, no fundo, todo mundo está aqui buscando uma coisa só, que é o reconhecimento. Por conhecimento, aprendemos a força do legado e buscamos o propósito, para evoluir, exercitar o desenvolvimento e praticar empatia e felicidade. Então, você que está lendo a minha história e a história de tantas outras colegas aqui, se eu puder deixar algum conselho, é insista, persista e dedique-se. Eu vejo que falta força de vontade na moçada de hoje, aquela rapaziada que espera tudo pronto, sabe? Não pode achar que a vida é um vídeo de internet ou um aplicativo em que você coloca as informações e ele faz o trabalho para você. É sempre mais do que isso. É como Lulu canta: "Eu vejo a vida melhor no futuro", ou como Jota Quest prega, "dias melhores pra sempre". Eu acho que a gente tem que chegar no fim do dia, colocar a cabeça no travesseiro e ter a certeza de que vivenciamos o melhor que poderíamos, naquelas últimas 24 horas, para sempre, queremos mais.

Então, qual é seu propósito? Por quem e pelo que você acorda e levanta todos os dias? Por quem você fica noites sem dormir, estudando, lendo, se aprimorando? Por quem você dá a vida sem pestanejar? Por você, para poder ajudar os outros, em sua área ou profissão? Pense nisso.

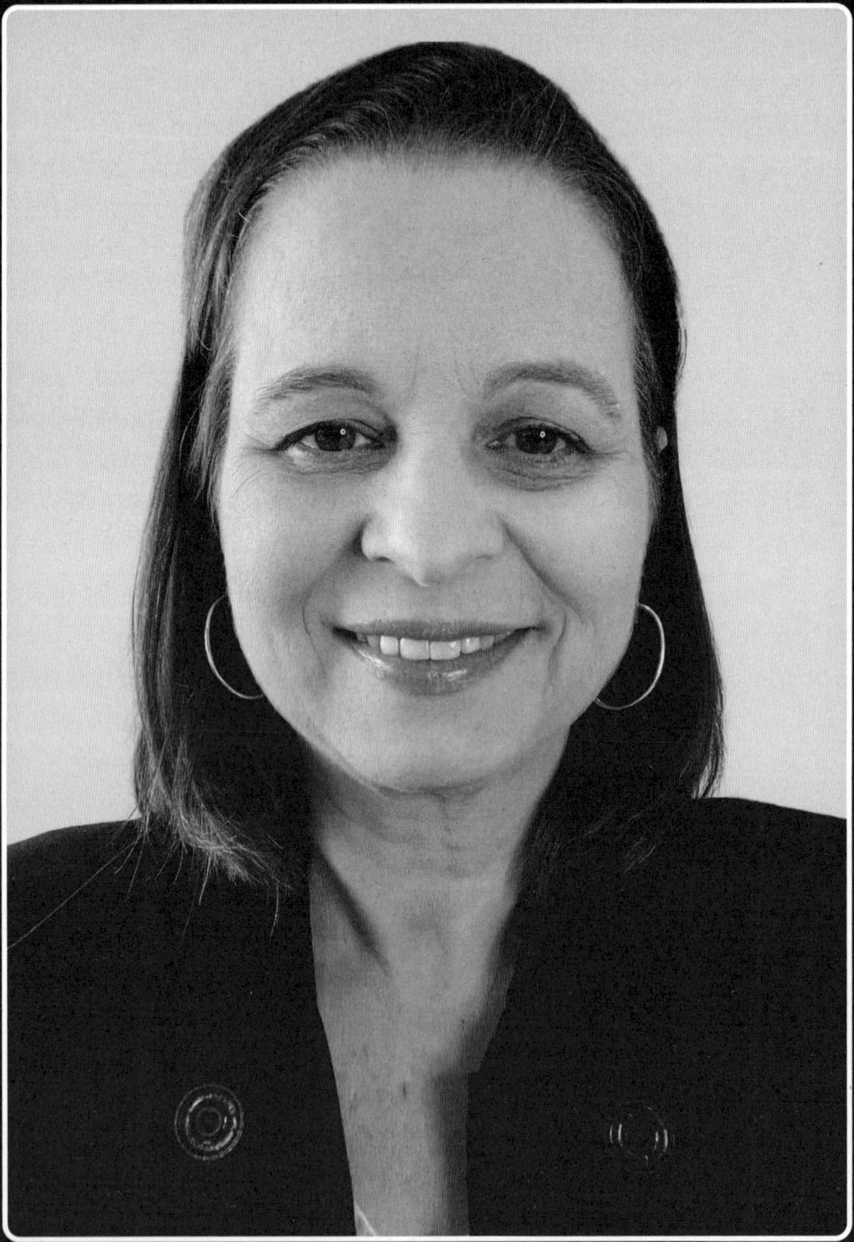

Caminhos Escritos: Uma Jornada de Autodescoberta e Paixão pelo Jornalismo

LINKEDIN

Vera Ondei

Formada em Jornalismo na Faculdade de Comunicação Social Cásper Líbero, em 1986. Trabalhou por quatro anos na *Quatro Rodas*, publicação da Editora Abril. Como jornalista do setor do agronegócio, começou em meados dos anos 1990 na *Revista DBO*, da DBO Editores Associados, onde era repórter especialista em mercado pecuário e leilões de gado. Escreveu para a revista, coordenou por seis anos o *site* e foi comentarista do *DBO-Terraviva*. De 2011 até 2019, foi editora da revista *IstoÉ Dinheiro Rural*, com projetos paralelos, entre eles "As 100 Personalidades mais Influentes do Agro" e "As Melhores da Dinheiro Rural". Desde 2021 é *head* de Agro na *Forbes Brasil*, a única editoria dedicada ao setor, entre as 41 Forbes globais. Especializou-se em locução noticiarista e mídias digitais. Atualmente, estuda Marketing.

O molde do que sou feita

Nasci jornalista porque meu pai comprava enciclopédias. Eram muitas e de cores variadas, o que determinava a arrumação dos blocos de livros: bordôs, verdes, dourados, azuis marinhos, laranjas – todos, lado a lado, em uma grande estante de madeira bege e portas de vidro. Um lugar sagrado e cheio de possibilidades. Tudo que eu precisava estava lá, mas esse "lá" era muito longe do mundo e isso eu sabia desde sempre: as enciclopédias me diziam. Santa Fé do Sul ainda hoje é uma cidade minúscula do interior de São Paulo, na barranca onde nasce o rio Paraná. Lá atrás, em alguns mapas, ela nem mesmo existia.

As enciclopédias deram a mim a certeza de que a vida acontece como elas, cada livro uma história, um tema, os saberes e os conhecimentos. São as etapas. O primeiro livro que li me vendo como adulta foi "Confesso que Vivi", uma obra do poeta chileno Pablo Neruda. Tinha 14 anos e descobri, ao dobrar a última página de sua quase autobiografia cheia de metáforas, o que fui saber em detalhes quando a reli duas décadas depois.

Tenho quatro irmãos. O lugar mais quieto sempre foi o quarto dos meus pais em uma grande casa de esquina do tempo em que os muros ainda eram baixos. Era lá que eu me trancava. O livro? Está lá até hoje; é a 12ª edição, e não me lembro em quanto tempo o devorei. Só sei que foram poucos dias. Alguns anos atrás, estive em Santiago e fui tomar uma cerveja no exótico Venezia, um bar boêmio do bairro Bellavista, a um pulinho da La Chascona, a última residência de Neruda e que hoje é uma espécie de lugar de peregrinos.

Neruda não somente me levou à vida adulta, como também à paixão por biografias: Leila Diniz, Isadora Duncan (queria ter uma filha só para colocar o nome dela), Tarsila do Amaral (Tarsila é o nome da minha gata Tatá), Rita Lee, Simone de Beauvoir, Clarice Lispector (é o nome da outra gata e Frida Kahlo é a cachorra vira-lata), Maria Bonita, Malala, Elke Maravilha, Ayaan Hirsi Ali, Carmen Miranda e tantos outros apanhados de múltiplas histórias, como "Extraordinárias – Mulheres que Revolucionaram o Brasil", das jornalistas Duda Porto de Souza e Aryane Cararo, para ficar apenas em figuras femininas, em que estão Cacilda Becker, Djamila Ribeiro, Nise da Silveira, Bertha Lutz e Chiquinha Gonzaga (entre os vinis de meu pai havia discos de Carlos Gardel, mas também de Chiquinha).

Rita Lee cantava que "toda mulher é meio Leila Diniz". Considerada uma "abre alas" do feminismo moderno no Brasil, e exibindo um barrigão de grávida de biquíni numa praia carioca, Leila – nascida em 1945 – é somente seis anos mais nova que a minha mãe, Isabel, que lá naquela cidadezinha já queria que a gente fosse aquilo que a gente quisesse. Mesmo não verbalizando esse desejo, ela se fazia entender.

É dessa época também a leitura de *"O Diário de Anne Frank"*. No dia 14 de junho de 2023 comecei a reler o livro. Anne queria ser jornalista, mas seu diário não foi escrito para ser um livro. Publicado em 1947, dois anos depois de sua morte, virou *best-seller*. Sou da turma que leu o livro ainda na adolescência e nem imaginava que um dia seria jornalista – primeiro, queria ser veterinária e, depois, agrônoma. O diário é o relato nu e cru de uma menina vítima do Holocausto nazista, abatida por uma febre tifoide aos 16 anos.

Reler era um projeto antigo. Mas agora leio o livro no ritmo em que Anne Frank escreveu seu diário: o último dia de leitura será em uma segunda-feira de agosto de 2025. O diário de Anne vai de 14 de junho de 1942 a 1º de agosto de 1944. A primeira anotação de uma futura jornalista, caso tivesse sobrevivido, é justamente o anúncio de seu presente de aniversário: um diário. Que ela relembra no dia seguinte, contando como são todos bobos os aniversários: "falamos muitas bobagens e a gente se divertiu muito".

Um Neruda escapando de mim

Até meu 17º aniversário, guardava meus escritos em uma gaveta de cômoda, dentro de pastas que iam se empilhando. A descoberta de que eu não era mais criança, que as leituras já não precisavam ser os obrigatórios livros da escola, e que havia um mundo além das enciclopédias, me levaram à escrita quase diária, um treino do que mais tarde seria a minha vida cotidiana. Mas o jornalismo ainda nem fazia parte do mais remoto dos quereres, embora eu achasse chique ver meu tio, que morava em frente à minha casa, receber seu jornal todos os dias. Ficava imaginando o que poderia haver de tão importante a se dizer sobre o mundo e com tamanha frequência. Eu sabia quando o jornal estava chegando, pelo apito do jornaleiro e sua frenética bicicleta.

Em 1986, eu havia acabado de receber o diploma de jornalista na Faculdade Cásper Líbero, em São Paulo, e arrastava junto o curso de Ciências Sociais na agitada e barulhenta Fefeleche, como é chamada a Faculdade de Filosofia, Letras e Ciências Humanas da Universidade de São Paulo (FFLCH-USP). O Jornalismo era fácil para mim, tudo à mão e com assimetrias totalmente palatáveis e domináveis, ou pelo menos era o que eu acreditava. Mas, nas Ciências Sociais, a Antropologia me desgastava. Entender como o ser humano tornou-se o que ele é, estudar uma vida do ponto de vista biológico, cultural e social era um exercício para o qual eu não estava preparada. Mas estar na USP, o berço da institucionalização da Sociologia como disciplina acadêmico-científica no Brasil, queimou muitas etapas do meu entendimento de mundo.

Chegou a "pé na estrada"

Um mês depois de terminar a faculdade de Jornalismo, já estava trabalhando na *Quatro Rodas*, uma publicação voltada para guias de viagens da editora Abril. Já estava por lá alguns meses antes, fazendo uma espécie de estágio, porque naquela época isso era uma prática ainda pouco comum nas redações, mas achava que precisava fazer algo mesmo antes de terminar o curso. Certo dia, ainda sem diploma nas mãos, o diretor de redação Henri Kobata me chamou na sala dele. "Você gostaria de trabalhar na *Quatro Rodas*?". Essa pergunta me pegou de surpresa e se tornou uma possibilidade. A redação da *Quatro Rodas* era esquisita para mim: às vezes lotada de gente, outras vezes vazia como um bar de fim de noite.

Fiquei dois meses em testes de seleção, psicólogos e muita conversa. Fui a primeira mulher a trabalhar lá por meio desses testes. E entendi rapidamente a dinâmica da redação: o jornalismo acontecia na estrada, em hotéis, restaurantes, descobrir atrações turísticas e participar de trechos na direção dos longos testes dos 100 mil km da *Quatro Rodas*. No primeiro ano como jornalista, a viagem mais curta durou 18 dias e a mais longa, 36 dias. Passei minhas primeiras férias dentro de casa, mesmo que nessa época meus amigos já me chamassem de "pé na estrada". Eu adorava aquilo e tchau Ciências Sociais.

Estar fora da redação moldou o Jornalismo Agro que escolhi lá em meados dos anos 1990, época em que sal mineral no cocho do gado dava capa de revista. O Jornalismo Agro entrou na minha vida porque queria ter uma profissão de cunho social e nada mais revolucionário do que produzir comida. Foi por isso que coloquei minhas reportagens de turismo embaixo do braço e fui bater na porta da DBO Editores Associados: era lá que eu queria trabalhar. Lembro-me do diretor de redação, Demétrio Costa, olhando o material e depois para mim. Ele me contratou.

Havia lido "A arte de amolar o boi", um divertido e ao mesmo tempo sério relato de Eduardo Almeida Reis, lá de meados dos anos 1970 (ainda tenho na estante). Um dos capítulos é aberto assim: "Qualquer iniciativa no sentido de criar gado bovino no Brasil deve atentar para o fato de que a criação não será feita nos Estados Unidos e nem na lua. Disto resulta que o candidato a criador precisa compenetrar-se de que vai trabalhar nos trópicos e subtrópicos – e que nos trópicos tudo é diferente". O Brasil que eu conhecia era o das viagens da *Quatro Rodas* e eu queria conhecer o país das quatro patas de um boi.

Reportagem como estilo de vida

Quando entrei no Jornalismo Agro – e num nicho ainda mais duro, como é a pecuária –, dava para contar nos dedos de uma das mãos quantas mulheres havia nesse tipo de jornalismo. Na redação da *Quatro Rodas* éramos duas mulheres, além das secretárias, em uma equipe de 20 pessoas. Na revista *DBO*, a pergunta que eu sistematicamente precisava responder durante uma reportagem em fazenda era: "Você é veterinária? Agrônoma?". Eu estudava muito antes de me aventurar em uma pauta. Foram 16 anos entre revista, *site* e TV.

Certa feita, fiz um *blog* que se chamava Mulheres e Pecuária® como projeto paralelo. Andando pelas fazendas, a gente já via, na época, um esboço desse movimento que hoje aflora com força no agro e com as mulheres galgando cargos de poder. Via que as mulheres nas fazendas começavam a verbalizar; havia um movimento de entrada mais forte delas nas Ciências Agrárias e, o mais importante, de mulheres nas áreas das Engenharias e da Administração (e não é que boa parte dos CEOs saem dessas profissões!). Era hora de colocar tudo isso em um *blog*, então, um sucesso como meio de comunicação. Mas meu *blog* foi um fiasco total: "coisa de patricinha", "quem vai ver isso?", "tem coisa mais importante pra falar", e por aí, foram avaliações feitas a pedido. Era o ano de 2008, o mundo derretia à sombra da quebra do Lehman Brothers e, claro, que importância haveria falar de mulheres na lida? O *blog* bugou.

Quando digo que sou jornalista, penso sempre na reportagem. Nunca quis sair do que chamo de ofício da pergunta. Nunca quis estar no cargo de editora que assumi em 2011 na *IstoÉ Dinheiro Rural* em sua época áurea. "Tenho uma vaga para você, mas não como repórter. Você vai ser editora", disse à época Milton Gamez, então diretor de núcleo. A *Dinheiro Rural* era diferente. Para ela, todo produtor sempre seria tratado como empresário rural, coisa comum nos dias atuais, mas não lá atrás. Era preciso não mais entender somente de genoma, embriões, nutrição e por aí vai, mas também contar histórias de empreendedores. Foram quase dez anos entre revistas e projetos, como "Os 100 Mais Influentes do Agro, Gestão de Liderança" e o prêmio "Melhores da Dinheiro Rural", com o qual conseguimos também desenvolver uma metodologia – chamando a amiga e também jornalista para a tarefa Flávia Tonin – e assim premiar a pecuária e não apenas a agricultura estruturada em balanços.

Na vida e na profissão nunca tive plano B. Plano A sempre me bastou, porque o tempo vai planeando suas realidades e percebendo os caminhos possíveis. Por isso, digo que é preciso ser amiga do tempo. Desde 2021, em plena pandemia de covid-19, é para o Jornalismo Agro da *Forbes Brasil* que abro os olhos. E novamente por meio de uma ligação inusitada. Eu achando que o dono da *Forbes*, Antônio Camarotti, queria alguma informação do setor e o que escuto, com 30 segundos de conversa é: "Estou ligando para te contratar". Novamente, era hora de aprender, porque estar em veículos especializados era estar em casa para mim. Olhar para o público urbano tem sido uma aula que parece não ter hora para acabar. E, claro, temos um grupo, o *Forbes Mulher Agro*, formado por cerca de 50 empreendedoras, dessa geração do poder conquistado.

Às vezes, me pego com saudade das Ciências Sociais e me penalizo por não ter finalizado o curso. O Jornalismo se transformou em uma profissão muito mais complexa do que era há uma década, o que dirá voltando os olhos para duas, três décadas atrás. Hoje se discute até se o Jornalismo vai sobreviver como modelo de profissão e negócio. Ou estará certo o filósofo e sociólogo francês Pierre Levy, que em seu livro "As tecnologias da Inteligência" escreve que "toda criação equivale a utilizar de maneira original elementos preexistentes".

Em 2019, um grupo de 11 agrojornalistas decidiu formalizar um movimento preexistente, criado lá em 2014 como uma página em rede social. Dessa semente nasceu, em 2022, a Rede Brasil de Jornalistas Agro, a Rede Agrojor, filiada à Federação Internacional de Jornalistas Agro (IFAJ), presente em 60 países. Foram dois anos para construir um estatuto, enquanto o distanciamento social era a regra por causa da pandemia de covid-19. E me foi dada a presidência da entidade no primeiro ano de estruturação e depois a atual presidência na primeira eleição da entidade.

Hoje, a gente constrói a Rede Agrojor em um momento desafiador para a profissão. Além das competências inerentes, outras vêm sendo incorporadas e as curvas de aprendizado dão cambalhotas. E como não há plano B, a Rede Agrojor tem de dar certo. Olho para ela meio à maneira de Guimarães Rosa, como diz Millôr Fernandes em sua "A Bíblia do Caos": "vá alguém somar o que está na cabeça de todos". É isso, estamos somando.

O salto da Agronomia para o Jornalismo

Uma vez, ouvi que "fazer alguém é chegar a um lugar sem usar GPS". Para esclarecer uma lacuna, é preciso dizer como o

Jornalismo entrou na minha vida. A agronomia começou a ser uma possibilidade porque morava do lado do delegado agrícola da minha cidade, que muitos anos depois soube que era um filho da Esalq/USP, um esalqueano formado em 1958. Era vizinho e pai de uma amiga do colégio. Seu Lourival Fraga certa vez me convidou para ir numa fazenda ver feijão, depois vimos gado. Tinha certeza de que a agronomia era o caminho. Quando saí de casa para estudar na cidade grande, em Ribeirão Preto (SP), a 400 quilômetros de Santa Fé, tudo o que eu havia escrito em anos foi para o lixo. O que eu seria não dependia das palavras, elas não tinham mais valor. Mas novamente as palavras estavam lá me esperando, à espreita.

Uma agitação eram as aulas de redação, dadas fora do horário convencional em que havia quatro professores na sala de aula. Eu nunca tinha visto isso na vida. Entre eles estava Luiz Puntel, conhecido pelos livros que escreveu para a série Vaga-Lume. Puntel incentivava a educação da rotina da escrita e sugeria que os alunos mostrassem seus textos. Quando saí de férias, em vez de um texto, entreguei uma pasta cheia de papel, daquelas que me eram familiares. Quando voltei, Puntel havia publicado um dos textos no jornal da cidade e colocado no mural da escola.

Fui convidada para uma coluna no jornal de Ribeirão, para escrever sobre as impressões de uma jovem a caminho do vestibular. Ele tinha certeza de que eu seria jornalista, eu tinha certeza de que seria engenheira agrônoma. Ele estava certo: fiz todas as provas do vestibular de Jornalismo e na Agronomia fui em dois, dos três dias de provas. Era preciso decidir antes, e assim foi feito. Ser jornalista de agro, ter como fonte de informação agrônomos, veterinários, zootecnistas é como dar asas a esse tempo da vida. Mas se a vida desse uma marcha à ré de 30 anos eu faria diferente? Não sei, porque eu sou jornalista, eu nasci jornalista. É uma condição (estou agora assim) e é um estado (eu era assim). O que vou fazer amanhã? Também não sei, mas o plano A estará em marcha.

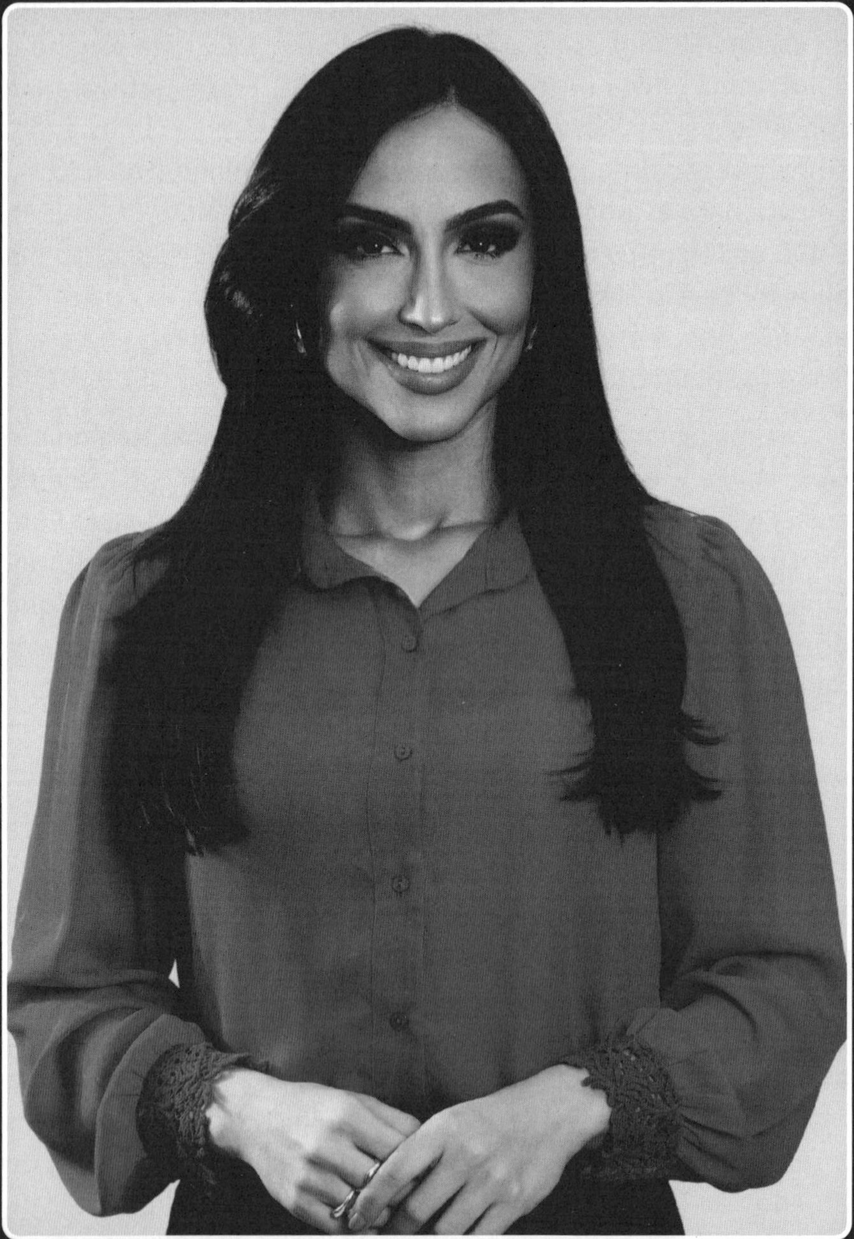

Seja forte e corajosa

Yasmin Bachour

Formada em Jornalismo pelas Faculdades Integradas Hélio Alonso (FACHA), também possui pós-graduação em Direito Penal e Criminologia pela Pontifícia Universidade Católica do Rio Grande do Sul (PUC-RS). Com mais de uma década de experiência na TV Bandeirantes do Rio de Janeiro, dedicou quatro desses anos como apresentadora titular do *Jornal do Rio*. É coautora da segunda edição do livro *"Direito Juvenil: aspectos penais, processuais e criminológico-sociais"*. Especializou-se em coberturas investigativas, policiais e de grande repercussão, realizando reportagens externas e entradas ao vivo tanto para programas nacionais e locais quanto para a rádio BandNews FM Rio. Além disso, produziu e reportou séries e matérias especiais no âmbito criminal. Em reconhecimento ao seu trabalho, foi honrada com a Medalha Amizade e a Moeda Lealdade pela Polícia Civil do Rio de Janeiro. Sua formação contínua é evidenciada por diversos cursos nas áreas de Jornalismo e Direito, sempre buscando aprimorar suas habilidades e conhecimentos.

A jornada de uma jornalista determinada

Nasci em Nilópolis, na Baixada Fluminense, e fui criada na cidade vizinha, Nova Iguaçu. Venho de uma família de classe média. Pai libanês, que veio para o Brasil com 18 anos tentar uma vida melhor e ficou de vez. Mãe brasileira que não conseguiu concluir o Ensino Superior porque precisava trabalhar. Os dois são e sempre foram comerciantes. Sou a filha mais velha de três.

Desde pequena, nossos pais sempre exigiram que nós estudássemos para que tivéssemos um futuro de sucesso. Valorizamos cada esforço deles para nos dar uma formação completa e de qualidade. E só nós sabemos o quão árduo foi o processo.

Sempre estudei em Nova Iguaçu. Era uma aluna aplicada, esforçada, dedicada e amava fazer redações. Além de sempre ter gostado de ler e escrever, acho que minha paixão pelo Jornalismo veio, ainda criança, quando eu imitava na frente da TV os apresentadores e repórteres para a minha família. E, talvez, não por coincidência, todos os testes vocacionais que fiz na escola, apontaram para a profissão.

Desafios iniciais: medo, determinação e persistência

Mesmo sendo muito tímida, cresci decidida a seguir a carreira de jornalista. E não tem como falar dessa escolha sem lembrar do meu tio José Carlos Iecker. Ele trabalhava na TV Globo, me contava sobre a correria das reportagens externas, das tensões nos estúdios ao vivo (e me levou para conhecer vários deles, inclusive, além de pessoas renomadas no meio). Me fez ficar apaixonada pela profissão e fiz o vestibular.

O ano era 2009. Fui aprovada para o curso de Comunicação Social na Faculdades Integradas Hélio Alonso (FACHA) e na Pontifícia Universidade Católica do Rio de Janeiro (PUC-Rio). Mas decidi ficar na primeira, até por conta do valor da mensalidade, mais em conta à época.

Eu tinha 17 anos e, a partir dali, teria que lidar com o medo e o desafio de ir da Baixada Fluminense para Botafogo e voltar todos os dias. Sair da minha zona de conforto seria um dos maiores desafios, porque eu sempre fui muito medrosa. E eu não fazia ideia do estava por vir, nem o quão árduo e sinuoso seria o caminho. Quase desisti, mas minha mãe sempre me dizia que eu era forte e corajosa.

Eu saía de casa às 4h20, ia de trem até a Central do Brasil e, de lá, pegava um metrô até Botafogo. Foi muito difícil lidar com adversidades, mas continuei firme e criando cada vez mais maturidade e independência.

Já na faculdade, participei do Jogada Ensaiada, um projeto acadêmico ligado ao esporte. Mas meu primeiro estágio remunerado, de fato, foi em 2011, quando entrei na *Folha Dirigida*, editorial de concursos e notícias políticas ligadas ao ambiente do servidor público. Eu escrevia para as editorias do Rio de Janeiro e de Minas Gerais. Fiz matérias que me renderam capa. Tive até a oportunidade de ir a Brasília a trabalho.

De estagiária, fui contratada a repórter. Com mais dedicação, me surgiu a oportunidade de apresentar, pela *Folha Dirigida*, o "Boletim de Notícias", que passava no canal do YouTube da empresa. Foi meu primeiro contato com uma câmera profissional. Meus olhos brilhavam.

Nas minhas férias, meu tio Iecker conseguiu que eu passasse duas semanas visitando a TV Rio Sul, afiliada à Rede Globo, em Resende, no sul do estado. Fiquei encantada. Participei de reuniões de pauta, fui para a rua com os repórteres, acompanhei edições, assisti a apresentações ao vivo. Ali, eu tive a certeza de que eu queria trabalhar na televisão.

Em 2013, ainda trabalhando na *Folha Dirigida*, me inscrevi no programa "Estagiar" da TV Globo. Foram muitas etapas on-line e presenciais, que duraram meses para tentar uma vaga de estágio. Eram muitos inscritos. Passei em todas as etapas. Mas, na última, quando seria minha entrevista com meu possível/futuro gestor, recebi a notícia de que a vaga tinha sido preenchida. Me frustrei e pensei até em trocar de curso. Mas, sempre recebendo apoio da minha família, continuei.

Até que um amigo que trabalhava comigo na *Folha Dirigida* foi pra TV Band Rio. Um dia, ele me avisou que abriria uma vaga para o *site* e perguntou se eu tinha interesse. Eu disse que sim e enviei meu currículo. Marcos Almeida, chefe de reportagem, na época, me entrevistou no dia seguinte, viu todo meu material e perguntou se eu podia começar nos próximos dias. Aceitei.

Contei para minha mãe e fui chorando a caminho da *Folha Dirigida*. Afinal, eu tinha que pedir demissão naquele dia. Era uma mistura de sentimentos. Felicidade e medo, porque eu estaria saindo de um lugar que eu sabia que todos gostavam do meu trabalho, para um universo completamente novo e diferente. Era começar tudo do zero.

Cheguei na *Folha*, conversei com a chefia e falei sobre a oportunidade, mas expliquei que foi tudo muito rápido, que jamais queria os "deixar na mão", mas que uma porta para meu sonho tinha sido aberta e eu não poderia fechá-la. Eles ficaram muito felizes e emocionados. Não queriam "me perder", mas me deram o impulso para voar mais alto. E aquele, então, foi meu último dia de trabalho lá. Saí à noite com o coração grato por tantas oportunidades e reconhecimento que tive ali. E com a certeza de que as portas sempre estariam abertas para mim.

Passei o fim de semana nervosa, ansiosa e com medo. Um defeito que sempre tive era de não acreditar em mim, no meu potencial e sofria por antecedência. Era insegura, mas fazia tudo com medo mesmo. E aí, na segunda-feira, dia 5 de agosto de 2013, eu começava minha história na TV Band Rio sem nem imaginar o que estava por vir.

> *"O sucesso nasce do querer, da determinação e persistência em se chegar a um objetivo. Mesmo não atingindo o alvo, quem busca e vence obstáculos, no mínimo, fará coisas admiráveis."* (José de Alencar)

Minha primeira função, como estagiária, era fazer notas para o *site*. A primeira pessoa que conheci e que me ajudou muito foi o Igor Rodrigues que, na época, também era estagiário. Dividíamos a mesma sala, as tarefas e criamos um laço de amizade. Quando acabou o primeiro dia de trabalho, fui embora completamente assustada, afinal, era tudo muito novo e diferente em uma redação de TV.

Era uma loucura, uma correria, tudo para ontem. Mas peguei no tranco. Fiquei pouco menos de um mês no *site* e logo fui puxada para o setor de apuração. O coração da redação. Era dali que vinham as denúncias, as primeiras informações. E eu, junto com outros estagiários, tínhamos que ligar, checar, pegar todos os detalhes, até ter a certeza de tal acontecimento.

E foi ali que me surgiu a primeira oportunidade de ir para a rua. Fui fazer o chamado "povo-fala" com fãs de Justin Bieber que já estavam acampados na Apoteose para o *show* do artista. Eu mal sabia segurar o microfone, mas dois profissionais que tiveram toda a calma e paciência pra me ensinar, Sérgio Colonesi e Edeilton Macedo, me ajudaram e muito.

Voltei toda feliz. E, logo depois disso, tive muitas outras

oportunidades de ir para a rua como equipe "muda". Com o sonho de ser repórter, aproveitava e gravava passagens de testes para ver como eu me saía na frente das câmeras e para mostrar para a chefia.

O primeiro passo foi começar a fazer fonoaudióloga. Unindo o útil ao agradável, Monica Puga e Sérgio Costa, repórteres de rede, na época, ministraram, por fora, um curso de reportagem. Me inscrevi e ficamos um fim de semana inteiro nas ruas do Rio aprendendo técnicas de reportagem, abordagem de entrevistados, construção e narração de texto. Tudo gravado e entregue num DVD. Foi enriquecedor.

Da apuração, fui para a produção. É dali que nasce a pauta. Então, eu tinha que achar personagens, contar histórias, procurar bons especialistas, ler, reler, ouvir, ligar, pesquisar dados. Era muito trabalhoso. Mas foi o que me tornou forte e me preparou para desafios maiores, como fazer fontes e produzir uma série especial para um repórter de rede. Consegui que uma equipe ficasse uma semana em Londres para mostrar o legado que os Jogos Olímpicos deixaram por lá. Fechei a viagem toda, produzi cinco pautas internacionais, marquei entrevistas e deixei tudo no esquema. Foi difícil demais, mas muito prazeroso ver no ar.

Ainda como estagiária, produzia as matérias para todos os jornais da Band – locais e de rede. Eu era muito cobrada, me cobrava e, por muitas vezes, não sabia lidar com a pressão e sofria demais. Mas sempre fui cercada de boas pessoas que me ajudaram, me acolheram, me mostravam o caminho.

Quando eu estava prestes a me formar, fui informada que não tinha vaga para ser contratada. Resolvi estender a faculdade, adiei o trabalho de conclusão de curso (TCC) e puxei mais matérias eletivas. Consegui prolongar por uns seis meses. Mas, mesmo assim, não se abriu vaga e o que eu temia aconteceu. Meu tempo de contrato encerrou e eu precisei sair. Como eu sofri. Não tinha um plano B, porque eu queria muito ficar e não enxergava outra opção. Saí, mas meu tempo fora durou pouco. Foram só três dias. Logo abriu uma vaga e voltei. E de estagiária virei produtora *trainee*. Já era 2014. Ano de eleições. Participei da cobertura, ajudei a produzir grandes pautas, continuei indo para a rua até que, em novembro de 2014, foi ao ar minha primeira reportagem.

Meu sonho era ser repórter. Até que um dia, sem esperar, fui chamada por Marcos Almeida, chefe de reportagem, e Rodolfo Schneider, diretor de Jornalismo, na época. Eles me ofereceram uma vaga de repórter na Band Barra Mansa, no sul do estado. "Quer ir?", eles me perguntaram. Sem pensar duas vezes, respondi que sim. E então estava prestes a começar outro capítulo da minha história com a Band.

Construindo uma carreira de resiliência

Comecei em junho de 2015, oficialmente, como repórter. E esse começo foi bem difícil. Eu, que sempre fui criada "debaixo de asas", estava de novo tendo que sair da minha zona de conforto. E sofri muito. Fiquei longe da família, dos amigos e fui para uma cidade em que não conhecia nada nem ninguém. Foram quase dois anos e meio de muito aprendizado. Cobria cidades do sul do estado, da Região Serrana, da Costa Verde, e continuava fazendo meus plantões na Band Rio aos fins de semana.

Mas o *boom* da minha carreira foi a cobertura da morte trágica do então ministro do Supremo Tribunal Federal e relator do processo da Operação Lava Jato, Teori Zavascki. Ele morreu num acidente aéreo em Paraty, no dia 19 de janeiro de 2017.

Fui a primeira equipe da Band a chegar. Ao vivo *full time*. Sem comer, sem dormir. Só apurando, grudada nos telefones, papel e caneta na mão. Aos poucos, as equipes de outras emissoras e veículos foram chegando. Que correria. E eu lembro que consegui, em primeira mão, dar ao vivo quem eram as pessoas que estavam com o ministro no avião e que também morreram, o que me rendeu elogio da direção. Foi um salto na minha carreira.

Mas sempre tive vontade de voltar para o Rio. E lembrava disso a todos. E não pensem que foi fácil. Me peguei desanimada por muitas vezes, quase desisti. Apesar de todas as oportunidades que tive, ali eu não tinha mais para onde crescer. Até que chegou o dia de voltar. Mais madura, mais confiante, mais feliz, com muita disposição. Ainda como repórter, entrava de manhã, fazia os factuais e matérias produzidas e, durante os anos, me aperfeiçoei e peguei gosto pelas matérias policiais e investigativas.

Cobri infinitas operações policiais. Conquistei um trabalho de buscar e manter a confiança com fontes para conseguir furos e informações em primeira mão. Contatos esses que viraram amigos e que mantenho até hoje. Não à toa, fui homenageada pela Polícia Civil do Rio de Janeiro com a Medalha Amizade e com a Moeda Lealdade. Fruto de muito trabalho em conjunto e que envolve seriedade, profissionalismo, respeito, ética e dedicação.

Mas eu queria me destacar, fazer diferente, entender mais. Fiz vários cursos na área e uma pós-graduação em Direito Penal e Criminologia pela PUC-RS. Participei também de um curso do Exército Brasileiro para jornalistas em áreas de conflito, no qual aprendemos, na prática, como agir em situações de risco.

Além das reportagens para a TV, também fazia e faço entradas ao vivo para a Rádio BandNews FM. Tive muitas oportunidades de entrar ao vivo com Ricardo Boechat e Rodolfo Schneider, que me ensinaram muito do que sou hoje. Me lembro o quanto eu tremia quando Boechat me chamava na rádio. Eu estudava tudo, sabia o assunto de trás para a frente. Mas, na hora, ele sempre perguntava algo que eu não estava esperando. E eram esses sustos e improvisos que me instigavam a querer saber mais, a ir além.

Eu sempre gostei de fazer de tudo um pouco. Já tive oportunidade de fazer chefia de reportagem nos fins de semana, fazia reunião com São Paulo para vender as pautas do dia. Sempre me esforcei para entregar um trabalho de qualidade. E eu sempre tive pessoas do bem ao meu lado, que me moldaram. Passei por gestões diferentes, por vários chefes, mas todos confiaram e acreditaram no meu trabalho e no meu potencial, todos me ajudaram a crescer na emissora. Até que me veio a primeira oportunidade de apresentar o *Jornal do Rio*, ao vivo, num sábado. Pois é... aquela Yasmin medrosa, chorona, insegura, que não imaginava o que o futuro lhe reservava, estava ali apresentando um jornal para o estado do Rio de Janeiro. Mais um passo na minha trajetória profissional. E, depois dessa primeira vez, passei a cobrir férias e folgas de apresentadores.

Até que, em 2019, um dia antes de sair de férias, Thaís Dias e Marcio Mele, na época, diretora de Jornalismo e chefe de reportagem, respectivamente, me fizeram um convite para me tornar a apresentadora oficial do *Jornal do Rio*. Irrecusável. Na hora, a minha ficha nem caiu. Olha a responsabilidade. Eu só sabia agradecer. Saí de férias e fiquei os 30 dias agoniada, guardando segredo. Afinal, só poderia contar quando eu voltasse. E, quando voltei, nascia outra Yasmin. A Yasmin mais forte, mais corajosa, ainda mais madura.

A vitória da coragem e da dedicação

Passou um filme na cabeça, sabe? Só eu sei o quão árduo foi esse caminho; só quem carrega o próprio balde sabe o valor de cada gota d'água. E foi um caminho que eu construí, cimentei cada tijolo com ética, profissionalismo e entrega, por mérito meu. E ali eu me tornava uma apresentadora. Sem deixar a versão repórter de lado.

Em 2020, outra oportunidade. Mediei, pela primeira vez, o debate entre candidatos a prefeito de Volta Redonda na Band de Barra Mansa. Estudei, me dediquei. Meu coração quase saiu pela boca, mas deu tudo certo. Já em fevereiro de 2022, um dos meus maiores sonhos se tornou realidade. Apresentei o *Jornal da Band* para todo o país, ao lado do chefe Rodolfo Schneider, hoje diretor nacional de Conteúdo. Mais uma vez, eu estava me provando o quão capaz eu era. E o resultado me deixou muito feliz.

> *"De longe, o melhor prêmio que a vida tem a oferecer é a chance de trabalhar duro em algo que valha a pena."*
> *(Theodore Roosevelt – ex-presidente dos Estados Unidos)*

Essas pequenas grandes conquistas aquecem meu coração e são o meu combustível para continuar. Hoje, continuo como repórter e apresentadora do *Jornal do Rio*, na Band Rio. Lembra do Igor Rodrigues que citei lá no começo? Pois é. Crescemos juntos na Band e, hoje, tenho a oportunidade de tê-lo como meu editor-chefe do Jornal do Rio. Eu sou muito feliz por estar na casa que me acolheu. Muitos nomes me ajudaram a chegar até aqui e sou grata a cada um deles. Em especial, gostaria de destacar o Marcio Mele (aqui já citado), que hoje é meu diretor, e agradecer por acreditar, todos os dias, em mim e no meu trabalho. Por me mostrar que posso e que sou capaz. A lição mais importante que aprendi nesses anos de experiência é ser corajosa, aproveitar as oportunidades, estar pronta para o não, vencer os medos, lutar contra a timidez, encarar os desafios e tirar deles o melhor.

O caminho não é fácil. Mas quando você almeja algo, nada é impossível. O conselho é: seja você sempre. Faça e dê o seu melhor. Destaque-se. Queira sempre mais. É preciso brilho nos olhos, amor pela profissão. As responsabilidades são muitas, as expectativas gigantes.

Costumo dizer que Jornalismo é "profissão perigo", contagiante, envolvente, repleta de diferentes sentimentos e emoções. Ela arranca nosso couro, nos faz conseguir o impossível e descobrir o imprevisível, nos vira do avesso. A cada dia, um novo desafio, uma surpresa... e uma vontade de querer sempre mais e melhor. E eu garanto a vocês, é um frio na barriga que dá gosto sentir. Só quem é jornalista sabe a emoção e o prazer que é viver, sentir, contar e mostrar histórias.

MULHERES
EMPREENDEDORAS
DE ALTA PERFORMANCE
Leader
EMPREENDEDORAS DE ALTA PERFORMANCE | SANTA CATARINA
EMPREENDEDORAS DE ALTA PERFORMANCE | BRASÍLIA
MULHERES DO RH
MULHERES NO SEGURO

História da CEO da Editora
Leader e idealizadora da
Série Mulheres®

Andréia Roma

Eu posso Voar!

Como tudo começou

Nasci em São Paulo, sou uma paulista muito orgulhosa de ter nascido nesta terra de tantas oportunidades. Falar das minhas origens, de quando eu era criança, é necessário, porque tudo é parte da minha história de vida. Venho de uma família muito humilde, na infância eu não sabia o que era ter uma roupa, um tênis ou uma sandália novos. Eu e minha irmã usávamos o que outras pessoas nos davam, mas mesmo assim éramos agradecidas. Hoje somos nós que ajudamos outras pessoas, seja diretamente, com caridade, ou indiretamente, através do nosso empreendedorismo.

A profissão do meu pai, um pernambucano muito batalhador, era de pintor. Ele fazia de tudo para que não faltasse nada para nós e seguíamos a vida com escassez, sem luxo, aprendendo que a melhor escolha sempre é ter muita honestidade. Meu pai foi muito carinhoso comigo e com a minha irmã, guardo boas lembranças dos primeiros anos da minha vida. Atualmente ele é aposentado e posso dizer que é uma pessoa maravilhosa, muito importante para mim.

Mamãe, paulista como eu, não trabalhava, porque meu pai entendia que ela precisava estar em casa para cuidar da nossa educação. Então, fomos muito bem educadas por minha mãe, pois mesmo com pouca escolaridade ela nos ensinava bons valores e o respeito ao próximo. Ela nos ensinou como nos portar à mesa, como agir corretamente na convivência com outras pessoas, em qualquer ambiente em que estivéssemos. Tudo isso era próprio dela, que tem uma história muito bonita. Ela foi adotada, depois de ser deixada na porta de um orfanato, junto com as duas irmãs e um irmão.

Separadas pela adoção, depois de 30 anos minha mãe encontrou minha primeira tia, após mais cinco anos, minha outra tia. Meu tio já é falecido, infelizmente, e jamais encontraram a minha avó. Minha mãe foi adotada por um casal que vivia no Interior, e que cuidou muito bem dela, graças a Deus, e ela se tornou uma mulher de fibra, exemplar. Mamãe teve a oportunidade de concluir somente o colegial, não prosseguiu com os estudos, pois se casou com papai muito jovem. E na simplicidade dela, com seu olhar amoroso e de bons valores, nos ensinava muito. Fomos crianças, eu e minha irmã, que tivemos uma mãe presente de verdade. Ela esteve sempre junto com a gente, na pré-escola, no primeiro dia de aula, ia nos buscar, cuidava muito bem de nós, nos orientava, ensinava como nos defender. São muitas passagens que ficaram marcadas nos nossos corações.

Escolha amar, sempre

Algumas pessoas, ao lerem este trecho de minha história, vão dizer que minha mãe talvez não devesse ter aberto mão dos estudos e de trabalhar fora. Na verdade, ela escolheu estar presente e com isso acompanhar nossa infância e todos os nossos passos. Eu digo sempre que ela escolheu amar. Entendo que hoje nós, executivas, não temos como abrir mão de nossas carreiras, porém, ao trazer esta história tenho a intenção de dizer para você que, mesmo com a correria do dia a dia, nunca deixe de registrar em sua agenda o tópico TEMPO PARA AMAR, envie um *invite* se preciso.

Minha mãe me ensinou o segredo de ser fiel às pessoas que amamos e cuidar com amor e dedicação. Apesar de ter sido abandonada um dia por sua mãe biológica, ela me ensinou que amar é um remédio que cura todas as dores da alma. Muitas vezes, quando iniciamos um trabalho, não nos dedicamos como poderíamos e isso ao longo dos anos se torna prejudicial. Reconheço que minha mãe foi a maior treinadora do tema "dedicação e atendimento ao cliente" que eu poderia ter em minha vida. E você, consegue se lembrar do que sua mãe ou seu pai lhe ensinou? Faça sempre essa reflexão e se fortaleça. Desafios vêm para mostrar o quanto você é forte.

Um livro muda tudo!

E como nasceu meu amor pelos livros, esse amor que me levou a empreender no mercado editorial? Bem, o primeiro livro que ganhei foi uma cartilha escolar. Eu adorava essas cartilhas porque podia pintá-las e tinha exercícios que eu gostava de fazer. Aí nasceu minha paixão pelos livros, que só aumentou pela vida afora. Isso colaborou muito na minha atuação como editora, porque não acredito em livros sem exercícios. Eu amava minhas cartilhas, eram distribuídas pelo governo. Elas eram o que eu tinha, eu ganhava de presente, cuidava delas com muito zelo e carinho, lembro-me até de ajudar minha mãe a encapá-las.

Achava sensacional poder ter aqueles livros e cartilhas, enfeitava com florezinhas, não tinha muito o que colocar, não tínhamos como comprar adesivos, então eu fazia com revistas e jornais velhos, tudo que achava eu recortava e colava, deixando tudo muito bonito. A atitude de colar e enfeitar os livros, cuidando com zelo, é o que trago para os dias de hoje. Minha lição aqui é convidar você a zelar e cuidar das oportunidades e parcerias, infelizmente ao longo dos anos nos decepcionamos com algumas, porém, desistir de encontrar parceiros certos para juntos fazer a diferença, jamais. Lembre-se de se levantar a cada tombo unicamente por você e não para que as pessoas que o feriram vejam. Estas pessoas passaram, e você seguiu. Viva o aqui e agora e esqueça o passado.

Sororidade inspirada por meu pai

Se eu pudesse resumir um pedaço da minha história sobre o tema Sororidade, descreveria com estes fatos.

Todos os dias de manhã meu pai saía de casa de bicicleta, praticamente atravessava a cidade para ir trabalhar, e assim economizava na condução para podermos ter um bom café da manhã, antes de irmos pra escola. Quando voltava sempre trazia um pacotinho de balas, de cereja ou de chocolate, lembro-me do formato e cheiro até hoje. Assim que ele chegava colocava as balas do saquinho na mesa, e pedia para eu e minha irmã sentarmos à mesa com ele; ali ele iniciava um ritual diário, olhando nos nossos olhos com carinho ele dividia as balas, e só depois deste momento é que poderíamos pegá-las.

Meu pai me ensinou sobre sororidade muito antes de ouvirmos sobre o tema. Ele com esta atitude me ensinava o valor de respeitar minha irmã, o valor de dividir, o valor de receber, o valor de agradecer. Recordo que a gente não brigava por isso, e ele e minha mãe nos ensinavam ali, mesmo sendo pessoas com tão pouca escolaridade, a compartilhar, a apoiar, respeitar. E isso eu faço sempre, seja como editora, como ser humano, eu compartilho muito. Eu dou muitas oportunidades para que outras pessoas possam publicar, possam escrever, possam se encontrar e identificar a sua história. E se valorizar, por isso eu foco muito no protagonismo da história, o que tenho certeza que fez diferença na minha vida.

Então finalizo aqui essa parte que fala da minha infância, dos meus pais, e de como eles me ensinaram a ser quem eu sou hoje.

Laboratório do sucesso

Iniciei minha vida profissional quando tinha 14 anos, como cuidadora de um casal de idosos. Trabalhar com eles me ensinou a ver e sentir o ser humano de outra forma, mais sensível, mais dependente. Eles já não estão mais conosco, mas nem imaginam o tamanho do legado que deixaram para mim. Foi uma grande lição para uma menina de 14 anos. Aos 15, entendi o significado de atender pessoas, fui trabalhar em uma banca de pastel e ali tive a chance de aprender grandes lições. Uma delas eu me recordo bem: meu patrão fritava todos os dias um pastel de carne e me fazia comer; quando eu terminava, ele dizia: "Como foi? Estava saboroso?" Na época eu não entendia o que ele queria, porém hoje sei que ele me ensinava que a experiência de experimentar é o maior laboratório do sucesso. Um cliente só volta para sentir novamente a experiência que seu produto pode proporcionar.

Aos 16, iniciei como recepcionista em uma papelaria, onde gostava muito de atender os clientes e fiz muitas amizades. Nesta experiência entendi que o *networking* traz para nossas vidas muitas oportunidades. Uma dica importante para você que deseja crescer é se relacionar, conhecer seus clientes, entender o que fazem e por que fazem. Todo cliente tem um propósito, descubra o propósito do seu cliente.

Aos 18, engravidei do meu primeiro namorado, e foi também meu primeiro aprendizado. Hoje eu agradeço a ele pela vida da minha filha, mas na época éramos jovens e tive uma experiência dolorosa. Eu tive a chance de ouvir o coração dela sozinha, foi um momento só meu e eu adorei. E naquele dia, como uma intuição divina, eu sabia que era uma menina, antes de o médico saber!

Quando ela nasceu, chamá-la de Larissa, que significa Alegria, realmente expressava o que eu estava sentindo. E me emociono ao dizer isso, porque ela tem me dado muitas alegrias. Segui criando minha filha sozinha e isso só me deu mais força para entender aonde queria chegar.

Lembro-me de que, quando entrei na sala de cirurgia para dar à luz a Larissa, visualizei que dali em diante eu seria empreendedora, que lutaria por mim e por minha filha. Comecei a estudar, e não parei mais, me considero uma autodidata em muitas áreas do conhecimento.

Suas escolhas decidem quem você será no futuro!

Próximo aos 24 anos me casei com o Alessandro e recebi mais um presente, meu segundo filho, chamado Boaz, e sua chegada reforçou ainda mais o que eu queria realizar em minha vida.

Na minha primeira formação em PNL e Coaching, recordo-me que o exercício na sala de aula era a ponte ao futuro. Ali eu reforçaria aonde queria chegar. E minha meta foi ter uma editora. Esse objetivo gritava dentro de mim, foi então que pedi demissão da empresa em que trabalhava. Algo me dizia "você está no caminho, vá em frente".

Foi o que fiz, porque eu tinha dois motivadores em minha vida, Larissa e Boaz.

Segui minha vida trabalhando, lendo muitos livros, pois sou uma apaixonada por livros, e participei de várias formações, buscando oportunidades, em minhas contas somo mais de 60 cursos. Confesso que investi muitos dias da minha vida para todas estas formações, ganhava pouco em empresas em que trabalhei, porém a oportunidade de estudar me manteve fiel em cada uma delas. Eu realmente fazia além do que era paga para fazer, pois eu acreditava em mim. Sou grata a todas as empresas pelas quais passei, são grandes motivadores para mim.

Quase desisti

Lembro-me que depois dos 30 anos fui convidada para estruturar a primeira editora, era um sonho e trabalhava dia e noite com a proposta de uma sociedade. Porém naquela época a empolgação foi tamanha e me esqueci do contrato, aí você já imagina. Depois desta decepção eu resolvi deixar o mundo editorial, quase desistindo do sonho de empreender, e disse a meu marido que iria procurar uma nova recolocação no mercado. Ele me disse: "Acredite, você vai conseguir".

Foi quando tive a grande surpresa que mudaria totalmente minha vida.

Ele me disse para insistir com meus sonhos. E, se eu acreditasse na editora que queria construir, daríamos um jeito para realizar minha meta. Sem me consultar, ele foi até a empresa em que trabalhava há seis anos e pediu para ser demitido. Com a indenização dele fundei a Editora Leader. Assim, nasceu a Editora Leader, por meio de alguém que renunciou ao seu trabalho para realizar o meu sonho. Meu marido me inspira até hoje.

Sou e serei eternamente grata a ele.

Meu maior legado

Falar de filhos, de família, para mim é o maior legado do mundo, é você respeitar as pessoas que você ama. Falar do momento de mãe solteira é difícil. Não fiz nada diferente de outras jovens que também engravidam e não têm o apoio de seu parceiro. Não fui forçada a engravidar, aconteceu e aí vieram as consequências. Uma delas foi que meu pai não aceitava, até pela criação que teve, tinha uma importância muito grande para ele que eu só tivesse filhos após o casamento. Ele deixou de falar comigo, não me abraçava mais, foi muito penoso lidar com isso, porque ele sempre foi muito próximo. Na realidade, ele se importava, mas estava muito magoado. Hoje eu sei disso, mas na época não.

Então eu tinha de conviver com o conflito de ter sido abandonada e de meu pai se afastar de mim. Minha mãe me apoiou e me dava carinho e força. Fiquei em casa grávida, isolada, como se estivesse em quarentena. É assim que descrevo hoje aquela situação. Como não tinha com quem conversar, eu falava com minha bebê, cantava para ela. Por isso digo que ela realmente foi a minha alegria. Falar dela e da minha gravidez é falar de todas as mães solteiras, mas principalmente dizer às jovens para que se cuidem e evitem passar por uma situação tão dolorosa.

Hoje tomo isso como um grande aprendizado. E digo que o maior desafio de ser mãe, com certeza, é estar sozinha, apesar de ter aquela bebê maravilhosa dentro de mim. Então, eu entendi que precisava realmente fazer a diferença, não só pela minha filha, mas por mim primeiro. Naquele momento eu assumi o protagonismo da minha vida. Pensei que eu queria mais da vida, queria mais de tudo que pudesse obter.

Minha maior lembrança é de quando entrei no hospital, naquele corredor frio, olhei na janelinha da porta do centro cirúrgico e quem estava ali era minha mãe. Com seu olhar ela me dizia que eu ia conseguir, e isso realmente me motiva até hoje. Então, todas as vezes que me sinto triste, eu olho na "janelinha do tempo", e vejo o rostinho da minha mãe dizendo que vou conseguir. Isso pra mim faz toda a diferença.

Quando decidi ter um emprego, até pela maturidade de querer sustentar minha filha, tive uma grande oportunidade, aos 19 anos, de trabalhar num jornal, com a venda de assinaturas. E me saí muito bem. Era no centro da cidade de São Paulo, foi uma ótima experiência.

Depois fui para uma empresa de treinamentos, que nem existe mais, mas na época tive a chance de fazer alguns e aprendi muito. Eram treinamentos de negociação, motivação, liderança, conheci também um pouco da Programação Neurolinguística (PNL), e várias outras ferramentas. E mergulhei nesse mercado, gostava muito de ler, até pela falta de oportunidade que tive, então agarrei com as duas mãos e segurei com muita determinação.

Logo depois, comecei a vender livros e revistas numa empresa que não existe mais. Lá eu aprendi bastante, as pessoas que conheci ali foram bem importantes na minha vida e entendi que para vender eu tinha de ler ainda mais. Ler bastante, o tempo inteiro. Gosto muito de ler, eu lia muitos livros sobre motivação, vendas, de liderança, de negociação, livros de Eduardo Botelho,

Reinaldo Polito, vários escritores, nacionais e internacionais, muitas pessoas que aprendi a admirar.

Contar sobre esse período é dizer o quanto essa oportunidade me ensinou a ser uma pessoa melhor, e a transformar desafios na "janelinha", onde o retrato é da minha mãe, dizendo que vou conseguir.

Pronta para Voar!

Selo Editorial Série Mulheres®

A Editora Leader é um espaço especial criado para que homens e mulheres possam publicar. Em todos os projetos da Leader dedicado às mulheres, uma das coisas que coloco é um espaço para as origens das autoras, como fiz aqui neste capítulo, porque, mesmo que seja doloroso falar sobre aquele momento, aquela situação difícil, isso faz com que você entenda a sua evolução, o quanto você caminhou, o quanto você já venceu. E faz com que veja alguém inspirador, como eu vi na janelinha do hospital, o rostinho da minha mãe. Então, qual é o rosto que você vê? Quando você se lembra dos seus desafios na infância, das situações difíceis, qual é o rosto que você vê? Acho que essa é a maior motivação, quando você consegue descrever isso, quando você trouxer isso pra sua vida consegue inspirar outras pessoas a caminhar. Percorrer o corredor daquele hospital foi um dos mais longos trajetos da minha vida, mas foi o mais importante, porque me ensinou a ser quem eu sou.

Me ensinou a compartilhar mais, me mostrou caminhos que nenhuma faculdade, nenhum curso vai me ensinar. Realmente ali eu assumi que podia fazer aquilo, e eu fiz.

Hoje minha filha tem 22 anos, está no segundo semestre de Medicina, e eu fico muito feliz. Contudo, hoje trabalho com legados, assim como os médicos, que fazem o bem para tantas pessoas! Hoje vejo minha filha caminhando para isso.

Então acho que o Selo Série Mulheres® da Editora Leader e grande parte de suas publicações têm um pouco de cada mulher, independentemente do que ela escolheu para sua vida. Digo que é uma conexão com as mulheres. Não é só quem eu quero ser, é quem eu sou. É quem eu assumi ser, é a protagonista da minha história. Com uma infância triste ou feliz, eu quero que realmente essas histórias inspirem muitas pessoas. Essa é a minha história, que reúne várias mulheres e diversas temáticas no mercado, trazendo o olhar feminino, trazendo o olhar dessas mulheres através do protagonismo de suas histórias, começando pelas origens e falando de onde elas vieram e quem elas são.

Eu me orgulho muito da Série Mulheres®, um projeto que lançamos com abrangência nacional e internacional, com ineditismo registrado em 170 países, aliás o único no Brasil, porque todos os livros são patenteados, tivemos esse cuidado para que nenhuma outra editora, além da Leader, pudesse lançar as temáticas, por exemplo, Mulheres do RH, Mulheres no Seguro, Mulheres do Marketing, Mulheres do Varejo, Mulheres na Tecnologia, Mulheres Antes e Depois dos 50, Mulheres na Indústria do Casamento, Mulheres na Aviação, Mulheres no Direito, Mulheres que Transformam, enfim, hoje já estamos na construção de quase 50 temáticas que vamos lançar até 2030. São histórias de mulheres que realmente decidiram, que, através de suas escolhas, suas trajetórias, suas boas práticas empolgam as leitoras e os leitores, porque o Selo Editorial Série Mulheres® é para homens e mulheres lerem. Então trazemos com carinho a história de cada mulher, mostrando a força feminina, não como uma briga por igualdade, nada disso, mas sim com um olhar humanizado, com um olhar em que as mulheres assumem o protagonismo de suas histórias. Elas entendem os seus valores, as suas crenças e assumem a sua identidade, mostrando quem elas são, dentro do que elas fazem, do que elas escolheram para fazer. Mulheres fortes, eu diria. São mulheres escolhidas a dedo para participar da Série. Nós precisamos entender que para tocar uma alma humana você tem que ser outra alma humana.

Então a Série Mulheres® é uma grande oportunidade para o mercado feminino mostrar sua história, mostrar mais do que o empoderamento, mostrar o quanto você pode inspirar outras mulheres. E detalhe: numa história difícil, triste, quanto você pode levantar o ânimo dessas mulheres, para que elas tenham uma chance, para que possam caminhar.

Um dos livros que vamos lançar é Mulheres – Um grito de socorro, que já está registrado também, e vem trazendo esse olhar de muitas Marias, que são fortes e deram a volta por cima em suas vidas. A Série Mulheres® é isso, é um compilado de mulheres que inspiram outras mulheres e homens. Muitas não são famosas, mas são "celebridades" dentro do que elas fazem. Nosso propósito é trazer um novo olhar para as brasileiras que colaboram para o desenvolvimento econômico do nosso país, com verdadeira responsabilidade social e ambiental.

A Editora Leader me transformou numa empreendedora de sucesso, e eu a transformei numa empresa com vários diferenciais.

Eu acredito que **"Um livro muda tudo"**, que se tornou o nosso *slogan*. E pergunto sempre, através da Leader: qual é a sua história? Qual é o poder que tem a sua história?

Termino por aqui, espero que minha história a prepare para voar, e convido você a contar a sua história aqui, na Editora Leader, no Selo Editorial Série Mulheres®.

Cordel

Este livro tem poder,
O poder de transformar,
Cria oportunidades,
Pra muita mulher falar,
Sobre suas experiências,
Este livro vai contar!

Este livro bem ensina,
Sobre respeito e equidade,
Defende o nosso espaço,
Buscando mais igualdade,
Que tal ser inspiração,
Pra muitas na sociedade?

Não estamos contra os homens,
Não é uma competição,
Só queremos ter espaço,
Não é uma imposição,
Unindo homem e mulher,
É mútua inspiração!

Pra você que é mulher,
Não importa a profissão,
Reconheça o seu valor,
Dê sua contribuição,
Isso pode bem mudar,
O futuro da nação!

Por espaço igualitário,
Não é só nossa questão,
Queremos o seu respeito,
Temos também opinião,
Atenção você mulher,
Preste muita atenção!

A mensagem do cordel,
É fazer cê refletir,
Que essa série pra mulher,
Vai fazer cê decidir,
Se juntar a essa luta,
Não espere, pode vir!

Recebemos como presente este cordel, criado por **Caroline Silva**, coautora do livro "*Mulheres Compliance na Prática – volume I*", para abrilhantar as obras da Série Mulheres.

Benefícios que sua empresa ganha ao apoiar o Selo Editorial Série Mulheres®.

Ao apoiar livros que fazem parte do Selo Editorial Série Mulheres, uma empresa pode obter vários benefícios, incluindo:

– **Fortalecimento da imagem de marca:** ao associar sua marca a iniciativas que promovem a equidade de gênero e a inclusão, a empresa demonstra seu compromisso com valores sociais e a responsabilidade corporativa. Isso pode melhorar a percepção do público em relação à empresa e fortalecer sua imagem de marca.

– **Diferenciação competitiva:** ao apoiar um projeto editorial exclusivo como o Selo Editorial Série Mulheres, a empresa se destaca de seus concorrentes, demonstrando seu compromisso em amplificar vozes femininas e promover a diversidade. Isso pode ajudar a empresa a se posicionar como líder e referência em sua indústria.

– **Acesso a um público engajado:** o Selo Editorial Série Mulheres já possui uma base de leitores e seguidores engajados que valoriza histórias e casos de mulheres. Ao patrocinar esses livros, a empresa tem a oportunidade de se conectar com esse público e aumentar seu alcance, ganhando visibilidade entre os apoiadores do projeto.

— **Impacto social positivo:** o patrocínio de livros que promovem a equidade de gênero e contam histórias inspiradoras de mulheres permite que a empresa faça parte de um movimento de mudança social positivo. Isso pode gerar um senso de propósito e orgulho entre os colaboradores e criar um impacto tangível na sociedade.

— ***Networking* e parcerias:** o envolvimento com o Selo Editorial Série Mulheres pode abrir portas para colaborações e parcerias com outras organizações e líderes que também apoiam a equidade de gênero. Isso pode criar oportunidades de *networking* valiosas e potencializar os esforços da empresa em direção à sustentabilidade e responsabilidade social.

É importante ressaltar que os benefícios podem variar de acordo com a estratégia e o público-alvo da empresa. Cada organização deve avaliar como o patrocínio desses livros se alinha aos seus valores, objetivos e necessidades específicas.

REGISTRO
DIREITO AUTORAL

CBL
Câmara Brasileira do Livro

clique para acessar
a versão online

CERTIFICADO DE REGISTRO DE DIREITO AUTORAL

A Câmara Brasileira do Livro certifica que a obra intelectual descrita abaixo, encontra-se registrada nos termos e normas legais da Lei nº 9.610/1998 dos Direitos Autorais do Brasil. Conforme determinação legal, a obra aqui registrada não pode ser plagiada, utilizada, reproduzida ou divulgada sem a autorização de seu(s) autor(es).

Responsável pela Solicitação:
Editora Leader

Participante(s):
Andréia Roma (Coordenador) | Kelly Beltrão (Coordenador)

Título:
Mulheres no jornalismo: edição poder de uma história, vol. 1

Data do Registro:
24/09/2024 09:30:49

Hash da transação:
0xf2c585d50bae9d3d3bf01b55efe9097564eba71b2b2ca3a3cf4929160af115bf

Hash do documento:
06f6adb3715d6a275c53ee88bd28b1ce7f4d2ec3bf4079baf9d668af7a8f7968

Compartilhe nas redes sociais
f y ✉ in

FAÇA PARTE DESTA HISTÓRIA
INSCREVA-SE

INICIAMOS UMA AÇÃO CHAMADA
MINHA EMPRESA ESTÁ COMPROMETIDA COM A CAUSA!

Nesta iniciativa escolhemos de cinco a dez empresas para apoiar esta causa.

SABIA QUE SUA EMPRESA PODE SER PATROCINADORA DA SÉRI MULHERES, UMA COLEÇÃO INÉDITA DE LIVROS DIRECIONADO A VÁRIAS ÁREAS E PROFISSÕES?

Uma organização que investe na diversidade, equidade e inclusão olha para o futuro e pratica no agora.

Para mais informações de como ser um patrocinador de um dos livros da Série Mulheres escreva para: contato@editoraleader.com.br

ou

Acesse o link e preencha sua ficha de inscrição

Nota da Coordenação Jurídica do Selo Editorial Série Mulheres® da Editora Leader

A Coordenação Jurídica da Série Mulheres®, dentro do Selo Editorial da Editora Leader, considera fundamental destacar um ponto crucial relacionado à originalidade e ao respeito pelas criações intelectuais deste selo editorial. Qualquer livro com um tema semelhante à Série Mulheres®, que apresente notável semelhança com nosso projeto, pode ser caracterizado como plágio, de acordo com as leis de direitos autorais vigentes.

A Editora Leader, por meio do Selo Editorial Série Mulheres®, se orgulha do pioneirismo e do árduo trabalho investido em cada uma de suas obras. Nossas escritoras convidadas dedicam tempo e esforço significativos para dar vida a histórias, lições, aprendizados, cases e metodologias únicas que ressoam e alcançam diversos públicos.

Portanto, solicitamos respeitosamente a todas as mulheres convidadas para participar de projetos diferentes da Série Mulheres® que examinem cuidadosamente a originalidade de suas criações antes de aceitar escrever para projetos semelhantes.

É de extrema importância preservar a integridade das obras e apoiar os valores de respeito e valorização que a Editora Leader tem defendido no mercado por meio de seu pioneirismo. Para manter nosso propósito, contamos com a total colaboração de todas as nossas coautoras convidadas.

Além disso, é relevante destacar que a palavra "Mulheres" fora do contexto de livros é de domínio público. No entanto, o que estamos enfatizando aqui é a responsabilidade de registrar o tema "Mulheres" com uma área específica, dessa forma, o nome "Mulheres" deixa de ser público.

Evitar o plágio e a cópia de projetos já existentes não apenas protege os direitos autorais, mas também promove a inovação e a diversidade no mundo das histórias e da literatura, em um selo editorial que dá voz à mulher, registrando suas histórias na literatura.

Agradecemos a compreensão de todas e todos, no compromisso de manter a ética e a integridade em nossa indústria criativa. Fiquem atentas.

Atenciosamente,

Adriana Nascimento e toda a Equipe da Editora Leader
Coordenação Jurídica do Selo Editorial Série Mulheres

ANDRÉIA ROMA
CEO DA EDITORA LEADER

REGISTRE seu legado

A Editora Leader é a única editora comportamental do meio editorial e nasceu com o propósito de inovar nesse ramo de atividade. Durante anos pesquisamos o mercado e diversos segmentos e nos decidimos pela área comportamental através desses estudos. Acreditamos que com nossa experiência podemos fazer da leitura algo relevante com uma linguagem simples e prática, de forma que nossos leitores possam ter um salto de desenvolvimento por meio dos ensinamentos práticos e teóricos que uma obra pode oferecer.

Atuando com muito sucesso no mercado editorial, estamos nos consolidando cada vez mais graças ao foco em ser a editora que mais favorece a publicação de novos escritores, sendo reconhecida também como referência na elaboração de projetos Educacionais e Corporativos. A Leader foi agraciada mais de três vezes em menos de três anos pelo RankBrasil – Recordes Brasileiros, com prêmios literários. Já realizamos o sonho de numerosos escritores de todo o Brasil, dando todo o suporte para publicação de suas obras. Mas não nos limitamos às fronteiras brasileiras e por isso também contamos com autores em Portugal, Canadá, Estados Unidos e divulgações de livros em mais de 60 países.

Publicamos todos os gêneros literários. O nosso compromisso é apoiar todos os novos escritores, sem distinção, a realizar o sonho de publicar seu livro, dando-lhes o apoio necessário para se destacarem não somente como grandes escritores, mas para que seus livros se tornem um dia verdadeiros *best-sellers*.

A Editora Leader abre as portas para autores que queiram divulgar a sua marca e conteúdo por meio de livros...

EMPODERE-SE
Escolha a categoria que deseja

■ Autor de sua obra

Para quem deseja publicar a sua obra, buscando uma colocação no mercado editorial, desde que tenha expertise sobre o assunto abordado e que seja aprovado pela equipe editorial da Editora Leader.

■ Autor Acadêmico

Ótima opção para quem deseja publicar seu trabalho acadêmico. A Editora Leader faz toda a estruturação do texto, adequando o material ao livro, visando sempre seu público e objetivos.

■ Coautor Convidado

Você pode ser um coautor em uma de nossas obras, nos mais variados segmentos do mercado profissional, e ter o reconhecimento na sua área de atuação, fazendo parte de uma equipe de profissionais que escrevem sobre suas experiências e eternizam suas histórias. A Leader convida-o a compartilhar seu conhecimento com um público-alvo direcionado, além de lançá-lo como coautor em uma obra de circulação nacional.

■ Transforme sua apostila em livro

Se você tem uma apostila que utiliza para cursos, palestras ou aulas, tem em suas mãos praticamente o original de um livro. A equipe da Editora Leader faz toda a preparação de texto, adequando o que já é um sucesso para o mercado editorial, com uma linguagem prática e acessível. Seu público será multiplicado.

■ Biografia Empresarial

Sua empresa faz história e a Editora Leader publica.

A Biografia Empresarial é um diferencial importante para fortalecer o relacionamento com o mercado. Oferecer ao cliente/leitor a história da empresa é uma maneira ímpar de evidenciar os valores da companhia e divulgar a marca.

■ Grupo de Coautores

Já pensou em reunir um grupo de coautores dentro do seu segmento e convidá-los a dividir suas experiências e deixar seu legado em um livro? A Editora Leader oferece todo o suporte e direciona o trabalho para que o livro seja lançado e alcance o público certo, tornando-se sucesso no mercado editorial. Você pode ser o organizador da obra. Apresente sua ideia.

A Editora Leader transforma seu conteúdo e sua autoridade em livros.

OPORTUNIDADE
Seu legado começa aqui!

A Editora Leader, decidida a mudar o mercado e quebrar crenças no meio editorial, abre suas portas para os novos autores brasileiros, em concordância com sua missão, que é a descoberta de talentos no mercado.

NOSSA MISSÃO

Comprometimento com o resultado, excelência na prestação de serviços, ética, respeito e a busca constante da melhoria das relações humanas com o mundo corporativo e educacional. Oferecemos aos nossos autores a garantia de serviços com qualidade, compromisso e confiabilidade.

Publique com a Leader

- **PLANEJAMENTO** e estruturação de cada projeto, criando uma **ESTRATÉGIA** de **MARKETING** para cada segmento;

- **MENTORIA EDITORIAL** para todos os autores, com dicas e estratégias para construir seu livro do Zero. Pesquisamos o propósito e a resposta que o autor quer levar ao leitor final, estruturando essa comunicação na escrita e orientando sobre os melhores caminhos para isso. Somente na **LEADER** a **MENTORIA EDITORIAL** é realizada diretamente com a editora chefe, pois o foco é ser acessível e dirimir todas as dúvidas do autor com quem faz na prática!

- **SUPORTE PARA O AUTOR** em sessões de videoconferência com **METODOLOGIA DIFERENCIADA** da **EDITORA LEADER**;

- **DISTRIBUIÇÃO** em todo o Brasil — parceria com as melhores livrarias;

- **PROFISSIONAIS QUALIFICADOS** e comprometidos com o autor;

- **SEGMENTOS:** Coaching | Constelação | Liderança | Gestão de Pessoas | Empreendedorismo | Direito | Psicologia Positiva | Marketing | Biografia | Psicologia | entre outros.

www.editoraleader.com.br

Entre em contato e vamos conversar

Nossos canais:

Site: www.editoraleader.com.br

E-mail: contato@editoraleader.com.br

@editoraleader

O seu projeto pode ser o próximo.

EDITORA LEADER